古典文獻研究輯刊

八 編

潘美月・杜潔祥 主編

第 11 冊

陳振孫之生平及其著述研究（上）

何 廣 棪 著

國家圖書館出版品預行編目資料

陳振孫之生平及其著述研究（上）／何廣棪 著 — 增訂初版 —
台北縣永和市：花木蘭文化出版社，2009〔民 98〕

目 2+210 面；19×26 公分
（古典文獻研究輯刊 八編；第 11 冊）

ISBN：978-986-6528-40-8（精裝）
1.（宋）陳振孫 2.傳記 3.個人著述目錄 4.目錄學
029.85   98000076

ISBN - 978-986-6528-40-8

9 789866 528408

古典文獻研究輯刊
八 編 第十一冊   ISBN：978-986-6528-40-8

陳振孫之生平及其著述研究（上）

作　　者　何廣棪
主　　編　潘美月　杜潔祥
總 編 輯　杜潔祥
企劃出版　北京大學文化資源研究中心
出　　版　花木蘭文化出版社
發 行 所　花木蘭文化出版社
發 行 人　高小娟
聯絡地址　台北縣永和市中正路五九五號七樓之三
　　　　　電話：02-2923-1455／傳眞：02-2923-1452
網　　址　http://www.huamulan.tw 信箱 sut81518@ms59.hinet.net
印　　刷　普羅文化出版廣告事業
增訂初版　2009 年 3 月
定　　價　八編 20 冊（精裝）新台幣 31,000 元

陳振孫之生平及其著述研究（上）

何廣棪　著

作者簡介

何廣棪‧字碩堂，號弘齋，香港新亞研究所文學博士。歷任香港大專院校教職，現任臺灣華梵大學東方人文思想研究所教授，博士生導師。篤好中國傳統文獻學，於南宋著名目錄學家陳振孫及其《直齋書錄解題》最所究心，早獲海內外學壇關注與延譽。作者除著有本書外，另版行《陳振孫之經學及其〈直齋書錄解題〉經錄考證》、《陳振孫之史學及其〈直齋書錄解題〉史錄考證》、《陳振孫之子學及其〈直齋書錄解題〉子錄考證》。而所著《陳振孫之文學及其〈直齋書錄解題〉集錄考證》與《陳振孫綜考》二書仍在整治增訂中，將於不久刊行面世。

提　　要

　　本書乃研究南宋著名目錄學家陳振孫之生平及其著述之專書，初於民國八十二年（1993）由臺北文史哲出版社出版，近經詳加增訂，認真校正，乃予再版。書凡五十萬言，分七章，遍考陳振孫之先世與籍貫、仕履與行誼、戚友與交游，另深入探討其專書《直齋書錄解題》，及《白文公年譜》、〈華勝寺碑記〉等十三種論著，並進行佚書、佚文之蒐求與評說。書中附有〈直齋先世及吳興陳氏世系表〉、〈陳振孫生卒年新考〉、〈陳振孫著述年表〉、〈陳振孫《張先十詠圖跋》圖錄〉等。全書穩握主題，鋪陳章節，論說周延而有條貫，資料富贍，考證確鑿，且多所發明，較之並世老輩陳樂素、喬衍琯等之研究成果，早經突破，且遠為超邁。近日南京大學中文系武秀成教授撰成《陳振孫評傳》，（收入南京大學出版之《中國思想家評傳叢書》）及安徽大學歷史系張守衛教授撰成〈陳振孫著述考略〉，（發表於安徽大學《古籍研究》2007‧卷上，總第 51 期）武、張二君之撰有所論述，多從本書取資。

目次

第一章　緒　論

第一節　陳振孫於宋代目錄學史上之地位

　　清人王鳴盛於其所撰著《十七史商榷》卷一「《史記》一〈史記集解分八十卷〉」條有云：

> 目錄之學，學中第一緊要事；必從此問塗，方能得其門而入，然此事非苦學精究，質之良師，未易明也。自宋之晁公武，下迄明之焦弱侯一輩人，皆學識未高，未足剖斷古書之眞僞、是非，辨其本之佳惡，校其訛謬也。有某氏者，藏書最得稱奧博，自誇其家藏宋刻開元本《史記》，升老子於〈列傳〉首，居伯夷上；又自誇集諸宋板《史記》共成一書，凡一百三十卷，小大長短咸備；因李沂公取桐絲精者雜綴爲一琴，名百衲琴，故亦戲名此爲《百衲史記》。但《百衲》本既分一百三十卷，而開元本分卷若干，其爲仍裴駰之舊乎？抑已改之乎？某之學不足以知此，竟未嘗討論及之。如某之探奇訪秘，多見多聞，較儉陋者誠不可同日語。惜其未有學識，枉見如許奇秘古本，竟不能有所發明，以開益後人。如某但可云能藏書，未敢許爲能校書、能讀書也。或問予曰：「讀書但當求其意理，卷帙離合，有何關係？而子斷斷若此。」予笑而不能答。

案：如王氏此條所言，治學問塗於目錄之學，誠第一緊要事，然非苦學精究，並質之良師，則未易明也。蓋學識未高，固未足剖斷古書之眞僞、是非，亦無能辨校板本之佳惡、訛謬。即如王氏所指斥清代某氏者，雖藏書最稱奧博，

然學不足以知此，故一生枉見甚多奇秘古本，竟不能有所發明，以開益來學。故若鳴盛所指斥之某氏者，謂之能藏書則可，倘許之爲能校書、能讀書，則期期以爲不可矣。

有宋學術至發達，即就目錄學一種而論，亦冠絕一時，不惟著述繁富，且甚具創闢之力，似非明、清二代所能及也。宋世之官私藏書目錄，今仍見載者有《崇文總目》、《秘書省續編到四庫闕書目》、《中興館閣書目輯考》、《通志・藝文略》、《郡齋讀書志》、《遂初堂書目》、《直齋書錄解題》、《文獻通考・經籍考》、《玉海・藝文》、《宋史・藝文志》諸書，惜內容頗有散佚。故《四庫全書總目》卷八十五〈史部〉四十一〈目錄類〉一載：

> 《崇文總目》十二卷，《永樂大典》本。宋王堯臣等奉敕撰。……宋人官私書目，存於今者四家，晁氏、陳氏二《目》，諸家藉爲考證之資；而尤袤《遂初堂書目》及此書，則若存若亡，是亦有說無說之明效矣。

《四庫全書總目》謂「宋人官私書目，存於今者四家」，其說未盡諦，不備論。〔註 1〕至四家在目錄學史上之成就如何，《四庫全書總目》嘗分論之。其論《崇文總目》曰：

> 今觀其書，載籍浩繁，牴牾誠所難保。然數千年著作之目，總匯於斯。百世而下，藉以驗存佚、辨真贗、核同異，固不失爲冊府之驪淵，藝林之玉圃也。〔註2〕

〔註 1〕 今人謝德雄《宋代目錄學的發展及其成就》一文云：「清代《四庫全書總目》稱『宋人官私書目，存於今者四家』，即《崇文總目》以及晁、尤、陳三家。今案：除了以上四家之外，至今可見的還有《四庫闕書目》（清道光徐松輯本）、《續編到四庫闕書目》（葉德輝觀古堂刻本）、《中興館閣書目》（同上）以及宋歷朝《國史・藝文志》（同上）。除此以外，歐陽修的《新唐書・藝文志》、鄭樵的《通志・藝文略》，也都是至今尚在的宋人目錄。值得指出的是，《四庫全書》總纂時因未見後世輯本而斷言僅存四家，情有可原；近人因襲舊說，仍稱宋人目錄僅存四家，則殊可怪異！」案：謝文載見李萬健、賴茂生合編之《目錄學論文選》，（書目文獻出版社，1985 年 8 月北京第一版。）文中所指之「近人」，即汪國垣。汪著有《目錄學研究》，其〈論唐宋元明四朝之目錄〉條有云：「宋人目錄，著錄雖多，存者亦僅官書若《崇文總目》，已非完書，私家目錄，尤多散佚。今幸而獲存者，惟延之此目，與晁氏《讀書志》、陳氏《書錄解題》三種，尚可考見宋時典籍之存佚，宜乎爲考證家所取資也。」是汪氏確仍認爲宋代公私書目僅存四家，宜乎謝氏深感怪異也。

〔註 2〕 見《四庫全書總目》卷八十五〈史部〉四十一〈目錄類〉一。旁點乃著者所加，下同。

又論《郡齋讀書志》曰：

《郡齋讀書志》四卷，宋晁公武撰。《後志》二卷，亦公武所撰，趙希弁重編。《附志》一卷，則希弁所續輯也。……淳祐己酉，鄱陽黎安朝守袁州，因令希弁即其家所藏書目參校，刪其重複，摭所未有，益爲《附志》一卷，而重刻之，是爲袁本。時南充游鈞守衢州，亦取公武門人姚績所編蜀本刊傳，是爲衢本。當時二書並行於世。……馬端臨作《經籍考》，全以是書及陳氏《書錄解題》爲據。以此本與《經籍考》互校，往往乖迕不合，如《京房易傳》，此本僅注三十餘字，而馬氏所引，其文多至十倍。又如《宋太祖實錄》、《太宗實錄》、《建康實錄》、《汲冢周書》之類，此《志》本僅述其撰人時代及卷數而止，而馬氏所引，尚有考據、議論凡數十言。其餘文之多寡、詞之增損互異者，不可勝數。又希弁《考異》稱：袁本《毘陵易傳》，衢本作《東坡易傳》；袁本《芸閣先生易解》，衢本作《呂氏章句》。今《經籍考》所題，並同衢本，似馬端臨原據衢本採掇。然如《晉公談錄》、《六祖壇經》之類，希弁《考異》稱袁本所載而衢本所遺者，今《經籍考》實並引晁氏之說，則當時亦兼用袁本。疑此書已經後人刪削，不特衢本不可復見，即袁本亦非盡舊文，故與馬氏所引，不能一一符合歟？《前志·子部·序錄》稱：九曰〈小說類〉，十曰〈天文曆算類〉，十一曰〈兵家類〉，十二曰〈刑家類〉，十三曰〈雜藝類〉，十四曰〈醫家類〉，十五曰〈神仙類〉，十六曰〈釋家類〉，而《志》中所列〈小說類〉《鷄跖集》後即爲《群仙會眞記》、《王氏神傳》、葛洪《神仙傳》三種，是〈天文曆算〉等五類全佚，而〈神仙類〉亦脫其標目，則其他類之殘闕，蓋可例推矣。然書雖非舊，而梗概仍存，終爲考證者所取資也。〔註3〕

又論《遂初堂書目》曰：

《遂初堂書目》一卷，兩江總督採進本。宋尤袤撰。……其書分經爲九門，曰〈經總類〉、〈周易類〉、〈尚書類〉、〈詩類〉、〈禮類〉、〈樂類〉、〈春秋類〉、〈論語孝經孟子類〉、〈小學類〉；分史爲十八門，曰〈正史類〉、〈編年類〉、〈雜史類〉、〈故事類〉、〈雜傳類〉、〈僞史類〉、〈國史類〉、〈本朝雜史類〉、〈本朝故事類〉、〈本朝雜傳類〉、〈實錄類〉、

〈職官類〉、〈儀注類〉、〈刑法類〉、〈姓氏類〉、〈史學類〉、〈目錄類〉、〈地理類〉；分子爲十二門，曰〈儒家類〉、〈雜家類〉、〈道家類〉、〈釋家類〉、〈農家類〉、〈兵家類〉、〈數術家類〉、〈小說家類〉、〈雜藝類〉、〈語錄類〉、〈類書類〉、〈醫書類〉；分集爲五門，曰〈別集類〉、〈章奏類〉、〈總集類〉、〈文史類〉、〈樂典類〉。其例略與〈史志〉同，惟一書而兼載數本，以資互考，則與〈史志〉小異耳。諸書解題，檢馬氏〈經籍考〉，無一條引及袁說，知原本如是。惟不載卷數及撰人，則疑傳寫者所刪削，非其原書耳。其子部別立〈譜錄〉一門，以收香譜、石譜、蟹錄之無類可附者，爲例最善。間有分類未安者，如《元經》本〈史〉，而入〈儒家〉；《錦帶》本〈類書〉，而入〈農家〉；《琵琶錄》本〈雜藝〉，而入〈樂〉之類。亦有一書偶然複見者，如《大曆浙東聯句》，一入〈別集〉，一入〈總集〉之類。又有姓名譌異者，如《玉瀾集》本朱槔作，而稱朱喬年之類。然宋人目錄存於今者，《崇文總目》已無完書，惟此與晁公武《志》爲最古，固考證家之所必稽矣。〔註4〕

至其論《直齋書錄解題》則曰：

《直齋書錄解題》二十二卷，《永樂大典》本。宋陳振孫撰。《癸辛雜識》又稱：「近年惟直齋陳氏書最多，蓋嘗仕於莆，傳錄夾漈鄭氏、方氏、林氏、吳氏舊書，至五萬一千一百八十餘卷，且仿《讀書志》作解題，極其精詳」云云。則振孫此書，在宋末已爲世所重矣。其例以歷代典籍分爲五十三類，各詳其卷帙多少、撰人名氏，而品題其得失，故曰「解題」。雖不標經、史、子、集之目，而核其所列，經之類凡十，史之類凡十六，子之類凡二十，集之類凡七，實仍不外乎四部之說也。馬端臨〈經籍考〉惟據此書及《讀書志》成編。……方今聖天子稽古右文，蒐羅遺籍，列於《四庫》之中，浩如煙海。此區區一家之書，誠不足以當萬一。然古書之不傳於今者，得藉是以求其崖略；其傳於今者，得藉是以辨其眞僞，核其異同，亦考證之所必資，不可廢也。〔註5〕

案：倘將《四庫全書總目》以上所評四家目錄細加分析，固應以《解題》成

〔註4〕同註2。
〔註5〕同註2。

就最大，而地位至崇高也。蓋以：

 （一）《崇文總目》雖「不失爲冊府之驪淵、藝林之玉圃」，然「牴牾誠
   所難保」。

 （二）《郡齋讀書志》有袁本與衢本，二書雖並行於世，而有所異同。取《讀
   書志》與馬端臨〈經籍考〉互校，則「往往乖迕不合」，以〈經籍
   考〉據衢本故也。《郡齋讀書志》又「經後人刪削」，書已「非盡舊
   文」，且「〈天文曆算〉等五類全佚」、「〈神仙類〉亦脫標目」，僅存
   梗概，殘闕固不鮮矣。

 （三）《遂初堂書目》全書無解題，分類又未安，且一書有複見者，姓
   名有譌異者。雖其書頗記板本，可資互考，又立〈譜錄〉一門，
   爲例最善，然瑜不掩瑕也。

 （四）惟《解題》一書，「宋末已爲世所重」，分類又細密，每書均詳記
   卷帙、撰人，品題得失，功用至宏。故讀此書，不惟知古書之崖
   略，且可藉之以辨眞僞，核異同也。

觀上四點，則《四庫全書總目》視《解題》爲四書之冠，固是不爭之論矣。
且清人盧文弨〈新訂直齋書錄解題跋〉亦云：

 直齋陳氏《書錄解題》二十二卷，《四庫》館新從《永樂大典》中鈔
 出以行，其持論甚正，如《顏氏家訓》，以其崇尚釋氏之故，不列於
 儒家；又以前〈志〉取樂府、教坊、琵琶、羯鼓等書，皆充〈樂類〉，
 與聖經並列爲非，當入於子錄〈雜藝〉之前；又言「白玉蟾輩，何
 可使及吾門」。其人殆棱棱嶽嶽，識見大過人者，不獨甄綜之富，考
 訂之勤也。〔註6〕

張宗泰〈跋陳振孫書錄解題〉一文更曰：

 《書錄解題》敍述諸書源流，州分部居，議論明切，爲藏書家著錄
 之準。〔註7〕

考盧、張二氏所推譽直齋與《解題》者，宗旨與《四庫全書總目》符同，而
其所言又可略補《四庫全書總目》所未及也。余嘗細考《解題》所以能卓爾
不群，高踞宋代現存目錄書籍首冠之故，其因由殆即《十七史商榷》王鳴盛
所述。蓋直齋學識既高，又能苦學精究；藏書既奧博，又善讀書、校書。故

〔註6〕見《抱經堂文集》卷九。
〔註7〕見《魯巖所學集》卷六。

其於探奇訪秘，多見多聞之後，乃發憤著爲《解題》一書。其書足以剖斷古書之眞僞與是非，辨校板本之佳惡與訛謬，發明既富，開益後人之處遂多。是故盧氏許直齋「識見大過人」，張氏評其所著「議論明切」，《四庫全書總目》更譽之不絕口，稱讚《解題》乃「亦考證之所必資，不可廢也」。綜上所論，則直齋高踞宋代目錄學史之地位，殆可覘之。

第二節　前人對陳振孫生平及其著述之研究

由宋末以迄近世，前人對陳振孫之研究，多偏重於《解題》一書；而於直齋生平、爵里及《解題》以外之著述，則留意者已寥若晨星；至言深入研究並撰成專著流布，俾可與時賢切磋討論，則更有如鳳毛麟角，屈指可數矣。

詳細研治直齋生平、爵里者，南宋以來均無其人，然卻保存若干甚可寶貴之史料，洪咨夔《平齋文集》卷第十八〈外制〉二有〈軍器監簿陳振孫除諸王宮大小學教授制〉，張淏《會稽續志》卷二〈提舉題名〉嘗記及直齋知台州、任浙東提舉兼改知嘉興府事，徐元杰《楳埜集》卷七有〈陳振孫授國子司業制〉，劉克莊《後村先生大全集》卷七十五〈外制〉有〈故通奉大夫寶章閣待制致仕陳振孫贈光祿大夫〉，周密《齊東野語》卷八有〈嘲覓薦舉〉、〈義絕合離〉兩條，卷十七有〈朱唐交奏本末〉條，周密《癸辛雜識》別集下有〈嵩之起復〉條等均是。明人王鏊《姑蘇志》卷四十二、清人鄭元慶《湖錄》、厲鶚《宋詩紀事》卷六十五、錢泰吉《甘泉鄉人稿・曝書雜記》卷下〈陳直齋事迹〉條。其餘地方志書如《吳興備志》、《弘治湖州府志》、《浙江通志》、《溧水縣志》、《莆田縣志》暨總集《吳都文粹續集》，亦均載有直齋生平、宦歷之資料。惜上述各書所載材料，頗見支離，無法藉知直齋畢生行誼之全貌。清季陸心源《宋史翼》卷二十九有〈陳振孫傳〉，所載史料亦屬寥落；陳壽祺撰〈宋目錄家晁公武陳振孫傳〉，見刊《國粹學報》第六十八期，文章雖頗長，亦鮮新知。殆緣晚清與宋世相去六、七百載，可以爲之取資者已甚微歟？近世新會陳樂素先生撰成〈直齋書錄解題作者陳振孫〉一文，刊諸民國 35 年 11 月 20 日《大公報・文史周刊》，分〈本名〉、〈述作〉、〈年歷〉、〈言行〉四端，以考直齋名里年代、生平出處，搜采雖較陸、陳二氏爲完備，惜亦零斷不全，所考得者且未盡恰當。臺灣國立政治大學教授喬衍琯先生亦嘗撰〈陳振孫傳略〉，民國 69 年 5 月刊諸《國立政治大學學報》第四十一期，其年 6 月又出

版《陳振孫學記》一書，書中第一章爲〈傳略〉，下分〈生平〉、〈仕履〉、〈言行〉三節以記述直齋行事。觀其所撰，多采錄陳樂素論文以成篇，雖少有創獲，亦可惋也。至臺灣中國文化學院中國文學研究所研究生謝素行曾以〈陳振孫及其直齋書錄解題〉爲題，撰成碩士論文。論文第一章爲〈陳振孫之生平〉，其中所述直齋家世與經歷，究未能出陳壽祺、陳樂素二氏之牢籠，所謂自〈檜〉以下，更無足觀矣。

　　自宋以降，研治《解題》者，代不乏人。宋元之世，周密《齊東野語》卷十二〈書籍之厄〉條已推譽之，謂直齋「倣《讀書志》作解題，極其精詳」；吳師道《吳禮部詩話》論及《淵明集》亦徵引《解題》爲說；周、吳所述，均可視作研治《解題》而有所論述之嚆矢。馬端臨撰《文獻通考・經籍考》，全引據《解題》及《郡齋讀書志》，則此書之典核可知。至隨齋批注《解題》，倘有所批注皆附於該條之後，則於拾遺補闕，至有所裨，固直齋之功臣矣；然李慈銘《越縵堂讀書記》卷十一以「淺陋」譏隨齋，殆殊未當。要之，自《解題》成書後，能作系統研治而有所述作者，應以隨齋啓其端。元、明之際，宋濂《諸子辨》、胡應麟《四部正譌》則常於卷中引用《解題》資料，是知宋、胡二氏皆曾深研《解題》，用力旣久，故能左右逢源，取用其書有關資料也。清世講求考證之學，研治《解題》者更衆。《四庫》館臣從《永樂大典》錄出其書，詳加校訂，定爲二十二卷，此事無論矣。猶可列舉者，如盧文弨《新訂直齋書錄解題》，重定此書原次爲五十六卷，其功至偉。又如沈叔埏《頤綵堂文集》卷八〈書直齋書錄解題後〉，其文考出隨齋乃程棨之號，足補《提要》之闕略，並糾正錢大昕《十駕齋養新錄》之錯誤，亦甚見工力。再如張宗泰《魯巖所學集》卷六，凡五跋《解題》，審正其中舛訛之處不少。至於邵懿辰《四庫簡明目錄標注・史部・目錄類》、陳鱣《簡莊綴文》卷三〈直齋書錄解題跋〉、吳壽暘《拜經樓藏書題跋記》卷三、張金吾《愛日精廬藏書志》卷二十、瞿鏞《鐵琴銅劍樓書目》卷十二、丁丙《善本書室藏書志》卷十四及繆荃孫《藝風堂藏書記》卷五，上述諸書皆嘗考訂《解題》之不同板刻，貢獻亦鉅。王先謙《虛受堂書札》卷一〈又與筱珊〉函中，使用《永樂大典》本以校藝風所藏二十卷舊鈔本，發明亦富。延至近世，研治《解題》者，當以陳樂素、喬衍琯二先生爲鉅子，而所貢獻庶可謂突過前人。陳氏旣撰〈直齋書錄解題作者陳振孫〉一文，該文第二節爲〈述作〉，節中詳據《解題》一書，以郵論直齋之學術。其後喬衍琯撰《陳振孫學記》及〈陳振孫的學術思想〉諸文，其著多本樂素，惟囿於時勢而偶沒其

出處，殆有其不得已者在。1984 年，陳氏另撰〈略論陳振孫直齋書錄解題〉一文，刊見該年《中國史研究》第二期中。全文共分（一）《解題》作者、（二）政治影響、（三）論人論書、（四）宋人重視地方史志、（五）《解題》出現了年譜、（六）《解題》反映了南宋圖書印行的盛況、（七）《解題》中一些不應有的錯誤、（八）《解題》的傳本、（九）《四庫提要》與《解題》的關係、（十）結語等十節，從多方面以考論《解題》，創見不少，發明亦多，讀之至可樂也。惟所論亦不免略有小疵，尤以第八節所考《解題》傳本，陳氏見知較少；且文中標點亦有微誤。陳氏一貫治學矜愼，而竟有此欠安之處，則至不可解。又喬衍琯於版行《陳振孫學記》之前已發表〈直齋書錄解題序〉、〔註8〕〈直齋書錄解題札記〉、〔註9〕〈陳振孫對圖書分類的見解〉、〔註10〕〈書錄解題之板刻資料〉、〔註11〕〈書錄解題的辨僞資料〉、〔註12〕〈書錄解題佚文——論輯佚與目錄學之關係〉諸文〔註13〕，其待刊者則有：〈書錄解題板本考〉、〈書錄解題四庫輯本評述〉、〈書錄解題的文學批評資料〉、〈書錄解題與經籍考〉、〈書錄解題與四庫全書總目〉、〈書錄解題中學術史料編錄〉、〈陳振孫年譜〉及〈書錄解題彙校本〉，〔註14〕據是，則喬氏一生研治振孫及《解題》一書至勤劬，著述至繁富，惜其待刊諸著述似仍未完成，故迄今未得研讀。喬氏所撰《陳振孫學記》共分五章，其中第四章爲〈直齋書錄解題〉，下分五節；第一節〈成書及流傳〉，第二節〈傳本〉，第三節〈隨齋批注〉，第四節〈評價〉，第五節〈後人之利用〉。此章各節所論述，不乏本諸陳樂素而微有闡發者。其第五章爲〈學術思想〉，下分八節，第一節〈經學〉，第二節〈史學〉，第三節〈文學〉，第四節〈目錄學〉，第五節〈板本學〉，第六節〈圖書分類學〉，第七節〈辨僞學〉，第八節〈思想〉。喬氏於此章中，據《解題》以博考直齋學術思想，發皇較多，亦頗有獨到之見。蓋衍琯前此既撰就相關論文多篇，故略予整治，則可成書，故本章較第四章尤多創獲也。謝素行〈陳振孫及其直齋書錄解題〉，民國 58 年 5 月撰就，未嘗刊行，余僅得其中文打字影印本而讀之。全篇論文凡五章，其與《解題》有關者爲第

〔註8〕見廣文書局民國57年2月版《書目續編》本《直齋書錄解題》卷首。

〔註9〕見民國59年9月《國立中央圖書館館刊》新第四卷第三期。

〔註10〕見民國61年12月《國立中央圖書館館刊》新第五卷第三、四期合訂本。

〔註11〕見民國63年3月、9月《國立中央圖書館館刊》新第七卷第一、二期連載。

〔註12〕見民國66年12月《國立中央圖書館館刊》新第十卷第二期。

〔註13〕見民國69年2月《國立中央圖書館館刊》新第十二卷第二期。

〔註14〕見《陳振孫學記》一書〈後記〉。

二以下各章，第二章爲〈直齋書錄解題之體例〉，下分二節：第一節〈直齋書錄解題之分類〉，第二節〈直齋書錄解題撰寫敘錄之義例〉；第三章爲〈直齋書錄解題板本之存佚及後世之補訂〉，下仍分二節：第一節〈板本之存佚〉，第二節〈後世之補訂〉；第四章爲〈陳振孫直齋書錄解題與晁公武郡齋讀書志之關係及其對後世之影響〉，下亦分二節：第一節〈直齋書錄解題與郡齋讀書志之關係〉，第二節〈直齋書錄解題對後世之影響〉；第五章爲〈直齋書錄解題之得失〉，下分三節：第一節〈直齋書錄解題之價值〉，第二節〈直齋書錄解題之優點〉，第三節〈直齋書錄解題之缺點〉。倘僅就謝氏論文目錄觀之，應以爲其所研討者徧及《解題》體例、板本、與《郡齋讀書志》之關係、對後世影響諸方面，且評騭《解題》之得失，內容應甚充實也。惟細觀其所著，全書不及四萬言，所論難以深入，眞可謂有目無篇。文中偶有所述，亦多拾前人牙慧，了無發明，故其論文可資參考之處甚少也。1984 年 12 月，徐小蠻、顧美華有點校《解題》之舉，書成，由上海古籍出版社版行。其書「以《大典》本爲主，參校《郡齋讀書志》及《文獻通考》，又據抱經重訂稿，正其脫訛。博采前人校本，臚列異同，分別標注。兼取有關陳氏事蹟及各家記載文字資料附後，勒爲一編」，〔註15〕今人潘景鄭先生甚推譽之，以爲此本蓋「集陳書之大成，金聲玉振，無間然矣」。其實此書仍有未盡如人意之處，余擬於本書第五章第四節處詳述之。

　　綜上所論，前人於直齋生平及著述之研究，就生平方面而言，宋、元、明、清學者雖不乏資料之記述，但甚支離。陸心源及陳壽祺雖各撰振孫之〈傳〉，然鮮新知。陳樂素既撰新〈傳〉矣，惜零斷不全。喬〈傳〉則依倚陳氏，殊少創獲。謝素行之論文，更屬自〈檜〉以下，無足觀者。就研治《解題》而言，周密、吳師道、馬端臨乃研治此書之嚆矢。隨齋批注是書，有拾遺補闕之功。至清，《四庫全書》館臣之重輯，盧文弨之新訂，沈叔埏之考隨齋，張宗泰之審舛訛，邵、陳、吳、張、瞿、丁之訂板刻，藝風、益吾之校舊本，厥功固偉且鉅也。延至近世，陳樂素、喬衍琯二氏之貢獻有突過前賢者，且研究面較寬闊，發皇之處、獨到之見，亦所在多有，惟不免略有瑕纇。再者，樂素、衍琯於直齋之先世、籍貫、戚友，均鮮有考及；而於直齋之仕履與行誼，亦缺乏系統之研究；或既考證矣，而未必盡諦，即於直齋生卒年一道，陳、喬二氏所考亦不免多誤。有關《解題》，陳、喬所論頗贍富，然於《解題》之體例、分類、稱謂、卷數、成書、流傳諸問題，考證均未夠詳盡，

〔註15〕見潘景鄭先生所撰該書〈前言〉。

留俟後人拾遺補闕之處不少。至《解題》之板本，陳、喬二氏知見較少，殊可惜也。余擬於此等處多所致力，以補二氏之未及。對直齋其他著述作蒐求與輯佚，亦爲二氏未盡全力之處，故於此道亦無赫赫之功。由是言之，陳、喬二人對直齋與《解題》之研究，其功雖不可抹，然所撰亦有所闕誤，論其成就，韓文公評荀卿「大醇小疵」一語，庶可借用以評之。

第三節　本書撰作之重點及有關資料之運用

　　宋、元之際，隨齋批注〈直齋書錄解題〉，是爲對《解題》一書作較系統研究之伊始，惟隨齋殊無一語考論及振孫生平，良用憾也。清人治此書稍勤，要以《四庫全書》館臣之輯錄、校訂，盧弓父之重訂原第，厥功至偉。近世則以陳樂素、喬衍琯二氏著述最豐，貢獻較鉅。餘子粥粥，間或有一二學者偶發爲研究文章，載諸刊物，以作聲應氣求，然若以體大思精之標準求之，固莫足與陳、喬二子相抗衡。然陳、喬之所撰，亦不免有訛誤，拾遺糾謬，猶須俟諸來哲也。

　　余之治直齋生平及《解題》亦有年，每欲追蹤陳、喬而有所造述，故行文之際，頗冀能詳人之所略，而略人之所詳。故前人與陳、喬已言之詳且允恰者，余則不言或少言之；前人與陳、喬所言如有所疏略，余則詳言而補其闕略。至若前人與陳、喬所言有所舛誤，余則虛懷以探究其致誤之由，以期多作揣摩，羅列證據以糾其謬。是余之所著，甚欲能對前人著述有以拾遺補闕、刊謬糾誤也。且歷代研治直齋及《解題》之學，仍有若干方面未爲前人一涉其域者，如直齋之先世是也；亦有雖涉其域矣，而淺嘗輒止，未能深入並作系統之探討者，如直齋之仕履與行誼、籍貫與戚友，《解題》之板本，與直齋其他著述之蒐求輯佚等是也。若斯之類，余皆擬列出專章一一詳予考論之。古語云：「當仁不讓。」又曰：「前修未密，後出轉精。」故余撰作此論文時，每以此二語自我激勵，頗盼一己之所撰，能於前修未密之處，補其所闕，並有所考成；而於前賢之淺嘗輒止處，亦作系統而深入之探討，庶求突過前人，後出轉精也。鄙志如此，而今而後，當夙興夜寐，黽勉爲之。皇天不負，或可憫其愚誠而玉成之也。

　　爲達成上述之目標，則余撰作此書，其重點應有以下四項：

　　其一乃爲考論直齋之先世、籍貫與戚友。直齋之先世，應可於正史中考

出之，余頗疑東漢陳太丘寔乃直齋之遠祖，南朝陳霸先則爲其近祖；至直齋祖某，乃周行己婿；父某，則頗治《易》；後二項，《解題》已載之矣。又直齋之籍貫，其詳可求諸《古今圖書集成》與《湖州府志》。直齋之戚友，亦云眾矣，如需一一考求，以詳其行事，則所用資料須徧及四部矣。

　　其二爲考論直齋之仕履與行誼。對此問題，前人雖曾有所考論，然均缺乏條貫。讀其文，往往無法詳悉其間之年經月緯，況又有仕履先後倒置，行誼散佚失載者乎？余擬就《解題》一書，及史籍、方志、宋人詩文詞集等資料一一考求之，取其與直齋生平有關者，按時排比，組織成文，俾復直齋仕履、行誼之全貌。

　　其三爲考論直齋之主要著作《書錄解題》。前人考論《解題》者眾矣，惟至近世，陳樂素、喬衍琯之撰作始較系統與全面。余之所考，決以略陳、喬之所詳，而措意於《解題》板本之研求。有關《解題》之板本，陳、喬二氏見知稍少，故余當盡力蒐求《解題》各種板刻，及詳參歷朝目錄書籍，排次條分，理出《解題》板本之理路，並將博考各大圖書館現藏《解題》之情況，俾可爲影印錄副，以明瞭《解題》某本之行款板式，及考其與《四庫全書》本文字之異同。否則，僅閱前人目錄所載，紙上談兵，固無與於校讎之業，及對《解題》版本研治者也。

　　其四則爲對直齋其他著作之蒐求與探討。直齋之有《解題》，治中國目錄學者類能知之。然直齋有《白文公年譜》，則知者較少，以陳樂素之博識，於其撰作〈直齋書錄解題作者陳振孫〉時，仍未能得讀此書者也，〔註16〕他人無論矣。直齋另撰有〈華勝寺碑記〉，樂素則知之矣，〔註17〕惜未加詳考。宋、元迄清研治直齋見稱者如盧文弨、陸心源輩，亦不知有此文。喬衍琯既撰《陳振孫學記》矣，其書第三章〈著述〉之第三節〈詩文〉，搜羅直齋佚詩遺文凡十種，而獨缺此篇，是則此〈華勝寺碑記〉殊爲矜貴，固曉然矣。其實仍可考知之直齋詩文應不止十種，余前讀《文獻通考》，即見有二文爲馬氏所引，

〔註16〕喬衍琯《陳振孫學記》第三章〈著述〉第二節〈白居易年譜〉末云：「此《譜》不爲人注意，博雅如陳樂素亦未能見及。」是樂素其初確未嘗得讀此書，故其前期所撰文章中，確無道及此文。

〔註17〕陳樂素所撰〈略論陳振孫直齋書錄解題〉一〈解題作者〉中云：「他初仕大概在寧宗嘉定元年（1208），當溧水縣縣學教授，寫過一篇〈華勝寺碑記〉（見光緒《溧水縣志》）。」是樂素確知《溧水縣志》中有〈華勝寺碑記〉，惜未加考論之耳。

文前均署「永嘉陳氏曰」，證諸《通考》引文之例，此署稱之「永嘉陳氏」，即直齋也。若是，則直齋之佚詩遺文固不止十篇，喬氏有所未照耳。直齋尚有佚書佚文多種，亦擬於此一一考論之。

　　上述四項撰作重點，如能分章一一寫就，則本書庶可具其體系而又能作深入之研討。歷代研治直齋及其著述者所遺下之若干真空領域，固可藉是而補其罅漏；倘余之所撰乃幸能多所發皇，續前賢所就之緒而突破之，允為治直齋及《解題》之功臣，則竊所深願矣。至云效法余嘉錫之辨證《四庫提要》，而撰著《直齋書錄解題辨證》，此則容俟他日矣。

第二章　陳振孫之先世與籍貫

第一節　陳振孫之先世

　　有關陳振孫先世，自宋以來，以迄近人陳樂素、喬衍琯諸氏，均無詳細研治之者。陳壽祺所撰〈宋目錄家晁公武陳振孫傳〉亦僅曰：

> 陳振孫、字伯玉、安吉人。《四庫全書總目》、勞氏《湖州府志》。祖某，秘書
> 省正字、永嘉周行己之第三女婿；父某，戊子赴秋試，明州通判濟
> 源李迎送以詩云：「籍甚人言《易》已東。」蓋以其治《易》故也。
> 姚李氏，樂清令富春李素之孫女。〈直齋書錄解題〉。

案：壽祺所撰殊簡略，亦未能考及振孫遠祖也。

　　竊以為欲詳考直齋之遠祖，必先曉悉其祖貫。今觀直齋所撰序跋，如〈崇古文訣序〉、〈玉臺新詠集後序〉等，文末皆自署「永嘉陳振孫」，或「永嘉陳振孫伯玉父」；而所撰《解題》之卷二〈禮類‧三禮圖禮象〉、卷十四〈雜藝類‧法書撮要〉及卷十八〈別集類〉下《浮山集》等條，則俱稱吳興為故鄉。是以陳樂素〈直齋書錄解題作者陳振孫〉一〈本名〉云：

> 然何以上引諸序跋皆題永嘉？案直齋於《解題》卷二《三禮圖禮象》、
> 卷十四《法書撮要》及卷十八《浮山集》等條，俱以吳興為吾鄉，
> 且書中於鄉土所記特詳，如卷三《春秋比事》，卷四《三國志》、《五
> 代史纂誤》，卷十五《吳興分類詩集》，卷十七《陳都官集》，卷十八
> 《石林總集》，卷十九《吳興集》，卷二十《王季夷北海集》及卷廿
> 一《張子野詞》等條均曾道及。又卷八《吳興志》嘗言：「郡人談鑰

爲書，草率未善。」此其晚年所以有重修之舉，事見《齊東野語》
卷十五〈張氏十詠圖〉條。《癸辛雜識》前集記吳興園圃云：「麗城
中二溪水橫貫，此天下所無，故好事者多園池之勝。」二溪者，苕、
霅也。故袁清容苕溪陳氏又稱霅溪，兩無不可；而益足證直齋籍隸
吳興，所居郡城爲無疑也。題曰永嘉，殆舉祖貫而言。吳興郡，隋
以來改置湖州，宋寶慶初改爲安吉州；故謂直齋爲吳興人，爲湖州
人，爲安吉州人，皆可。屬鶚《宋詩紀事》卷六五作安吉縣人，固
誤；《四庫提要》及《宋史翼》但稱安吉人，亦未當也。

案：樂素所考甚是。是則直齋之祖貫本隸永嘉，後遷吳興，即湖州，惟至宋
理宗寶慶三年，湖州又改稱安吉州。

　　直齋之祖貫既屬永嘉，後遷吳興，則南宋以前永嘉陳氏與吳興陳氏，其
間人物疑有與直齋先祖相關涉者，茲不妨據此作一蠡測。《陳書‧高祖本紀》
謂霸先乃吳興長城下若里人，漢陳寔之後。則頗疑直齋亦帝王之苗裔，陳高
祖即其近祖，而東漢太丘長陳寔乃其遠祖也。姑依此作一假設，並略作考證，
斯效李唐以老子爲始祖之意云。《陳書》卷一〈本紀〉第一〈高祖〉上曰：

高祖武皇帝諱霸先，字興國，小字法生，吳興長城下若里人，漢太
丘長陳寔之後也。世居潁川。寔玄孫準，晉太尉。準生匡，匡生達，
永嘉南遷，爲丞相掾，歷太子洗馬，出爲長城令，悦其山水，遂家
焉。嘗謂所親曰：「此地山川秀麗，當有王者興，二百年後，我孫必
鍾斯運。」達生康，復爲丞相掾，咸和中土斷，故爲長城人。康生
盱眙太守英，英生尚書郎公弼，公弼生步兵校尉鼎，鼎生散騎侍郎
高，高生懷安令詠，詠生安成太守猛，猛生太常卿道巨，道巨生皇
考文讚。高祖以梁天監二年癸未歲生。

觀是，則吳興陳氏之遠祖爲後漢太丘長陳寔，寔世居潁川。考東漢潁川郡，
屬豫州。《後漢書‧志》第二十〈郡國〉二云：

潁川郡，秦置。雒陽東南五百里。十七城，户二十六萬三千四百四
十，口百四十三萬六千五百一十三。

《後漢書》卷六十二〈荀韓鍾陳列傳〉第五十二有陳寔傳，茲迻錄如下，以
見直齋遠祖之德業：

陳寔字仲弓，潁川許人也。出於單微。自爲兒童，雖在戲弄，爲等
類所歸。少作縣吏，常給事廝役，後爲都亭佐。而有志好學，坐立

誦讀。縣令鄧邵試與語，聽受業太學。後令復召爲吏，乃避隱陽城山中。時有殺人者，同縣楊吏以疑寔，縣遂逮繫，考掠無實，而後得出。及爲督郵，乃密託許令，禮召楊吏。遠近聞者，咸歎服之。家貧，復爲郡西門亭長，尋轉功曹。時中常侍侯覽託太守高倫用吏，倫教署爲文學掾。寔知非其人，懷檄請見。言曰：「此人不宜用，而侯常侍不可違。寔乞從外署，不足以塵明德。」倫從之。於是鄉論怪其非舉，寔終無所言。倫後被徵爲尚書，郡中士大夫送至輪氏傳舍。倫謂眾人言曰：「吾前爲侯常侍用吏，陳君密持教還，而於外白署。比聞議者以此少之，此咎由故人畏憚強禦，陳君可謂善則稱君，過則稱己者也。」寔固自引愆，聞者方歎息，由是天下服其德。

司空黃瓊辟選理劇，補聞喜長。旬月，以期喪去官。復再遷除太丘長。修德清靜，百姓以安。鄰縣人户歸附者，寔輒訓導譬解，發遣各令還本司官行部。吏慮有訟者，白欲禁之。寔曰：「訟以求直，禁之理將何申？其勿有所拘。」司官聞而歎息曰：「陳君所言若是，豈有怨於人乎？」亦竟無訟者。以沛相賦斂違法，乃解印綬去，吏人追思之。

及後逮捕黨人，事亦連寔。餘人多逃避求免。寔曰：「吾不就獄，眾無所恃。」乃請囚焉。遇赦得出。靈帝初，大將軍竇武辟以爲掾屬。時中常侍張讓權傾天下。讓父死，歸葬潁川，雖一郡畢至，而名士無往者，讓甚恥之，寔乃獨弔焉。及後復誅黨人，讓感寔，故多所全宥。

寔在鄉閭，平心率物。其有爭訟，輒求判正，曉譬曲直，退無怨者。至乃歎曰：「寧爲刑罰所加，不爲陳君所短。」時歲荒民儉，有盜夜入其室，止於梁上。寔陰見，乃起自整拂，呼命子孫，正色訓之曰：「夫人不可不自勉。不善之人未必本惡，習以性成，遂至於此。梁上君子者是矣！」盜大驚，自投於地，稽顙歸罪。寔徐譬之曰：「視君狀貌，不似惡人，宜深剋己反善。然此當由貧困。」令遺絹二匹。自是一縣無復盜竊。

太尉楊賜、司徒陳耽，每拜公卿，群僚畢賀，賜等常歎寔大位未登，愧於先之。及黨禁始解，大將軍何進、司徒袁隗遣人敦寔，欲特表以不次之位。寔乃謝使者曰：「寔久絕人事，飾巾待終而已。」時三

公每缺，議者歸之，累見徵命，遂不起，閉門懸車，棲遲養老。中平四年，年八十四，卒于家。何進遣使弔祭，海內赴者三萬餘人，制衰麻者以百數。共刊石立碑，諡爲文範先生。有六子，紀、諶最賢。

讀此傳，當知陳太丘之德業確高絕當世也。是以范蔚宗發論曰：

漢自中世以下，閹豎擅恣，故俗遂以遯身矯絜放言爲高。士有不談此者，則芸夫牧豎已叫呼之矣。故時政彌惛，而其風愈往。唯陳先生進退之節，必可度也。據於德故物不犯，安於仁故不離群，行成乎身而道訓天下，故凶邪不能以權奪，王公不能以貴驕，所以聲教廢於上，而風俗清乎下也。

旨哉范氏斯言。直齋有此遠祖，可謂人倫之幸矣。昔屈子賦〈騷〉，首句則曰：「帝高陽之苗裔兮。」遠溯其本始，殆有由矣。

陳紀、陳諶生平行事，附載其父傳後。《後漢書》載：

紀字元方，亦以至德稱。兄弟孝養，閨門雍和，後進之士皆推慕其風。及遭黨錮，發憤著書數萬言，號曰《陳子》。黨禁解，四府並命，無所屈就。遭父憂，每哀至，輒歐血絕氣，雖衰服已除，而積毀消瘠，殆將滅性。豫州刺史嘉其至行，表上尚書，圖象百城，以屬風俗。董卓入洛陽，乃使就家拜五官中郎將，不得已，到京師，遷侍中。出爲平原相，往謁卓，時欲徙都長安，乃謂紀曰：「三輔平敞，四面險固，土地肥美，號爲陸海。今關東兵起，恐洛陽不可久居。長安猶有宮室，今欲西遷何如？」紀曰：「天下有道，守在四夷。宜脩德政，以懷不附。遷移至尊，誠計之末者。愚以公宜事委公卿，專精外任。其有違命，則威之以武。今關東兵起，民不堪命。若謙遠朝政，率師討伐，則塗炭之民，庶幾可全。若欲徙萬乘以自安，將有累卵之危、崢嶸之險也。」卓意甚忤，而敬紀名行，無所復言。時議欲以爲司徒，紀見禍亂方作，不復辨嚴，即時之郡。璽書追拜太僕，又徵爲尚書令。建安初，袁紹爲太尉，讓於紀；紀不受，拜大鴻臚。年七十一，卒於官。子群，爲魏司空。天下以爲公慙卿，卿慙長。

弟諶，字季方。與紀齊德同行，父子並著高名，時號三君。每宰府辟召，常同時旌命，羔雁成群，當世者靡不榮之。諶早終。

觀是，則陳寔子紀與諶，兄弟齊德同行。紀子群，爲魏司空。諶雖早逝，仍有所出。考《三國志》卷二十二〈魏書〉二十二〈桓二陳徐衛盧傳〉第二十二〈陳群傳〉近人盧弼《集解》曰：

> 諶爲司空掾，早卒。惠棟曰：「《海內先賢傳》：『諶，司徒掾，公車徵，不就。』《世
> 系》云：『諶諡獻文先生，生青州刺史忠。』《陳氏譜》曰：『忠字孝先，州辟不就。』」

是諶有子名忠，字孝先，《世系》謂其任青州刺史，而《陳氏譜》則謂州辟不就。疑初不就州辟，後則出任青州刺史；或二者必有一誤耶？

然《三國志》卷二十二〈魏書〉二十二〈桓二陳徐衛盧傳〉第二十二陳群子〈陳泰傳〉盧弼《集解》又曰：

> 案《陳氏譜》：《陳氏譜》，隋、唐〈志〉不著錄。「群之後，名位遂微。沈家本
> 曰：『群疑當作泰。泰有名魏世，不得云遂微也。』弼按：『據《陳氏譜》所云，陳氏後輩亦
> 多至大位，不得云微，位字或爲德字之誤，群字不誤。』諶孫佐，官至青州刺史。
> 佐弟坦，廷尉。佐子準，太尉，封廣陵郡公。準弟戴徽，及從弟堪，
> 並至大位。準孫逵，字林道，有譽江左，爲西中郎將，追贈衛將軍。」

據是，則諶孫佐，亦官至青州刺史。若以《陳氏譜》爲準，則諶子忠，州辟不就；至其孫，始官青州刺史。故頗疑《世系》所載：諶「生青州刺史忠」云云，或有誤也。

盧氏《三國志集解》上引《陳氏譜》缺載準子之名，茲據《陳書·高祖本紀》可補出。前引〈高祖本紀〉已載：

> 寔玄孫準，晉太尉。準生匡，匡生達，永嘉南遷，並丞相掾，歷太
> 子洗馬，出爲長城令，悅其山水，遂家焉。

是準子名匡，匡子名達，即準之孫也。準孫既名達，則顯與盧氏《解集》引《陳氏譜》所載「準孫逵，字林道，有譽江左」者不同。余初疑「達」、「逵」形近，二者必有一誤。後檢《晉書》卷三十五〈列傳〉第五〈裴秀〉曰：

> 時以陳準子匡、韓蔚子蒿並侍東宮。

是匡乃準之子，固無疑矣。且《晉書》卷五十九〈列傳〉第二十九〈成都王穎〉又曰：

> 永興初，左衛將軍陳眕，殿中中郎逯苞、成輔及長沙故將上官已等，
> 奉大駕討穎，馳檄四方，赴者雲集。……眕二弟：匡、規自鄴赴主
> 師。

是準之子除匡外，另有二子，眕、規是也。而匡生達，或亦生逵。《爾雅·釋

宮》云：「九達謂之逵。」是達、逵應是弟兄，同屬陳準之孫。《陳書・高祖本紀》及《陳氏譜》所載均不誤矣。

陳達事蹟，僅見於《陳書》，而《晉書》則乏載。《晉書》則頗記陳逵之事。《晉書》卷二十三〈志〉第十三〈樂〉下曰：

> 成帝咸康七年，尚書蔡謨奏：「八年正會儀注，惟作鼓吹鐘鼓，其餘伎樂盡不作。」侍中張澄、給事黃門侍郎陳逵駁，以爲「王者觀時設教，至於吉凶殊斷，不易之道也。今四方觀禮，陵有儐弔之位，庭奏宮懸之樂，二禮兼用，哀樂不分，體國經制，莫大於此。」詔曰：「今既以天下體大，禮從權宜，三正之饗，宜盡用吉禮也。至娛耳目之樂，所不忍聞，故闕之耳。事之大者，不過上壽酒，稱萬歲，已許其大，不足復闕鐘鼓鼓吹也。」
>
> 澄、逵又啓：「今大禮雖降，事吉於朝。然儐弔顯於園陵，則未滅有哀；禮服定於典文，義無盡吉。是以咸寧之會，有徹樂之典，實先朝稽古憲章，垂式萬世者也。」詔曰：「若元日大饗，萬國朝宗，庭廢鐘鼓之奏，遂闕起居之節，朝無磬制之音，賓無蹈履之度，其於事義，不亦闕乎！惟可量輕重，以制事中。」

此晉成帝咸康七年，歲次辛丑（341），陳逵時任給事黃門侍郎所上駁事及啓奏也。

《晉書》卷八〈帝紀〉第八〈穆帝〉又載：

> （永和五年）八月，褚裒退屯廣陵，西中郎將陳逵焚壽春而遁。

《晉書》卷十三〈志〉第三〈天文〉下又曰：

> （穆帝永和）五年六月，大赦。是月，陳逵征壽春，敗而還。

《晉書》卷一百七〈載記〉第七〈石季龍〉下曰：

> 遵，揚州刺史王浹以淮南歸順。晉西中郎將陳逵進據壽春。征北將軍褚裒率師伐遵，次於下邳，遵以李農爲南討大都督，率騎二萬來距。裒不能進，退屯廣陵。陳逵聞之，懼，遂焚壽春積聚，毀城而還。

據是，則逵於穆帝永和五年，歲次己酉（349）已任職晉西中郎將，與《陳氏譜》所載同。至其征壽春，則始於是年之六月，至八月，遇李農來拒，乃毀城而還。是《晉書》所記陳逵史事有如上述，惜未能考出其尊翁爲誰耳。然《晉書》既載陳眕爲左衛將軍，又曾參與伐成都王事；而逵則任西中郎將，征壽春。二人

前後事蹟頗相同，逵與畛關係若何，史無明文，須俟續考。〔註1〕

　　綜上所述，是直齋之遠祖爲東漢陳寔，吳興之始遷祖爲陳達，至陳朝，其近祖則爲陳霸先。霸先之曾孫輩即陳後主。案《陳書》卷二十八〈列傳〉第二十二〈後主十一子〉載：

> 後主二十一男：張貴妃生皇太子深、會稽王莊，孫姬生吳興王胤，高昭儀生南平王嶷，呂淑媛生永嘉王彥、邵陵王兢，龔貴嬪生南海王虔、錢塘王恬，張淑華生信義王祗，徐淑華生東陽王恮，孔貴人生吳郡王蕃。其皇子總、觀、明、綱、統、沖、洽、綰、繟、威、辯十一人，並未及封。

上述後主二十二男中，與吳興陳氏最相關涉者有二人，即吳興王胤與永嘉王彥。考《陳書》卷二十八〈列傳〉第二十二〈後主十一子〉曰：

> 吳興王胤字承業，後主長子也。太建五年二月乙丑生於東宮，母孫姬因產卒，沈皇后哀而養之，以爲己子。時後主年長，未有胤嗣，高宗因命以爲嫡孫，其日下詔曰：「皇孫初誕，國祚方熙，思與群臣，共同斯慶，內外文武賜帛各有差，爲父後者賜爵一級。」十年，封爲永康公。後主即位，立爲皇太子。胤性聰敏好學，執經肄業，終日不倦，博通大義，兼善屬文。至德三年，躬出太學講《孝經》，講畢，又釋奠於先聖先師。其日設金石之樂於太學，王公卿士及太學生並預宴。是時張貴妃、孔貴嬪並愛幸，沈皇后無寵，而近侍左右數於東宮往來，太子亦數使人至后所，後主疑其怨望，甚惡之。而張、孔二貴妃又日夜構成后及太子之短，孔範之徒又於外合成其事。禎明二年，廢爲吳興王，仍加侍中、中衛將軍。三年入關，卒於長安。

〔註1〕有關陳氏自東漢陳寔至南朝陳霸先前之世系，《新唐書》卷七十一下〈表〉第十一下〈宰相世系〉一下載：「陳氏出自媯姓，虞帝舜之後。……寔之仲弓，後漢大將軍掾屬，文範先生。六子：紀、夔、洽、諶、休、光。諶字季方，獻文先生。生青州刺史忠。二子：佐、和。佐二子：準、徽。準字道基，晉太尉、廣陵元公。生伯眕，建興中度江居曲阿新豐湖。生匡，二子：赤松、世達。世達，長城令，徙居長城下若里，生丞相掾康。康生盱眙太守英，英生尚書郎公弼，公弼生步兵校尉鼎，鼎生散騎侍郎高，高生懷安令詠，詠生安成太守猛，猛生太常卿道巨，道巨生文讚。文讚三子：談先、霸先、休先。」所載與《後漢書》、《三國志》、《晉書》、《陳書》不盡相同。姑迻錄之，俾資比勘與參考，暫不遵從。

同書同卷又曰：

> 永嘉王彥字承懿，後主第三子也。至德元年，立爲永嘉王。尋爲忠
> 武將軍、南徐州刺史，進號安南將軍。授散騎常侍。使持節都督江、
> 巴、東衡三州諸軍事，平南將軍、江州刺史。未行，隋師濟江。禎
> 明三年入關。隋大業中爲襄武令。

案：吳興王胤與永嘉王彥均於隋師濟江後，禎明三年入關，胤卒於長安，彥
則大業中爲襄武令。竊疑胤、彥雖於陳亡後同時北上，然其家人未盡隨行，
而有滯留南方者。尤以《陳書》所載，胤「禎明二年，廢爲吳興王」，則其
家眷必同離帝都而徙居吳興，由隋唐以迄兩宋，胤之後人安土重遷者，世居
雪川，多歷年祀。是故，頗疑直齋之父祖，即吳興王胤之苗裔也。惜文獻不
足徵，姑立此說，以備他日之補證。

直齋之先世，可確考者，厥爲其父祖，然所可知之資料仍甚短缺。《解
題》卷十七〈別集類〉中載：

> 《浮沚先生集》十六卷、《後集》三卷，秘書省正字永嘉周行己恭叔
> 撰。十七入太學，有盛名，師事程伊川。元祐六年進士，爲博士太
> 學，以親老歸，教授其鄉，再入爲館職，復出作縣。永嘉學問所從
> 出也，鄉人至今稱周博士。《集》序，林越撰，言爲秘書郎，則不然。
> 先祖妣，先生之第三女，先君子其自出也，故知其本末。所居謝池
> 坊，有浮沚書院。

同書卷十八〈別集類〉下曰：

> 《濟溪老人遺藁》一卷，通判明州濟源李迎彥將撰。永嘉周浮沚先
> 生之婿，與先大父爲襟袂。《集》中有送先君子赴戊子秋試詩，首句
> 「籍甚人言《易》已東」，蓋先君治《易》故也。《集》序，周益公
> 作。

觀是，則直齋祖父乃周行己婿，所娶者乃行己第三女，與李迎爲連襟。直齋
父治《易》，曾赴戊子秋試，李迎有詩送之，載《濟溪老人遺藁》，惜《遺藁》
已佚，全詩不之見矣。喬衍琯《陳振孫學記》第一章〈傳略〉第一節〈生平〉
云：

> 按：戊子蓋爲乾道四年（1168）。若至紹定元年（1228），則振孫仕
> 宦已十八年。其父不至再赴秋試。

喬氏所考甚當，是則直齋父赴試，正值宋孝宗乾道四年戊子也。

至直齋之母，《解題》卷十七〈別集類〉中載：

> 《丁永州集》三卷，知永州吳興丁注葆光撰。元豐中余中榜進士。
> 喜爲歌詞，世所傳〈催雪·無悶〉及〈重午·慶清朝〉，皆有承平閒
> 雅氣象。有女適樂清令富春李素見素，實先妣之大父母也。

是直齋母乃李素之孫女；丁注，又其母之外曾祖父。

直齋有妹，適王枃。《解題》卷十六〈別集類〉下載：

> 《白集年譜》一卷，知忠州漢嘉何友諒以居易舊治既刊其《文集》，
> 又作《年譜》，刊之《集》首。始余爲《譜》既成，妹夫主枃叔永守
> 忠錄寄之，則忠已有此《譜》，視余《譜》詳略互見，亦各有發明。
> 其辨李崖州三絕非樂天作，及載晁子止之語，謂與楊虞卿爲姻家，
> 與牛僧孺爲師生，而不陷牛李黨中，與余暗合，因並存之。詳見《新
> 譜》末章。

是直齋妹夫乃王枃，字叔永，曾守忠州。其生平事蹟俟於第四章第一節詳考
之。

直齋有子，名造，字周士，周密《齊東野語》卷九「〈陳周士〉」條載其
登第後爲嘉禾倅攝郡時事，曰：

> 禍福報應之說，多傅會傳訛，未可盡信。今有鄉曲目擊曉然一事，
> 著之於此，以爲世戒。陳周士造，直齋侍郎振孫之長子，登第爲嘉
> 禾倅，攝郡。一日宴客於月波樓，有周監酒者勇爵代庖於此，乃趙
> 與𥲅德淵之隸，是日適以小舟載客薄游，初不知郡將之在樓也。周
> 士適顧見，周急艤棹趨避。周士令詢之，知爲周也，怒形於色曰：「某
> 不才望輕，遂爲一卒相侮如此。」乃窖撼其數事作書達之於趙，備
> 言贓濫過惡。時趙守吳，即日遣逮決脊編置，仍押至嘉禾示眾。時
> 方炎署，周士乃裸而暴之烈日中，瘡血臭腐，數日而死。臨危歎曰：
> 「陳通判屈打殺我，當訴之陰府矣。」時寶祐丙辰季夏也。是歲十
> 二月，周士疽發背而殂。吁！可畏哉。

觀是，周士誠酷吏矣。寶祐丙辰，爲宋理宗寶祐四年（1256），時直齋七十六
歲，已致仕鄉居，是周士先其父而逝矣。直齋老而喪子，亦人生一大可哀事
也。惟《齊東野語》既稱周士爲「長子」，疑直齋有其他子嗣，惜文獻無徵爲
可惋耳。

《齊東野語》卷一〈林復〉條又載陳造所記林復死而復甦亡命入廣事，

其文日：

> 林復，字端陽，括蒼人。學問材具皆有過人者，特險隘忍酷，略不
> 容物。紹興中，爲臨安推官。有告監文思院常良孫贓墨事，朝廷下
> 之臨安獄，久不得其情。上意謂京尹左右之，尹不自安。復乃挺身
> 白尹，乞任其事。訖就鍛煉成罪，當流海外，因寓客舶以往。中途
> 遇盜，無以應其求。盜取常手足釘著兩船舷，船開，分其屍爲二焉。
> 林竟以勞改官，不數年爲郎，出知惠州。
>
> 時，常有姻家當得郡，憤其冤，欲報之，遂力請繼其後，林弗知也。
> 既知惠，適有訴林在郡日以酖殺人，具有其實。庾使徐安國亦按其
> 家有僭擬等物，於是有旨令大理丞陳樸追逮，隨所至，致獄鞠問。
> 及至潮陽，遇諸道間，搜其行李，得朱椅、黃帷等物，蓋林好祠醮
> 所用者，乃就鞠於僧寺中。林知必不免，願一見家人訣別。既入室，
> 亟探橐中藥，投酒中飲之。有頃，流血滿地，家人號泣，使者入視，
> 則仰藥死矣，因具以復命。然其所服乃草烏末及他一草藥耳，至三
> 日乃甦，即亡命入廣，其家以空柩歸葬。
>
> 始就逮時，僮僕鳥散，行囊旁午道中。大姓潘氏者，爲收斂歸之，
> 了無所失。其家與之音問相聞者累年，至嘉定末始絕，竟佚其罰云。
> 此陳造周士所記，得之括醫吳嗣英，甚詳。《夷堅志》亦爲所罔，以
> 爲眞死，殊可笑也。

據《齊東野語》所載，則〈林復〉一條乃周密據陳造所記而撰就，是亦周士
之文矣。是則周士之著述，今可確知而得讀者，惟此篇矣。

明人董斯張《吳興備志》卷二十二〈經籍徵〉第十八載：

> 《韋居聽輿》一卷，宋陳闞，直齋之子，雪川人。《說郛》。

> 衢按：直齋有子名造，見《齊東野語》，不知即此人否？

案：《韋居聽輿》一書，《吳興備志》據《說郛》所引，惟著者姓下缺名字，
衢按疑爲陳造。考古人性急則佩韋，若就陳造屈殺周勇爵一事觀之，則其人
固躁急之吏矣，故以「韋居」號其室，用以自戒焉。若是，則《韋居聽輿》
乃造所撰，可無疑矣。

茲謹將直齋之先世及吳興陳氏歷代世系，始自東漢太丘長陳寔，以迄南
宋嘉禾倅陳造，製表如下：

〈直齋先世及吳興陳氏世系表〉

```
                  紀 ──── 群 ──── 泰 ──┬── 恂
陳 寔            大鴻臚   魏司空   尚書右僕射 └── 溫        眕 ──── 逵
太丘長                                              左衛將軍  西中郎將
(遠祖)                            ┌── 準
                        佐 ──────┤   晉太尉        匡 ──── 達
          諶 ──── 忠   青州刺史   ├── 戴徽        規      長城令
          司馬掾  青州刺史(?)   └── 坦 ──── 堪          (吳興始遷祖)
                                   廷尉
```

```
康 ──── 英 ──── 公弼 ──── 鼎 ──── 高 ──── 詠
承相掾  盱眙太守  尚書郎   步兵校尉  散騎侍郎  懷安令
```

```
                                              ┌── 伯宗
                                              │   廢帝
猛 ──── 道巨 ──── 文讚 ──── 霸先 ──── 蒨 ──────┤
安成太守  太常卿          高祖武皇帝  世祖      └── 頊
                         (近祖)                  宣帝
```

```
          ┌── 胤 ──── 由隋至南宋 ──── 祖某 ──── 父某
叔寶      │   吳興王   初世系不詳      周行己壻   李素孫壻、以
後主      │                                     治《易》見稱
          └── 彥      〔註2〕
              永嘉王
```

```
  ┌── 振孫 ──── 造
  │   通奉大夫、寶章閣  嘉禾倅
  │   待制、贈光祿大夫
  └── 女某
      適忠州守王梄
```

───────────

〔註2〕《新唐書》卷七十一下〈表〉第十一下〈宰相世系〉一下載陳後主一族之後
人,隋迄北宋尚有陳莊字承肅,隋昌陽令;陳蕃字承廣,忠州刺史;陳履,
夏州刺史;陳京字慶復,祕書少監;陳褒,鹽官令;陳灌,高安丞;陳伯宣,
著作郎;陳旺字野王;陳徽,溫州司戶參軍等。

第二節　陳振孫之籍貫

陳樂素〈直齋書錄解題作者陳振孫〉一文提及直齋籍貫，嘗言：

> 題曰永嘉，殆舉祖貫而言。吳興郡，隋以來改置湖州，宋寶慶初改
> 爲安吉州；故謂直齋爲吳興人，爲湖州人，爲安吉州人，皆可。

樂素所言甚是。有關直齋籍貫之歷代建置沿革，《古今圖書集成‧方輿彙編‧
職方典》第九百六十七卷〈湖州府部彙考〉一〈湖州府建置沿革考‧本府〉
條言之甚詳備。其辭曰：

> 揚州之地，〈禹貢〉以前，防風氏國在焉。春秋屬吳，後屬越，又屬
> 楚。楚以其地立菰城，爲春申君封邑。秦罷封建爲郡縣，始皇二十
> 五年，改菰城爲烏程縣，屬會稽郡；置故鄣縣，屬鄣郡。漢高帝建
> 荊國，又建吳國。景帝四年，國除，復會稽郡；又徙江都王劉非治
> 故吳國，鄣郡屬江都。元符二年，江都國除，故鄣仍屬鄣郡。元封
> 二年，改鄣郡曰丹陽。永建四年，分浙江以西爲吳郡，烏程縣屬之。
> 中平二年，析故鄣，置原鄉縣。初平二年，又析置安吉縣，俱屬丹
> 陽郡。興平二年，太守許貢奏分烏程，置永安縣，屬吳郡。吳封皓
> 爲烏程侯。寶鼎元年，以吳郡之永安、餘杭、臨水、陽羨及舟陽之
> 故鄣、安吉、原鄉、於潛之水悉注烏程，合九縣以爲郡，曰吳興。
> 餘杭、臨水、於潛三縣見杭州，陽羨，今江南地。而吳興之統縣五，
> 曰：烏程、故鄣、安吉、原鄉、永安。晉太康元年，分天下爲十九
> 州，揚州統郡十八，吳興隸焉。析烏程、西鄉爲長城縣，東鄉爲東
> 遷縣，改永安曰永康，俱屬吳興郡。永康元年，改永康爲武康。宋
> 元徽四年，改東遷縣曰東安。昇明二年，復爲東遷。三年，改揚州
> 刺史曰牧，吳興郡隸焉，分故鄣，置綏安縣。梁以吳興郡爲震州，
> 以烏程縣爲吳興郡。陳廢其州郡，仍復郡縣，吳興郡之領縣八，曰
> 烏程、故鄣、安吉、原鄉、武康、長城、東遷、綏安。隋開皇九年，
> 大加併省，廢吳興郡，省武康入杭州，併故鄣、安吉、原鄉入綏安，
> 綏安，今江南地。以東遷、長城入烏程。仁壽二年，析置長城，復
> 置武康，立湖州。湖州名始此。領縣三，曰：武康、烏程、長城。
> 大業二年，湖州廢，以烏程、長城屬吳郡，武康屬餘杭郡。唐武德
> 元年，武康人沈法興起兵，以舊湖州地立吳興郡，改長城爲長州。
> 沈，故湖州太守也。是年，李子通稱帝江都，改武康爲安州，又改

武州，立安吉縣。四年，杜伏威平之，復置湖州，領烏程一縣。安
吉縣屬杭州，更長州爲綏州，又改爲雉州，置原鄉縣，屬雉州，而
武州自爲州。六年，沒於輔公祏。七年，平公祏，改安吉爲桃州，
復置湖州，領烏程；廢武州爲武康縣；廢雉州及原鄉、桃州爲長城
縣，屬之湖州，領縣三，曰：烏程、長城、武康。貞觀元年，分天
下爲十道，江南道領湖州。麟德二年，復置安吉縣。天授二年，析
武康、東鄉，置武源縣。景雲二年，改武源爲臨溪。開元二十一年，
湖州隸江南西道。天寶元年，改臨溪爲德清，改湖州爲吳興郡。至
德二載，分江南爲浙東西道，吳興郡屬西道。乾元元年，復以吳興
郡爲湖州。大曆十四年，合浙東、西爲兩浙道。建中初，復分。二
年，復合。貞元三年，復分，分時湖隸西道。乾寧二年，陞湖州爲
忠國軍。梁開平初，封錢鏐爲吳越王，湖屬吳越國。四年，割武康
屬杭州，又改長城曰長興。周顯德四年，改忠國軍爲宜德軍。宋太
平興國三年，錢俶納土，吳越國除，湖州屬浙西路，復以武康屬之。
七年，析烏程置歸安，而湖州之領縣六，曰：烏程、歸安、長興、
安吉、德清、武康。至道三年，分天下爲十五路，湖屬兩浙路。景
祐元年，改宜德軍爲昭慶軍。熙寧七年，分浙東、西爲兩路，八年
合，九年復分，十年復合，分時湖隸於西。紹興二年，分浙爲東、
西二路，西路治臨安府，湖州屬焉。寶慶二年，改湖州爲安吉州，
仍領六縣。

據是，則直齋籍貫，吳主孫皓寶鼎元年丙戌（266）合吳郡、丹陽郡等九縣爲
吳興郡，是爲稱吳興之始。隋文帝仁壽二年壬戌（602）立湖州，是爲稱湖州
之始。宋理宗寶慶二年丙戌（1226）改湖州爲安吉州，是爲稱安吉州之始。
籍貫之改稱，皆適逢戌歲，其中二次干支皆爲丙戌，亦云巧合矣。綜上所述，
直齋籍貫，吳寶鼎元年至隋仁壽二年稱吳興，嗣後以迄宋寶慶元年前稱湖州，
寶慶二年始改湖州爲安吉州。直齋既生於南宋之世，故其籍貫稱湖州亦可，
稱安吉州亦可。至稱永嘉或吳興，則皆稱其祖貫矣。

至直齋籍貫之疆域，《古今圖書集成・方輿彙編・職方典》第九百六十七
卷〈湖州府部彙考〉一〈湖州府疆域考〉云：

> 本府，東至蘇州府吳縣界七十二里。以震澤鄉潯溪爲界，自界到蘇
> 州又一百三十里，西至長興縣六十里，至江南廣德州一百八十里。

以一百三十里長興縣界之四安鎮進陸行二十里爲界，自界到廣德州三十里，南至杭州府仁和縣界一百二十里。以古駱塘爲界，一云五林村，自界到杭州府又六十里，北至太湖一十八里，由湖到蘇州一百一十里，東南至德清縣九十里，至嘉興府桐鄉縣界九十里。以烏程爲界，自界到嘉興府又八十里，西南至安吉州一百二十里，至孝豐縣一百八十里，至寧國府寧國縣二百四十里。以柴峴山爲界，自界到寧國府又一百五十里，東北至蘇州府吳江縣界六十里。以染店浜爲界，到蘇州府又七十里，西北至常州府宜興縣界七十里。以懸腳嶺爲界，自界到常州府又七十里，自府至省城一百八十里，至京師三千七百里，東西廣一百五十里，南北袤一百三十八里。

據此，可知湖州疆域分界之一斑。

湖州之戶口，歷代亦有所遞增。《浙江通志》卷七十二〈戶口〉二〈湖州府〉條云：

三國吳，《萬曆湖州府志》：「寶鼎元年，吳興郡戶四萬九千六百九，口三十一萬六千二百七十二。」晉，舊《浙江通志》：「吳興郡戶二萬四千，口缺。」唐，《通典》：「吳興郡戶六萬八千五百八十一，口四十六萬一千四百七十九。」《元和郡縣志》：「開元戶六萬一千一百三十三，元和戶四萬三千四百六十七。」宋，《太平寰宇記》：「湖州吳興郡戶主客共三萬八千七百四十八。」舊《浙江通志》：「大中祥府間，湖州主客戶一十二萬九千五百一十，口四十三萬六千三百六十。」《元豐九域志》：「吳興郡戶主一十三萬四千六百一十二，客一萬五百。」《萬曆湖州府志》：「淳熙九年，主客戶二十萬四千五百九，口五十一萬八千三百五十二。

是湖州戶口，由吳之寶鼎元年（266），至宋孝宗淳熙九年（1182），九百一十六年間，戶加增十五萬四千九百，口亦加增二十萬二千零八十也。

直齋故鄉，甚具山川形勝。《湖州府志》卷十七〈輿地略·形勝〉云：

《舊志》：「太湖，周三萬六千頃，其千頃，烏程也。〈越絕書〉。江表大郡，吳興爲一山澤所通，舟車所會。顧況〈湖州刺史廳壁記〉。吳江之南，震澤之陰，幅員千里，棋布九邑，弁山屈盤而爲之鎮，五溪叢流，以導其氣。李直方〈白蘋亭記〉。雪川平波漫流，群山環列，秀氣可掬。城中二溪橫貫，天下所無。〈經鉏堂記〉。山水清遠，城據其會，狀其景者，曰水

雲鄉，曰極樂園。城之內，觸處見山，觸處可以引溪流。雖近市，如雲巖江村，所以為趣也。〈談志〉。蒼峰北峙，群山西迤，雙溪夾流，泓淳皎澈，山川映發，沖和攸集，星列乎斗野，勢雄乎楚越。趙孟頫〈吳興賦〉。吳興僻處東南，苕、霅二溪，交流蜿蜒，達於震澤。四山環拱羅列，光景冥晦，昔人以水晶宮稱之。范公偰〈重建溪光亭記〉。郡城尊據弁山，三川五浸，布濩其北，天目諸峰，薈萃於南。其陂塘沼潴循山而下者，漸近漸廣；諸山環繞者，漸近漸伏。劉麟〈逸老堂記〉。湖州，水壑也，雖與杭、嘉稱為脣齒之邦。然杭則上流也，嘉則杭之分流也；至於湖，則兩引天目諸山之水，獨匯於太湖，譬則釜底也。張邦彥〈浙西水災疏〉。」

同卷又曰：

揚州，藪曰具區，浸曰五湖。《周禮·職方氏》。浮玉之山，苕水出於其陰，北流注於具區。《山海經》。吳郡陽羨、永安、餘杭、臨水及丹陽故鄣、安吉、原鄉、於潛諸縣，地勢水流之便，悉注烏程。《三國·吳志·孫皓傳注》。高下蒼蒼，遙聞天語；清霄瀰瀰，深窮地根。徐陵〈李義寺碑〉。府山澤逶迤，川陸交會，南國之奧，雄於楚越。自三國置郡以來，恆為江表之望，建國東南，此尤稱腹心要地。吳越時，恃為北面重鎮，淮南來攻，由宣州出廣德，必道吳興之郊，而後及於餘杭。餘杭之安危，吳興實操之也。蓋山藪環錯，敵之伺我常易，而震澤之浸，尤出奇者所必資。……夫湖州，南衛臨安，北鞏吳郡，勢如左右手，顧可忽乎哉！天目山為西面之巨鎮，其高險阻深，嶺欹瑰異，不可殫究。自天目而外，遠近諸山，環繞林立，皆若臣伏，然豈非天開奇勝歟？羅氏云：「天目山亘於杭、湖兩郡間，餘杭、臨安、於潛、昌化皆在其陽，安吉、孝豐皆在其陰。山之西麓與江南寧國縣接界，為西出之間道。言地險者，天目其未可略矣。」獨松關在獨松嶺上，自天目而北，重岡結澗，迴環數百里，獨松嶺傑峙其中，嶺路險狹，東南則直走臨安，西北則道安吉，趨廣德，為江、浙二境步騎爭逐之交，東南有事，此亦必爭之地也。……《方輿紀要》。吳興郡城以東，在漢屬會稽郡，其西屬丹陽郡，東南東北接嘉興、吳江諸境，河港交橫相錯，如繡即生其地者。一船問櫂，猶迷去來。論以地水師之義，殆鐵網陣也。西南諸山，連亘諸邑，犬牙互錯，

其地多以關名，古用武四達之域。江寧陸路，由青草塢抵郡城青銅門，晝夜兼程，康衢直達，騎發武林，尤旦暮爾。其安危與江、浙二省都會共之。惟西北二境，經畫爲艱，寇若犯常、鎮二郡，竟奔宜興而來，扼要一宜在夾浦，一宜在香山嘴，皆水陸之衝也。寇若從溧水、建平取廣德路，扼要宜在白茅山。十人守險，千人不敢過。若從徽寧達廣德，扼要宜在橫山。山最雄峙，踞斷中路，寇望而駭。若從溧陽、宜興間道出廣德，扼要宜在戴埠，亦有山隘可守。若過此三險至四安，所謂門庭之寇，無復可過。且舍四安由梅溪水陸徑趨郡城，取路安吉入杭有三道，孝豐入杭有二道，此西北守禦外境爲亟也。嚴有穀〈吳興形勢要害說〉。城外險處，南門當守何山嶺，水路當守衡山；東門當守舊館昇山，水路當守河口昆山清塘門；西門當守法華山仁王山路，水路當守永壽；北門水路當守大錢等處。《經鉏堂雜志》。五湖之表曰湖州，太湖汪洋浩瀚，支港繁多，萑苻易於叢集，而大錢湖、小海港諸口，尤爲浙西襟喉要地。

觀是，則湖州不惟山川韶秀，且具險峻形勢，固兵家必爭之地也。至湖州之名山勝水，亦可得而言，元人趙孟頫撰〈吳興山水圖記〉曰：

昔人有言吳興山水清遠，非悠然獨往，有會於心者，不以爲知言。南來之水出天目，至城南三里，而近匯爲玉湖，汪汪百頃。玉湖之上有山，幢幢狀若車蓋，曰車蓋山。由車蓋而西，山益高，曰道場。自此以往，奔騰相屬，弗可勝圖矣。其北，小山坦迤，曰峴山。山多石，草木疏瘦如牛毛。諸山皆與水際，路繞其麓，遠望惟見草樹緣之，中湖巨石如積，坡陁磊磈，葭葦叢焉，不以水盈縮爲高卑，故曰浮玉。浮玉之南，兩小峰參差，曰上下釣魚山。又南，長山曰長超。越湖而東，與車蓋對峙者曰上下河口山。又東西小山，衡視則散佈不屬，從視則聯若比鄰。曰沈長，曰西余，曰蜀山，曰烏山，東北曰昆山。遠樹微茫中，突若覆釜。玉湖之水，北流入於城中，合苕水於城東北，又北，東入於震澤。春秋佳日，小舟沂流城南。眾山環周，如翠玉琢削，空浮水上，與船低昂，洞庭諸山，蒼然可見。是所謂清遠，非耶？

是湖州山水清遠，孟頫所記，信不誣矣。

湖州名勝古蹟亦至穎頤，茲檢其至尤者以介。《湖州府志》卷二十五〈輿

地略‧古蹟〉一〈湖州府治〉曰：

明月樓，在府治子城西南隅。唐貞元十三年建。《勞志》。《苕溪詩話》：「楊漢公有〈明月樓詩〉云：『江南地暖少嚴風，九月炎涼正得中。溪上玉樓樓上月，清光合作水晶宮。』吳興因此詩，謂之水晶宮。」《胡志》宋梅堯臣〈明月樓詩〉：「雪雪前溪白，蒼蒼後嶺巍。人疑查上客，星合蚌中暉。影轉闌于迥，杯行漏鼓稀。只知誇粉黛，不向桂邊歸。」

同卷又載：

消暑樓、清風樓、會景樓，並在府治譙門東。唐貞元十五年，刺史李詞建。三樓鼎峙於于城之上，爲一郡偉觀。《勞志》。唐杜牧〈消暑樓詩〉：「晴日登攀好，危樓物象饒。一溪通四境，萬岫邈層霄。鳥翼舒華屋，魚鱗棹短橈。浪花機乍織，雲葉匠新雕。臺榭羅嘉卉，城池敞麗譙。蟾蜍來作鑑，蟛蜞引作橋。燕往隨秋葉，人空習早朝。楚鴻行盡直，沙鷺立偏翹。暮角樓游旅，清歌慘沈寥。景牽游目困，愁記酒腸消。遠吹流松韻，殘陽度柳梢。時陪庚公賞，還悟脫煩囂。」　宋梅堯臣〈清風樓詩〉：「在昔有佳句，故人如遠來。競生吳客袵，不上楚王臺。稍拂清尊動，時吹轡幕開。長安在何處？水鳥望中迴。」　王炎〈清風樓詩〉：「山屏四面碧相重，苕雪無聲瀉玉虹。萬戶連甍皆在下，一樓飛棟獨當中。不容半點浮塵到，但覺無邊爽氣通。安得翛然辭物役，披襟終日挹清風。」

又載：

墨妙亭，在府治內。《輿地紀勝》：「熙寧中，太守孫覺建。凡境內自漢以來古文遺刻，取以實用。舊刻不存者，蔣燦復書於書。」《胡志》宋蘇軾〈墨妙亭記〉：「熙寧四年，高郵孫莘老移守吳興。其明年，作墨妙亭於逍遙堂之東，取凡境內自漢以來古文遺刻以實之。吳興自東晉爲善地，號爲山水清遠。其民足於魚稻蒲蓮之利，寡求而不爭，賓客非特有事於其地者不至焉。故凡守郡者，率以風流嘯詠、投壺飲酒爲事。自莘老之至，而歲適大水，土田不登，湖人皆大饑。莘老大振廩勸分，躬自撫巡，所活至不可勝計。當是時，朝廷方更化立法，使者旁午。以爲莘老當日夜治文書，赴期會，不能復雍容自得如故事。而莘老益喜賓客，賦詩飲酒爲榮。又以其餘暇，網羅遺逸，得前人賦百篇，爲《吳興新集》。其刻石尚存，而僵仆斷缺於荒陂野草之間者，又皆集於此亭。余以事至湖，周覽歎息，而莘老求文爲記。或以謂余：『凡有物必歸於盡，而恃形以爲固者，尤不可長。雖今石之堅，俄而變壞，至於功名、文章，其傳世垂後猶爲差久。今乃以此託於彼，是久存者反求助於速壞，此則昔人之惑，而莘老又將深簷大屋以錮留之。推是意也，其無乃幾於不知命也夫。』余以爲知命者，必盡人事，然後理足而無憾。君子之養身也，凡可以衛生者無不用；其治國也，凡可以久存者無不爲；此之謂知命。是亭之作，殆無足爭者，而其理

則不可以不辨，故具載其說，而列其名物於左方。」又〈墨妙亭詩〉：「蘭亭繭紙入昭陵，世間遺跡猶龍騰。顏公擬法出新意，細筋入骨如秋鷹。徐家父子亦秀絕，字外出力中藏稜。嶧山傳刻典刑在，千載筆法留陽冰。杜陵論書貴瘦硬，此論未公我不憑。短長肥瘦各有態，玉環飛燕誰敢憎。吳興太守眞好古，購買斷缺揮縑繒。龜趺入坐螭隱壁，空齋晝靜聞登登。奇蹤散出走吳越，勝事傳說誇友朋。書來乞詩要自寫，爲把栗尾書溪藤。後來視今猶視昔，過眼百世如風燈。他年劉郎憶賀監，還道同時須服膺。」

是湖州之名勝幽美，樂遊其中，固美不勝收，而目不暇給矣。

湖州之教育，自唐至宋，甚有發展。直齋生長是州，必亦蒙栽培之利。《湖州府志》卷十八〈輿地略‧學校〉記湖州之府學云：

府學在府治東北報恩界。《胡志》。唐初有孔子廟，在霅溪，南學附焉。《統記》：「郡初有孔子廟，武德中，李孝恭遷於霅溪南。」《唐志》：「高祖初，制郡縣學，各置生員。貞觀四年，詔州縣學皆作孔子廟。」又舊《圖經》：「孔子廟在子城南一百一十步，州學亦曰在州城南一百一十步。」乃知祥符以前，學附於廟。學置經學博士、助教、生員六十員。天寶中，州助教、博士及學徒會食，師資詔廢，惟留補州助教一人、學生二人，備春秋二社、歲賦、鄉飲酒而已。大曆五年，刺史蕭定加助教二人、學生二十員，後又廢。宋寶元二年，知州滕宗諒表請于朝，建學州西一里。三年四月，敕書錫名州學，錫田五夫；六月學成，重門、廣殿、講堂、書閣、齋舍、庖湢皆具，爲屋百二十楹，張方平爲〈記〉。文見《金石錄》。蔡襄大書勒石，石曼卿又書敕建州學額，揭于儀門。延安定胡瑗主學，四方之士雲集受業。學初爲十八齋，環建有亭，曰觀得。時朝旨令賜第進士習射，上親閱於殿廷，賞賜有差。故郡置圃，取孔子矍相之義。《談志》。《胡志》云：「唐以前，舊有孔子廟在子城內。武德中，李孝恭築羅城，遷刺史宅於子城內，徙廟於霅溪之南，而學附焉。大中初，刺史令狐綯作〈文宣王新廟本末記〉，所謂『西臨霅水，前橫荻塘』者是也。又注云：『宋時，州學內有經史閣、禮象閣，凡爲屋百二十楹。初爲十八齋，有經義齋、治事齋，後改治事爲治道。紹興元年，教授戴溪分十八齋爲六齋，東曰明誠、伸道、治道，西曰藻德、義勝、仁榮。齋後有池，池上有屋，爲烏程、歸安兩縣學。』」

《浙江通志》卷二十六〈學校〉二「〈湖州府〉」條亦云：

湖州府儒學，在府治東北。《弘治湖州府志》：「唐前在子城內。武德中，李孝恭築羅城，徙廟霅溪之南，而學附焉。」《嘉靖浙江通志》：

「宋寶元二年，知州滕宗諒請於朝，改建於州治西，賜名州學，賜田五百畝以瞻生徒。延安定胡瑗主教事，作堂規五等，分經義、治事等十八齋，齋規亦五等。於時湖學之盛聞四方，詔取其法行之太學。」張方平〈新建湖州學記〉：「寶元二年，尚書祠部員外郎滕君守吳興郡。始至，見吏民，問疾苦，披圖考俗，顧謂僚屬曰：『四代之學起於黨遂，漢氏繼周，而王懲秦之敗，稍復尊用儒術。東都中興，儒雅寖隆。公卿大臣咸門有諸生，橫經受業。三分多難，文獻不足。唐雖禮典甚講，蓋文具而實喪。是以後王研窮理要，終莫致於三代者，所以化民成俗之道，育材官人之法，墜其根本也。惟我治朝，庠序且徧諸郡，矧吳興南國之奧，有佳山水，發為秀人；而學校不建，豈布宣王家風教之意歟？』僚屬曰：『唯。』相與輸金建學。十二月，考景營基，鳩材類工，且以命教請於上。越明年夏四月，敕書先至，錫名州學，賜田五夫。六月，新學成，復立小學於東南隅。童子離經肄簡，諒者聚焉。凡為屋百有二十楹，既釁器、用幣、釋菜、成禮。客有興於座曰：『美哉學也！若稽田既勤敷菑，在所播植，惟學敏厥修，念終始，在其所志。君子學以聚之，問以辨之，舉而可以成天下之務，斯得謂之志矣。若其拘文牽義，誦焉而不通其變，習焉而不達於用，此士之大患也。能開達學者之志慮，使廣大深實，知道之所以為用，茲可以為師矣。彼先王之糟粕，後世且得其味而嘗諸？苟知道之所用，何學而非道者，茲可以為學矣。士充其業，上使其器，則致理之本，不在學校乎？』」

觀是，則知湖州府學由唐至宋建置之沿革與發展，其師資如胡瑗等既拔萃於當時，而其所主教設規又足為天下法。故有宋一代，湖州一地造就人材甚眾。其中不乏以忠臣、孝友、義行、介節見稱，茲略舉其著者如下：

《浙江通志》卷一百六十三〈人物〉二〈忠臣〉一載：

劉士英《宋史》本傳：「宣和間為溫州教授。方臘陷處州，州人爭欲遁，士英獨身任責，推茂才石礪為謀主，治兵時糧，籍保伍，分其地為八隅，委官兵統率，以鐘為約。令民聞鐘聲，則趨所守堞。未幾，賊來攻，拒守凡四十餘日。官軍既至，賊潰去。靖康初，通判太原府。金人入境，帥臣張孝純欲避之，士英率通判及方笈、將官王槀力止。及城陷，槀赴火死，士兵持短兵接戰，死之。」謹按：宋林景熙〈永嘉忠烈廟記〉以士英為霅川人。

朱蹕《宋史》本傳：「安吉人，知錢塘縣。建炎三年，金人陷杭州，守臣康允之退保赭山。蹕白允之，率弓手士軍前後拒敵，行二十里，遇金兵，蹕兩中流矢，左右掖至天竺山，猶能率鄉兵禦敵，後數日遇害。」

章鑄《弘治湖州府志》：「字子壽，吳興人，仕忠直郎。讜直敢言，後以世革歸隱。元世祖令故宋官納誥敕，鑄不肯，自以世食宋祿，坐未嘗北向。宋人之仕於元者，皆絕之，不與往還。」

陳存《嘉靖浙江通志》：「安吉人，累官兵部尚書、端明制置使。宋亡，元遣使七徵，不起。尋遘疾，卻醫絕食，旬有四日卒。」

欽德載《尚友錄》：「吳興人，仕爲都督計議官。宋亡，德載不肯送降款。元兵帥募生致其人，議欲官之。德載裂其板，授書，即遁隱碧巖山中。楊維楨作詩弔之。」

是劉士英、朱蹕、章鑄、陳存、欽德載皆湖州之忠臣矣。

《浙江通志》卷一百八十四〈人物〉七〈孝友〉二載：

曹清《弘治湖州府志》：「烏程人。其父嘗殺人，繫獄。清痛父不可脫，乃自誣曰：『是吾手刃也，非父罪。』於是代受。重辟後，屍泝流至家，葬烏程之西陽村。今春秋奉祀，號曹孝子祠。」

朱泰《墨客揮犀》：「武康人。事母孝，嘗爲虎所搏，負之而去。泰大呼曰：『虎暴殺我，我母將無所依。』虎遽棄於地，驚竄入山，後安健如故。鄉里號爲『朱虎殘』。」

朱天錫《弘治湖州府志》：「歸安人。父嗣發，仕至朝奉郎。天錫好義，敬愛老幼，見貧乏者濟惠之。父喪，哭泣過禮。既葬，廬墓三年，有司以聞，旌表門閭。後仕至諸暨州判官。」

曾雲之《烏程縣志》：「寶祐間，父獲罪當刑，雲之代父死，上聞，追封之。武康人慕其孝，立廟於縣南，曰靈祐昭應廟。」

吳可幾《明一統志》：「安吉人。好古博雅。與弟知幾同登景祐間進士。可幾仕至太常少卿，知幾爲郎官，守其父屯田墓三年，平地出泉，時號孝子泉。」

是曹清、朱泰、朱天錫、曾雲之、吳可幾皆湖州之孝子矣。

《浙江通志》卷一百八十八〈人物〉八〈義行〉中載：

朱承逸《西吳里語》：「烏程人。居城東門，爲本州孔目。嘗五鼓趨郡，過駱駝橋。聞橋下哭聲甚哀，乃有人爲勢家逼債，錢三百千，攜妻子將溺於水。朱憫，代還之。其人感泣，願終身爲奴。不聽，復以二十千給之而去。慶曆庚寅，歲饑，以米八百斛作粥散貧民。是歲其孫服生，後登熙寧進士第二。」

沈竭《德清縣志》：「字孝光。七歲喪母，痛慕無已。既長，獨營祖塋，不煩族氏。嘗遇大盜，劫掠殆盡。後探筒中得剩金，則友人鄒德深所寄也，亟封還之。」

是朱承逸、沈竭乃湖州有義行者。

《浙江通志》卷一百九十〈人物〉九〈介節〉上又載：

沈嚴《弘治湖州府志》：「字叔寬，德清人。大中祥符八年中禮部第四廷試，登甲科。監洪州武寧茶場，兼領本邑事，吏畏其廉，民愛其慈。及死，貧不能葬。太守滕元發葬於縣之永和鄉。」

俞汝尚《宋史》本傳：「字退翁，烏程人。議論不苟，澹於勢。擢進士第，涉歷州縣，無

少營進取之心。嘗知導江縣，新繁令卒，使者使承其乏，將資以公田，辭不赴。時王安石當國，或言汝尚清望，可實之。御史驛召詣京師，知所以薦用意，力辭。章再上，得免還家。苦貧，又從趙抃於清州，遂以屯田郎中致仕。優悠數年，當六月徂暑，寢室不可居，出舍於門。妻黃就視之，汝尚曰：『人生七十者希，吾與夫人皆過之，可以行矣！』妻應曰：『然則我先去。』後三日卒。汝尚庀其喪，爲作銘，召諸子告曰：『吾亦從此逝矣！』隱几而終，相去纔十日。孫侔，紹興中，敷文閣直學士。」

俞澂《西吳里語》：「字子清，汝尚玄孫也。以清介自持，官至刑部侍郎，求退。放意泉石，創圃於南門外二里許，與小浮玉山相對，號曰無塵。時以扁舟往來，飲酒賦詩爲樂。」

史祺孫《弘治湖州府志》：「字大年，安吉人。政和五年以上舍登第，官至刑部郎，出典章貢、興國二郡。初秦檜欲謀誅岳飛，命祺孫搜索其家交遊書，暨所厚者羅織之。祺孫悉焚書草曰：『誣人以求榮，吾不爲也。』以是獲譴，致仕歸。」

施鉅《西吳里語》：「字大任，武康人。舉進士，累官參知政事。清約自持，無聲色之好。卒年九十一。」

是沈嚴、俞汝尚、俞澂、史祺孫、施鉅皆湖州之有介節者。

湖州教育既發達，學術亦隨之而興。故有宋一代，湖州著述宏富，文人雅士尤多。學而優則仕，湖州亦多循吏。茲仍徵引《浙江通志》，紹介宋代吳興之文人雅士及循吏之素負盛名者如下：

《浙江通志》卷一百七十九〈人物〉六〈文苑〉二載：

孫侔〈孫侔傳〉：「字少述，吳興人。幼孤立學。七歲能屬文。較長讀書，精識元解，能得聖人深意，多所論撰。慶曆、皇祐間，與王安石、曾鞏，知名於江淮間。侔初名處，字正之，安石所謂『淮之南有賢人』者也。內行峭潔，少許可，不妄戲笑。詩文嚴勁簡古，卓然一出於己，自成法度，如其爲人。嘗舉進士不中，母病且革，頗恨不及見其仕，嗚咽自誓，終身不求仕。客居吳門，未嘗傳經教授，而學者聞其風指，多所開悟。元豐三年，除通直郎，致仕，卒。有詩四千篇，雜文三百篇。」

張先《嘉靖湖州府志》：「字子野，烏程人。康定進士，知吳江縣。詩格清麗，尤長樂府，有『雲破月來花弄影』、『浮萍過處見山影』、『隔牆送過鞦韆影』之句，時號張三影。李公擇守吳興，招集於郡圃爲六客之會。晚歲優悠鄉里，嘗放舟釣魚爲樂。仕至都官郎中。有《文集》一百卷，惟樂府行於世。」

陸蒙老《兩浙名賢錄》：「字元光，歸安人。博學，善吟詠。嘗爲晉陵宰，時州幕官有好讒同列者，一日同會，聞蟬，幕謂陸曰：『君可吟此？』陸即席詠曰：『綠陰深處汝行藏，風露從來是稻粱。莫倚高枝從繁響，也應回首顧螳螂。』其人聞之，少戢。」

劉燾《嘉靖湖州府志》:「字無言,吳興長城人。未冠,游太學,與陳亨伯等以八俊稱。元
祐三年,蘇軾知貢舉,稱其文章典麗,遂中甲科。尤善書,筆勢遒勁。黃山谷謂:『江左又生
羊欣矣!』在館中,嘗被詔,修《閣帖》十卷;又注《聖濟經》,有《見南山集》五十卷。」

魯伯能《兩浙名賢錄》:「安吉人。博學強記,九歲通《五經》,日誦萬言。家貧無油,夜
乘月光讀書達旦。歷虔州太守。生平無他嗜,惟以文翰自娛,有《集》三百餘卷。」

劉度《嘉靖湖州府志》:「字汝一,長興人。博覽強記,內翰汪藻一見異之,以制科薦,登
紹興進士。歷臺諫。金人畔盟,度條諫三策,不報。孝宗即位,抗疏陳《春秋》正始之道。
著有《傳言鑑古》三十篇、《雜文》三十卷。」

施元之《長興縣志》:「字德初。以文章著聲,試館職,除起居舍人,遷左司諫。《注東坡
詩》四十卷。」

陳晦《長興縣志》:「字自明。中童子科,又中博學宏詞科,仕至刑部侍郎,兼中書舍人。
有《文集》三十卷。」

陳振孫《弘治湖州府志》:「字伯玉,安吉人。所居號直齋。博通古今,爲浙西提舉,停廢
醋庫,邦人德之。」

沈瀛《吳興掌故》:「字子壽,有文集。葉水心適〈序〉曰:『吳興沈子壽,少入太學,名聞
四方,仕四十餘年。絀於王官,再入郡,三佐帥幕,公私憔悴,而子壽老矣。其平生業嗜文
字,若性命在身。子壽自著累千百首,其爲音瑰富精切,自然新美,又能融釋眾疑,兼趨空
寂。觀其開闔疾徐之間,旁觀而橫陳,逸鶩而高翔,蓋宗廟朝廷之文,非自娛於幽遠淡薄者
也。』」

是孫侔、張先、陸蒙老、劉燾、魯伯能、劉度、施元之、陳晦、沈瀛皆湖州
之文苑中人也,而陳振孫亦在其列。直齋著述繁多,除《書錄解題》外,尚
有《白文公年譜》及詩文若干篇,惜《弘治湖州府志》未之載耳,余將於第
五、六章詳考之。竊意直齋所以能「博通古今」,著作繁富,睥睨文苑,其因
由固甚多,而中最要者,蓋與湖州教育發達至相關涉。所可悵者,文獻不足
徵,於直齋未冠時如何就州學?其師承若何?其進德修業情況又若何?上述
種種情事,今皆無可考得矣。

《浙江通志》卷一百六十八〈人物〉三〈循吏〉二載:

陳舜俞《宋史》本傳:「字令舉,吳興烏程人。舉進士,又舉制科第一。熙寧三年,以屯
田員外郎知山陰縣,詔俟代還,賜館職。舜俞辭曰:『爵祿名器,砥礪多士,宜示以至神。烏
可要期如付劑契?』繳中書帖上之。青苗法行,舜俞不奉令,上疏自劾曰:『官制放錢取息,
雖分爲夏秋二科,而秋放之月,與夏斂之期等,夏放之月,與秋斂之期等,不過輾轉息,以

給爲納。使民終身以及世世，每歲兩輸息錢，無有窮已，是別爲一賦以斂海內，非王道之舉也。』奏上，謫監南康軍鹽酒稅，五年而卒。舜俞始嘗棄官歸，居秀之白牛村，自號白牛居士。已而復出，遂貶死。蘇軾稱學術才能兼古人之器。」

盧革　《宋史》本傳：「字仲辛，德清人。慶曆中，知冀州。蠻入寇，桂管騷動。革經畫軍須，先事而集。移書安撫使杜杞，請治諸郡城，及易長吏之不才者。又言嶺外小郡，合四五不當中州一大縣，無城池甲兵之備，將爲賊困，宜度遠近併省之。後儂智高來，九郡相繼不守，皆如革慮。知婺、泉二州，復爲宣州，以光祿卿致仕。」

朱服　《宋史》本傳：「字行中，烏程人。熙寧進士甲科。元豐中，擢監察御史裏行。參知政事章惇遣袁默、周之道見服，道薦引意以市恩。服舉劾之。惇補郡，免默、之道官。紹聖初，拜禮部侍郎。後知廬州，廬人饑，服便宜賑，獲全活十餘萬口。明年大疫，課處持善藥分拯之。坐與蘇軾遊，貶海州團練副使，蘄州安置，改興國軍，卒。」

陶旋　〈陶旋阡表〉：「字季成，吳興人。元符三年進士，調陝州司理參軍。童貫用兵，請旋從，固辭，貫亦不能強也。知鄭之管城、婺之東陽、杭之富陽，低佪數邑，幾二十年。在東陽，俗喜鬭，家藏鎧仗，更數令不能禁，旋痛懲之，風俗爲變。」

朱南強　《嘉靖安吉州志》：「字柔立。主晉陵簿，有倚當塗勢奪民田者，南強柀歸之。移宰上虞，地瀕海，民業煮鹽，多致訟，乃爲析利害，上提舉，請置場交易。民甚便之。」

沈琯　《嘉靖湖州府志》：「字次律，德清人。宣和間，任兩浙遭運。王師收方臘，琯規畫應辦，民以不擾。後奉使至燕雲，金人入寇，郭藥師敗降，琯爲藥師所執，遣同李鄴赴闕議和。琯首陳虛實，乞召兵會河北邀擊，不聽，乃著《南歸錄》以攄忠憤。自號柯田山人，終老焉。」

莫漳　《弘治湖州府志》：「歸安人，登進士第。淳熙初，知仁和縣。時有出入德壽宮者，恃勢虐民，漳於宮門外候其出，擒而撻之。高后怒，孝宗降漳一秩。居數月，平江缺守，宰執進擬。孝宗曰：『朕有其人。』遂除漳院轄，以承議郎知平江。」

沈介　《西江志》：「湖州人。乾道四年守信州，與趙師嚴爲代。師嚴在任時，兵嘗欲援往例有所求，不獲，遂謀亂，雖散府庫以撫之，猶反側未安。介至，誅首領二人，餘皆安堵。歲饑，賑貸有方，民得不死。去官之日，老稚扶攜隨行數十里，涕泣不忍舍。」

章謙亨　《西江志》：「湖州人。紹定間知鉛山，爲政寬平，人號生佛，家置像而祀。其興學養士、禦盜安民、禮賢表俗、蠲賦救荒事蹟，邑人勒之章巖，以志不忘。」

施宿　《兩浙名賢錄》：「字武子，長興人。慶元初，知餘姚縣，爲政務大體，興廢舉墜，不事細謀。姚北瀕海，歲役民修堤，民甚苦之。宿更築石堤，建莊田二十畝，以備修堤之役，功與前令謝景初同稱。」

李元吉　《福建通志》：「湖州人。淳祐間知福清縣。始視事，訟日三百餘牒；未期月，幾無

　　訟云。」

是陳舜俞、盧革、朱服、陶旞、朱南強、沈珣、莫濤、沈介、章謙亨、施宿、李元吉皆湖州之循吏矣。湖州循吏之眾，良由理學深邃、教育發達有以致之，即以直齋而言，亦文苑而兼良吏也。

　　綜上所述，直齋祖貫永嘉，後改籍吳興、湖州、安吉州；其籍貫疆域頗廣，宋寶慶間仍領六縣，戶口甚眾，山水清遠，古蹟顯頤。直齋生長其間，自少飽覽靈秀山川，足以擴闊襟懷。至湖州府學之盛，栽培人材之富，忠臣、孝子、循吏、文人及義行、介節之士，皆由其門作育而出。直齋一生任官為良吏，治學為良材，其行誼與成就，自與其出生地域至相關涉。故特爬梳方志及有關資料，詳予論說。今人陳樂素、喬衍琯研究振孫，用力至勤，惟於直齋之籍貫，及此籍貫對其為吏與治學之影響，皆研求有所未裕。茲所論說，或可補二氏所未逮云。

第三節　避嫌名說辨

　　陳氏名振孫，字伯玉，號直齋。宋人文集、筆記中或直呼其名，如洪咨夔《平齋文集》卷十八〈軍器監簿陳振孫授國子司業〉、劉克莊《後村大全集》卷七十五〈故通奉大夫寶章閣待制致仕陳振孫贈光祿大夫〉、周密《齊東野語》卷十五〈張氏十詠圖〉條「會直齋陳振孫貳卿」、《癸辛雜識》別集下〈嵩之起復〉條「少司成陳振孫」等是。或稱振孫之字，如《齊東野語》卷十七〈朱唐交奏本末〉條「其說聞之陳伯玉貳卿」是。或道振孫之號，如《齊東野語》卷八〈嘲覓薦舉〉條「直齋陳先生云」、卷十二〈書籍之厄〉條「近年惟直齋陳氏書最多」，《志雅堂雜鈔》卷下之「直齋所著書」是。或將振孫之字與名連稱，如《齊東野語》卷八〈義絕合離〉條「陳伯玉振孫時以倅攝郡」是。元、明、清人因之，然均未見有謂振孫本名瑗者。萬曆間刊本《古今逸史》，內收有〈洛陽名園記〉，並附載振孫一跋，此跋亦見《解題》卷八〈續成都古今集記〉條中，固知跋乃振孫之文也。惟此跋末題「永嘉陳瑗伯玉書」，樂素誤據之，遂有「直齋本名瑗，避理宗嫌名，更名振孫」之說。〈直齋書錄解題作者陳振孫〉一〈本名〉條云：

　　　陸氏《皕宋樓藏書志》卷三三載〈洛陽名園記〉一跋云：「晉王右軍
　　　聞成都有漢時講堂，秦時城池、門屋樓觀，慨然遠想，欲一遊目，

其〈與周益州帖〉，蓋數致意焉。近時呂太史有感於宗少文臥遊之語，凡昔人記載人境之勝，錄爲一篇。其奉祠亳社也，自以爲譙、沛眞源，恍然在目，而兗之太極、嵩之崇福、華之雲臺，皆將臥遊之。噫嘻！弧矢四方之志，高人達士之懷，古今一也！顧南北分裂，蜀在境內，雖遠，患不往爾，往則至矣；亳、兗、嵩、華，視蜀猶邇封也，欲往，其可得乎？然則太史之情，其可悲也已！予近得此〈記〉，手寫一通，與《東京記》、《長安》、《河南志》、《夢華錄》諸書並藏，而時自覽焉，是亦臥遊之意云爾。」末題永嘉陳瑗伯玉書。此文具載《解題》卷八《續成都古今集記》條中，則固直齋之文也。《藏書志》所載有訛奪字，今依《解題》。然則直齋本名瑗，字伯玉，傚春秋蘧大夫。《宋史·寧宗紀》：「嘉定十七年（1224）閏八月，帝崩，史彌遠傳遺詔立姪貴誠爲皇子，更名昀，即皇帝位。」是爲理宗。直齋之更名振孫，蓋緣於此，避嫌名也。

然《解題》於跋後接云：「于時歲在己丑，蜀故亡恙也，後七年而有虜禍；秦、漢故跡，焚蕩無遺。」己丑爲理宗紹定二年（1229），後七年爲端平二年（1236），指是年九月韃靼破蜀入成都事也。然則避諱之說，豈不與此矛盾乎？雖然，在諱例最嚴之南宋，入理宗時代，直齋決不以瑗爲名，名瑗必在理宗以前，是可無疑者；故或己丑原作己卯，即寧宗嘉定十二年（1219），而七年原作十七年，傳鈔者以所據本脫「十」字，因改己卯爲己丑；或則直齋誤記耳。如《解題》卷八「《天台山記》」條云：「嘉熙丙申趨會稽治所。」丙申爲端平三年，非嘉熙；是誤記之一例也。至《續成都古今集記》條末附記成都事，乃後人所增，非直齋文，故《通考》未引；且其中曾稱理宗廟號，更非直齋所及知，說詳後。《皕宋樓藏書志》卷一一四載直齋所撰〈崇古文訣序〉，題「寶慶丙戌永嘉陳振孫」。寶慶丙戌（二年，1226）爲理宗即位之第三年，是既已更名之證，焉得五年後之己丑復名瑗也？又今本《玉臺新詠》有跋云：「幼時至外家李氏，於廢書中得舊京本，多錯謬，欲求他本是正，不獲。嘉定乙亥（八年，1215）在會稽，始從人借得豫章刻本，財五卷；又聞有得石氏所藏錄本者，復求觀之，以補亡校脫，於是書復全。是歲十月永嘉陳玉父。」丁氏《善本書室藏書志》卷三八謂：「永嘉陳塤、陳宜中多著聲聞，玉

父殆其族屬歟？」然細味之，是亦直齋耳。疑是書初刻於寧宗嘉定，尚未更名，原題「永嘉陳瑗伯玉父」，理宗以後重刊，因避諱，去「瑗」字，空一格；比及三刻，不知所空何字，而誤以為其名「某伯」，字「玉父」，因併刪「伯」字，唯存「玉父」也。若跋題於既已更名之理宗朝，當不致生此誤矣。直齋母李氏，為富春李素孫女，見《解題》卷十七《丁永州集》條，可作跋中「幼時至外家李氏」說一佐證，《齊東野語》卷八〈嘲覓薦舉〉條有直齋向為紹興教官之語，當即此所謂嘉定乙亥在會稽之時也。

是樂素確有直齋本名「瑗」，避理宗嫌名，改作「振孫」之說。惟樂素此避嫌名之說，喬衍琯不以為然。喬著〈陳振孫傳略〉云：

陳振孫，字伯玉，號直齋。或云原名瑗，未可信。

又云：

陳氏所考甚詳。然今傳〈洛陽名園記〉，殆皆出自《說郛》。涵芬樓據明鈔本排印之《說郛》所載跋語，正題「永嘉陳振聲伯玉書」，明嘉靖刊《顧氏文房小說》本脫去孫字，作「永嘉陳振伯玉書」。至萬曆間刊本《古今逸史》，始題「永嘉陳瑗伯玉書」。其後《津逮秘書》、《學津討源》、《海山仙館叢書》諸本，則或作振，或作瑗。振、瑗二字形近，其作瑗者，蓋先脫去孫字，振字再壞為瑗字。陸心源所藏仿明刊本，或即從《古今逸史》出。

且宋理宗諱昀，據商務印書館《四部叢刊續編》影印宋本《禮部韻略》，附有〈淳熙重修文書式〉，所列今上皇帝御名所應避嫌名，僅有「勻、昀、馴、巡（尚書徐邈讀）」等七字。《韻略》中從爱之字，俱不改字或缺筆。且宋孝宗初名伯琮，更名瑗，又名瑋（《慶元條法事類》、陳援庵《史諱舉例》俱作瑋）。《紹定禮部韻略》又附〈紹熙重修文書令〉云：「或諸犯聖祖名、廟諱、舊諱、（舊諱內貳字者連用為犯，若文雖連而意不相屬者非）御名，改避。」《慶元條法事類》亦同。然宋太宗初名光義，而楊光美遂改名陽美，祁廷義改名廷訓。真宗初名元休，畢士元改名士安。英宗初名宗實，張茂實改名孜。理宗初名貴誠，李誠改名伯玉。宋人避諱之嚴，過於功令。其舊諱為單字者，〈文書令〉不云須改避。然〈文書令〉亦云舊諱內二連用為犯，且多有改避之例。陳振孫雖不必避孝宗舊諱，但瑗字若為理

宗嫌名當諱，則理宗轉先應避其曾祖輩先帝孝宗之舊名，始足為天
下法。是以知振孫避理宗嫌名之說，未可從。

案：喬氏列舉眾證，力辨避嫌名說不足據，所論確鑿。然陳文之誤，喬氏似
猶有未盡匡正者。就余所見，前引陳文第二段所云：「故或己丑原作己卯，即
寧宗嘉定十二年（1219），而七年原作十七年，傳鈔者以所據本脫『十』字，
因改己卯為己丑；或則直齋誤記耳。」此則固屬樂素之臆說。蓋《解題》卷
八《續成都古今集記》條，於備引振孫〈洛陽名園記〉一跋後，尚載有以下
諸語：

己丑，實理宗紹定二年也。後七年，即理宗端平三年丙申歲。是年，
自九月二十九日夜，沔利都統兼關外四川安撫、知沔州曹友聞戰死
之後，十二月，北兵入普州、順慶、潼川府，破成都，掠眉州，五
十四州俱陷破，獨夔州一路及瀘、果、合數州僅存。友聞初以明經
登丙戌科，綿谷縣尉。制置桂如淵擢為天水教授，與田遂、陳瑀俱
招忠義，官至員外郎。自乞換武，積官至眉州防禦使、左驍衛大將
軍。朝廷贈龍圖學士、大中大夫，賜廟褒忠，諡曰節。所部皆精銳，
虜畏之，目為「短曹遍身膽」，時人稱之曰：「元戎制勝世間有，教
授提兵天下無。」是役也，北之主將統兵者，四太子并達海也。

此段文字補述「後七年而有虜禍」之事甚詳明，且文中一再稱及理宗廟號，
固知非振孫文字也。盧文弨《新訂直齋書錄解題》校此條云：

「己丑實理宗紹定二年也」下，此段不似陳氏本文，當亦隨齋語耳。
《文獻通考》無之。〔註1〕

盧氏以此段屬隨齋作，其言可信。隨齋即程棨，字儀甫，宋末元初人，程泰
之大昌曾孫。大昌晚歲自歙遷湖州，子孫遂貫安吉，與振孫同里，故隨齋為
較早得讀《解題》並為批注之第一人。此條「己丑」與「七年」，必為隨注原
文，與振孫絕無關係。樂素於一空依傍，全無助證之下，竟謂「己丑原作己
卯」、「七年原作十七年」，又坐「直齋誤記」；凡斯種種，不過欲證成直齋本
名瑗，避理宗嫌名，更名振孫之說耳。惜樂素立說所依憑者乃明季萬曆刊本
之誤書。顧炎武《日知錄》卷之十八「〈別字〉」條云：

山東人刻《金石錄》，於李易安〈後序〉「紹興二年元默歲壯月朔」，不知壯月之出於《爾雅》「八月爲壯」，而改爲牡丹。凡萬曆以來所刻之書，多牡丹之類也。

《日知錄》所言，足爲著書立說不辨萬曆板本多謬者戒。

綜上所說，樂素避嫌名之說固未能成立；蓋直齋僅名振孫，字伯玉，「瑗」字決非其本名；以「伯玉」爲別字，亦恐與春秋蘧大夫無涉。余頗疑直齋之名與字乃由其先祖所肇錫，蓋竊取《孟子‧萬章》下「孔子之謂集大成；集大成也者，金聲而玉振之也」之意，直齋祖父實欲其效法至聖孔子而相期許。而振孫既得此嘉名，故亦必以集儒家大成而自律。綜觀直齋一生勤治儒學，品德端正，是其證也。由是推之，直齋之名字應取自《孟子‧萬章》篇中「玉振」一詞，樂素避嫌名之說似難成定論也。

第三章　陳振孫之仕履與行誼

　　振孫，《宋史》無傳。宋、元人文集、筆記、詩話如洪咨夔《平齋文集》、徐元杰《楳埜集》、劉克莊《後村大全集》、袁桷《清容居士集》、周密《齊東野語》、《癸辛雜識》、《志雅堂雜鈔》、吳師道《吳禮部詩話》、韋居安《梅磵詩話》均載有振孫資料，然甚瑣碎。地方志書如張淏《會稽續志》、王鏊《姑蘇志》、董斯張《吳興備志》暨《弘治湖州府志》、《浙江通志》、《溧水縣志》、《莆田縣志》及總集《吳都文粹續集》等，亦間輯有振孫宦歷材料，亦頗支離。清康熙時，鄭元慶《湖錄》，備載吳興一郡山川人物、史蹟掌故，中有振孫小傳，尚稱翔實。《湖錄》未刊行，道光間范鍇嘗就楊鳳苞所藏殘本輯成《吳興藏書錄》，振孫一傳幸存其中。繼之，錢泰吉《甘泉鄉人稿・曝書雜記》，其書卷下〈陳直齋事跡〉條，摘錄《直齋書錄解題》中關涉振孫生平二十餘事以成文，較《湖錄》所記多所增益，惜未加聯貫，且有遺漏者。晚清，陸心源《宋史翼》特爲振孫立傳，惟所載仍寥落，比之鄭《錄》、錢《記》，無多異聞。陳壽祺嘗作〈宋目錄家晁公武陳振孫傳〉，載於《國粹學報》第六十八期中，亦少新知。今人陳樂素亦撰有〈直齋書錄解題作者陳振孫〉，分「本名」、「述作」、「年歷」、「言行」四項以探究振孫名里年代、生平出處，其文刊見民國 35 年 11 月 20 日《大公報・文史周刊》中。余嘉錫《四庫提要辨證》「《直齋書錄解題》二十二卷」條中盛譽樂素之文「搜采極爲完備」，而及今觀之，其文既於《湖錄》振孫傳未知採用，於振孫任溧水教授及某部侍郎未著一字，又《解題》中語及振孫生平者，陳文亦採摘未盡；是則余氏所盛譽者，固未全符事實也。喬衍琯繼陳樂素之後，寫成〈陳振孫傳略〉，民國 69 年 5 月發表於《國立政治大學學報》第四十一期。喬氏

參合《湖錄》及樂素之文，而益以所得振孫資料，仿錢文子〈補漢兵志〉例，以撰此篇。其所增補材料，視《湖錄》、陳文爲稍多，於陳文之紕謬處亦有所匡正，就此一端而論，庶足發潛德之幽光矣。惜喬文亦不無漏略，且間見舛誤，又其後出版《陳振孫學記》，〔註1〕亦未見改正。故不辭固陋，因前修之成業，拾遺補闕而撰成此章。

第一節　任溧水縣教授

范鍇《吳興藏書錄》引《湖錄》曰：

> 陳振孫字伯玉，號直齋，安吉人。嘉定四年爲溧水教授，三載去官歸。

《溧水縣志》卷五〈官師志・秩官表〉下亦云：

> 隋唐以前無考，故自宋始。宋教授：吳茂成、紹興年任。陳振孫、袁喬。咸淳間任。〔註2〕

是振孫確曾出任溧水教授三年，此乃其初仕也。陳樂素〈直齋書錄解題作者陳振孫〉疑紹興教官爲振孫初仕，其誤甚明。惟約後四十年，陳氏另撰〈略論陳振孫直齋書錄解題〉，刊見《中國史研究》1984年第二期，則修正是說。此文一〈解題作者〉云：

> 他初仕大概在寧宗嘉定元年（1208），當溧水縣學教授，寫過一篇〈華勝寺碑記〉（見光緒《溧水縣志》）。〔註3〕

陳氏以寧宗嘉定元年爲振孫任溧水縣縣學教授之年，與《湖錄》異。陳氏又謂振孫嘗撰〈華勝寺碑記〉。考〈碑記〉今載見《溧水縣志》卷二十〈二氏志・寺觀〉類，全文爲歷來研治陳振孫者未嘗徵引，甚是難得，茲不吝辭費，迻錄如下：

> 嘉定四年十二月，邑教諭陳振孫記曰：「嘉定初，余爲吏溧水。南出縣門二里，有寺曰華勝，間送迎賓客至其所。寺據南亭岡，右臨官

〔註1〕《陳振孫學記》，民國69年6月初版，臺北文史哲出版社印行。

〔註2〕直齋實於嘉定元年至四年間出任溧水縣教授，在位三年。《溧水縣志》此條宜於陳振孫名下補入「嘉定元年任」五字。

〔註3〕陳樂素曾見〈華勝寺碑記〉，〈碑記〉首句即謂：「嘉定初，余爲吏溧水。」陳氏據是乃以嘉定之年爲直齋初仕，一更四十年前以紹興教官爲初仕之非。陳氏撰〈直齋書錄解題作者陳振孫〉時，當未得讀〈碑記〉，至其所以後是而前非之由，殆可知矣。

道，爲旁出。其南則贛船、馬鞍諸山，環列如屏障。北眺縣郭，市井屋木，歷歷可數。丈室後，稚松成林，蔥翠茂悅。由左而下，隙地十餘畝，井泉冽甘，仲竹半圍。其前稍空曠，誅茅爲亭，與向之諸山相賓揖。余樂其境幽勝，每至，輒裴回不能去。顧寺猶草創，殊弗稱其境，僅有講堂、寢室及左廡數十楹而已。主僧宗應方聚材於庭，爲興造計。余因叩以建置本末。應言：『寺本在邑西佛子墩，久廢。當紹興十七年，吳興僧如日駐錫此地，得古井焉，浚之以飲行旅。縣民倪實爲卓庵其傍。至乾道五年，始請於郡，得寺之故名，揭之。日年九十餘死，其徒嗣之者志常；常老，以屬宗應，由紹興迄今，六十餘年矣。邑無富商大賈，其民力農而嗇施；無深林壽木，作室者常取材他郡。寺無常產，丐食足日，斂其餘，銖銖積之，綿歲月迺能集一事，故祖孫三世所就僅若此。今將爲門，爲右廡，即廡爲輪藏；所未暇者：佛廬、鐘閣，役最大，度未易彊勉。以吾三世六十餘年所不能爲之事，而欲以一身數年之力爲之哉！姑盡吾力，以爲前所欲爲者。幸而有成，則與求文刻石，爲記其已成者，以期其未成者。方將有請於君，而未敢也。』會歲薦饑，弗果役。三年，余去官歸。其冬，應以書來曰：『役且畢矣，向所言者，今無不酬，石具而未有文，敢以請。』書再至，請益勤，余不獲辭。釋氏行乎中土千餘歲，余生長浙右，見其徒皆赤手興大役，捐金輸盡，聞者爭勸。其規制奢廣，飛檐傑棟，金碧晃耀，往往談笑而成之，視應所爲，若不足乎紀。顧俗有富貧，緣法有深淺，以彼其易，以此其難，所遭者固殊焉。要之，釋氏之教，以空攝有。所謂華嚴樓閣，克遍十方；毘耶室中，容納廣坐；回觀世間諸所有相，皆是虛妄，尚復區區較計於規摹之廣狹、功力之難易哉！均之以有爲法作佛事，而其艱勤積累，苦行勞力，視夫因順乘便，持福禍之說以聳世俗，而爲餬食安座之資者，猶愈也。故樂爲之書。」〔註4〕

案：此〈碑記〉謂：「嘉定初，余爲吏溧水。」又謂：「三年，余去官歸。其冬，應以書來。」而文首則載：「嘉定四年十二月，邑教諭陳振孫記。」據是以推判，則知振孫實於嘉定元年任溧水教授，在位三年；嘉定四年去官歸，其年冬，華勝寺主僧宗應來書求碑記，是年十二月乃撰就。《溧水縣志》卷十九〈名勝志·

〔註 4〕此〈碑記〉，原無句讀，標點乃撰者所加。

碑碣〉云：

〈華勝寺碑〉，陳振孫撰，嘉定四年立，文見《建康志》，今詳〈寺
觀〉。

與此正相呼應，可爲旁證。是則樂素謂嘉定元年爲振孫初任溧水教授固不
誤，惜未能利用此〈碑記〉詳爲考證耳。《湖錄》作「嘉定四年爲溧水教授」
則謬，應改作「嘉定元年」。而《溧水縣志・秩官表》「陳振孫」名下，應補
小注「嘉定元年至四年任」。

夷考宋代教授之設置，馬端臨《文獻通考》卷六十三〈教授〉條記之較
詳，該條云：

宋初有四書院：廬山白鹿洞書院、嵩陽書院、嶽麓書院、應天府書
院，未建州學也。乾興元年，兗州守臣孫奭私建學舍，聚生徒，乞
請太學助教楊光輔充本州講，從之。餘鎮未置學也。景祐四年，詔
藩鎮始立學，他州勿聽也。寶元元年，穎州守臣蔡齊請立學，時大
郡始有學，而小郡猶未置。慶曆四年，詔諸路州、軍、監各令立學，
學者二百人以上，許更置縣學，於是州郡不置學者鮮矣。又置教授，
以三年爲一任，以經術、行義訓導諸生，掌其課試之事，而糾正不
如規者。委運司及長史於幕職、州縣官內薦教授，或本處舉人舉有
德藝者充當。時雖置教授，或用兼官，或舉士人，委於漕司，而未
隸朝廷也。熙寧六月，詔諸路學官並委中書門下選差，至是教授始
命於朝廷矣。元豐元年，州、府學官共五十三員，諸路惟大郡有之，
軍、監蓋未盡有也。元祐元年，詔齊、廬、宿、常等州各置教授一
員，自是以後，列郡多有教官矣。建炎三年，教授並罷。紹興三年，
復置四十二州。十二年，詔興教授官州、軍，令吏部申尚書省選差。
十三年，詔諸州、軍並各置教授，其禮部長、貳正係所隸，合依崇
寧、大觀格法，許按劾體量，及歲舉改官，從司業高閌之請也。二
十六年，詔並不許兼他職，令提舉司掌切遵守，從知郢州路採訪使
之請也。若試教官，則始於元豐；添差教授，則始於政和。

據是，則知宋初未建州學，至仁宗慶曆四年始詔諸路州、軍、監各令立學，
且許更置縣學，又置教授，三年一任；故《湖錄》謂振孫「爲溧水教授，三
載去官歸」，猶遵此令也。至教授之職責，《通考》僅謂「以經術、行義訓導
諸生，掌其課試之事，而糾正不如規者」。其實教授之職責固不止此也。朱熹

〈漳州教授廳壁記〉云：

> 教授之爲職，其可謂難矣，惟自任重而不苟者知之，其以爲易而無
> 難者，則苟道也。何也？曰：「教授者，以天子之命，教其邦人。凡
> 邦之士，廩食縣官，而充弟子員者，多至五六百餘，少不下百十數，
> 皆惟教授者是師。其必有以率屬化服之，使躬問學，蹈繩榘，出入
> 不悖所聞，然後爲稱，此非反之身而何以哉！是可不爲難矣哉！不
> 特此爾，又當嚴先聖先師之典祀，領護廟學，而守其圖書、服器之
> 藏，其體至重；下至金穀出内之纖悉，亦皆獨任之。嗚呼！是亦難
> 矣。然凡仕於今者，無大小，莫不有所臨制統攝；其任無劇易，必
> 皆具文書，使可覆視。是以雖其弛者，亦有所難而不敢肆。獨教授
> 官雖有統，若其任之本諸身者，則非簿書期會之所能察。至其具於
> 有司而可考者，上之人又以其儒官優容之，雖有不合，不問，以是
> 爲便：故今之仕者反利焉而喜爲之，而孰知所以充其任者，如彼其
> 難哉！故曰：惟自任重而不苟者知之，其以爲易而無難者，則苟道
> 也。」

是教授之爲職，固甚難矣哉。朱子此〈記〉雖純爲州學教授而發，惟其時縣
學教授之職任，恐亦不遠於是也。馬端臨於《通考》卷六十三〈教授〉條後
補上朱子此〈記〉，或欲以增益其所考之未及乎？

溧水縣之得名，《溧水縣志》卷二〈輿地志〉言之甚詳明。其文曰：

> 溧水本名瀨渚，一名瀨湖，吳築固城於開化城之西，亦名固城湖。在
> 高淳縣界。《漢書·地理志》『應劭注「溧陽」下云：「溧水所出南湖也。」
> 《呂志》曰：「《江寧府志》：『南湖，當是蕪湖之水，爲古溧水所從出。
> 而溧水者，即丹陽湖以東之水也。溧，古書通作瀨，今所謂瀨溪，大
> 河正其遺蹟，蓋在〈禹貢〉直曰中江，在吳、楚時，或分稱曰溧水。
> 至後世，則又有丹陽諸湖之號焉，而其實皆中江水也。』」今考廣通
> 鎮在高淳縣東，世所稱五堰是也。西有固城湖，在高淳西南，縱橫三十里。
> 其西北曰石臼湖，又西曰丹陽湖，受宣歙、姑孰、廣德及大江水，由
> 固城湖分流爲大山水，在溧水縣。經五堰，東入溧陽三塔；本由陽羨入
> 震澤以下海，其後東壩既成，斷其東流，使水西出，於是固城湖入石
> 臼、丹陽湖，至蕪湖，西北入江，遂與古水道順逆相反，蓋即古之溧
> 水也。《史記·甘茂傳》：「范蜎謂楚曰：『楚南塞厲門而郡江東。』」

〈楚策〉作范環云:「昧之難,越亂,故楚南察瀨湖而野江東。」瀾、瀨,古音相近,瀾,古音賴。而瀾又訛爲溧耳。〈秦策〉:「范睢言伍胥橐載而出昭關,夜行而晝伏,至於菱夫。」菱夫,《史記》作溧水。而《吳越春秋》等書記子胥乞食溧陽,有女子擊綿於瀨水之上。然則瀨水,固吳、楚邊境地矣。秦置溧陽,其名最古。隋析溧陽,置溧水,因以水名縣。

依是,則溧水縣,隋置,以水得名,南宋時屬江南東路建康府。而溧水縣之疆域,《溧水縣志》卷二〈輿地志・疆域〉條已詳言之,茲不贅。

溧水之有縣學,或以爲自唐高祖武德間始。《溧水縣志》卷七〈學校志〉小序曰:

溧水有學,自唐武德間始,而修建遷移,屢易其地,不可得詳矣。

同卷「〈學宮〉」條云:

學宮,考《舊志》:唐武德七年建,在舊縣治東三十步。即今城隍廟東也,在小東門外。

惟同卷同條後又有案語曰:

案:《前志》曰:「溧水縣學,《志》載建於唐武德七年。」此必後人修志時,據《綱目》所書而撮鈔者也。《綱目》於七年二月,書置州縣鄉學。是時江南尚未平定,三月方書趙郡王孝恭克丹陽,斬輔公祏,分注始載:江南皆平。溧水距金陵石頭城一百三十里耳,當武德七年春,公祏尚據石頭,值此干戈擾攘之後,未必遽能置學。〈本紀〉:「貞觀四年,詔州縣皆作孔子廟。」咸亨元年,又詔州縣皆營孔子廟。開元二十六年,令天下州縣里皆置學。自武德迄於咸亨,三奉詔旨矣,天下州縣尚未盡置學也。於是又令皆置學,而後庠序滿天下,故《綱目》復特書以嘉之。又按《江南通志》:「江寧學府,北宋置於鍾山之麓;上元學,建於宋景定二年;江寧縣學,建於景定四年;句容縣學,建於南唐。」溧水,隋開皇十一年析溧陽地置,爲縣學,則建於淳化間。溧水,爲江寧府屬邑,而建邑又後於溧陽,建學未必先於府學。徧考《通志》,江蘇各府學無有建於武德間者,則溧水學不建於武德明矣。縱有之,或在貞觀、開元之間。溧水碑版殘闕,無從取徵。故《舊志》考核未詳,《通志》新修,止仍其舊耳。紀事者仍《舊志》,而置說於此,以俟後之博聞者訂正焉。

觀此，則溧水縣學不得建於武德七年明矣。然案語謂或建於貞觀、開元間及宋淳化間亦大誤。蓋淳化乃宋太宗年號，徵諸上引《文獻通考》卷六十三「〈教授〉」條載仁宗慶曆四年始詔許更置縣學；則溧水之置學，不得早於此年也。

《溧水縣志》卷七〈學校志〉「〈學宮〉」條又云：

> 學宮，……宋熙寧二年知縣關起移建於通濟橋東南。《乾隆志》云：「在大東門內。」其後遷學，移建香山觀於此。按舊城環繞學東南北三面，明初拆去城，潘□記所謂後臨秦淮水是也。界與小東門相近，即今同治中重建學宮地也。

案：關起，字蔚宗，熙寧二年以太子中允出知溧水縣，機務整飭，肇興學校，任滿，擢廣西太守。其生平略見《溧水縣志》卷五〈名宦〉條。竊疑慶曆四年後，溧水初建縣學，至熙寧二年而學毀，關起始移建於大東門內通濟橋東南。是則振孫任溧水教授，其「以經術、行義訓導諸生，掌其課試之事」，亦於此地也。

《溧水縣志》卷五〈官師志〉又載其時之縣令爲湯詵，嘉定二年任；縣尉爲傅泰清，孟州濟源人，由進士擢任；則此三人皆振孫上司矣。

同卷又云：

> 宋：知縣一，秩田六頃，俸二十千。縣丞一，秩田四頃，俸十五千。主簿一，秩田三頃，俸十二千。縣尉一，秩俸同主簿。主學二，秩同主簿。

案：主學即縣學教授，少有秩俸，振孫而任斯職，日夕辛勤率勵化服百數十弟子員，而其所贏得者，僅兩袖清風耳。

最後頗欲一考振孫初仕之年歲。喬衍琯《陳振孫學記》第一章〈傳略〉云：

> 振孫生年不詳。《宋代書錄・書目類・直齋書錄解題》條云，約 1190 年（光宗紹熙元年）生，則初任溧水教授，年方二十一。

喬氏相信《宋代書錄》，以紹熙元年爲振孫生年。其實《宋代書錄》此說殊不足信。（說詳後）據《湖錄》，以嘉定四年爲初仕，遂謂振孫「初任溧水教授，年方二十一」。其誤至不足辯。

陳樂素〈略論陳振孫直齋書錄解題〉一〈解題作者〉則曰：

> 《直齋書錄解題》作者陳振孫，……他初仕大概在寧宗嘉定元年（1208），當溧水縣縣學教授，……假定初仕時是三十歲左右的人。

樂素此說亦非事實，且屬假定而無確證，不足採信。

考振孫致仕之年，爲宋理宗淳祐十年庚戌（1250）。〈直齋書錄解題作者陳振孫〉三〈年歷〉云：

> 《齊東野語》卷十五載直齋〈跋張氏十咏圖〉有云：「淳祐己酉，圖爲好古博雅君子（指周明叔）所得。會余方輯《吳興人物志》，見之，如獲拱璧，因細考而詳錄之。」前人記述有此語，遂以爲其跋是圖即在淳祐己酉（九年，1249），并以爲致仕亦在是年者。然據牟巘〈跋施東皋南園圖〉，即〈張氏十咏圖〉，則直齋作跋實淳祐十年庚戌，牟氏作跋適在六十年後之庚戌；是己酉止指周氏得圖之年耳。致仕鄉居是否九年，猶待證也。

案：周晉己酉得圖，振孫庚戌作跋並致仕；樂素所考不誤。

又考宋代文武官員，年屆七十，多請致仕。《宋史》卷一百七十〈志〉第一百二十三〈職官〉十「〈致仕〉」條載：

> 咸平五年，詔文武官年七十以上求退者，許致仕。

又載：

> 景祐四年，……侍御史知雜事司馬池言：「文武官年七十以上不自請致仕者，許御史臺糾劾以聞。」慶曆中，權御史中丞賈昌朝又言：「臣僚年七十而筋力衰者，並優與改官致仕；雖七十而未衰及別有功狀，朝廷固留任使者，勿拘此令。在京，若尚書工部侍郎俞獻卿、少府監畢世長、太常少卿李孝若、尚書駕部郎中李士良；在外，若給事中盛京、光祿卿王盤、太常少卿張劭、尚書兵部郎中張億，皆耄昏不可任事，並請除致仕。」詔：「在京者令中書體量，在外者下諸處曉諭之。」

又載：

> 皇祐中，知諫院包拯、吳奎亦言：「願令御史臺檢察年七十已上，移文趣其請老。不即自陳者，直除致仕。」朝廷未行。奎復言：「國家謹禮法以維君子，明威罰以御小人。君子所顧者，禮法也；小人所畏者，威罰也。縶文武二選爲士大夫，是皆君子之地也，儻不以禮法待之，則是廢名器而輕爵祿。七十致仕，學者所知，而臣下引年自陳，分之常也。人君好賢樂善而留之，仁之至也。自三代以來，用此以塞貪墨、聳廉隅，近者句希仲、陸軫等，皆以年高特與分司，初欲風動群臣，而在位殊未有引去者，是臣言未效也。請詳前奏施

行。」於是詔：「少卿監以下，年七十不任釐務者，外任令監司、在
京委御史臺及所屬以狀聞。嘗任館閣、臺諫官及提點刑獄者，令中
書裁處。待制已上能自引年，則優加恩禮。」

又載：

（元祐）六年，監察御史徐君平言：「文臣致仕以年七十爲斷，而使
臣年七十猶與近地監當，至八十乃致仕，願許其致仕之年如文臣法，
而給其俸。」從之。

綜上所載，七十致仕之制，始於宋眞宗咸平五年，其初執行稍寬；至仁宗景
祐、慶曆、皇祐間，司馬池、賈昌朝、包拯、吳奎等遞相上言，則執行漸嚴。
及後至哲宗元祐六年，徐君平力主文武臣致仕均以年七十爲斷，則雷厲風行
矣。是故，振孫淳祐十年庚戌（1250）致仕，其年亦必在七十。由是上推至
嘉定元年戊辰（1208），則振孫任溧水縣教授之確年爲二十八歲。〔註5〕

第二節　補紹興府教授

《湖錄》云：

陳振孫字伯玉，號直齋，安吉人，嘉定四年爲溧水教授，三載去官
歸，起補紹興。

喬衍琯《陳振孫學記》第一章〈傳略〉第二節〈仕履〉，一依《湖錄》，
亦曰：

嘉定四年（1211）爲溧水教授，三載去官歸，起補紹興。振孫〈玉
臺新詠序〉：「嘉定乙亥（八年，1215）在會稽。」是居家約一載。

惟據上節所考，振孫實於嘉定元年任溧水縣教授，在位三載，嘉定四年始去
官歸，自此年已離溧水任，故《湖錄》及喬氏《學記》以爲四年仍在任，所
考殊未當也。

振孫初仕溧水，起補紹興，前人著述記載直齋仕履，於此事固有遺脫之
者。如厲鶚《宋詩記事》卷六十五「〈陳振孫〉」條云：

振孫字伯玉，號直齋，安吉縣人，端平中仕爲浙西提舉，改知嘉興
府，嘗著《書錄解題》。

又如盧文弨〈新訂直齋書錄解題跋〉云：

陳氏名振孫，字伯玉，湖之安吉縣人，嘗爲鄞之校官，宰南城，倅莆田，守嘉興、台州。端平中爲浙東提舉，治會稽。

亦有將其仕履先後顛倒者。如陸心源《宋史翼》卷二十九〈列傳〉第二十九〈文苑〉四〈陳振孫〉云：

陳振孫，字伯玉，安吉人，所居號直齋，博通古今，勞〈志〉。爲鄞縣學，《書錄解題》四。紹興教官。《齊東野語》八。宰南城，《解題》三。寶慶二年通判興化軍，……端平三年以朝散大夫知台州，除浙東提舉，嘉熙元年改知嘉興府。

陳壽祺〈宋目錄家晁公武陳振孫傳〉云：

振孫性勤敏，栗氏《府志》。嘗教鄞縣、《書錄解題》。紹興、《齊東野語》。溧水，栗氏《湖州府志》。宰南城，《書錄解題》。佐興化軍。同上。

又如今人謝素行撰〈陳振孫及其直齋書錄解題〉，其第一章〈陳振孫之生平〉第一節〈陳振孫之家世及經歷〉亦云：

振孫性勤敏，博通古今，考其事蹟，可條例如左：1. 振孫嘗教鄞縣、紹興、溧水、宰南城，佐興化軍。

案：謝氏此處迻抄陳壽祺所撰，然僅沿訛踵謬耳。

又有以紹興爲初仕者。錢泰古《甘泉鄉人稿‧曝書雜記》下「〈陳直齋事跡〉」條於敘振孫先世後，即載以仕越一條云：

愚未冠時，無書可觀，雖二史亦從人借，嘗於班《書》志、傳錄出諸詔，與紀中相附，以便覽閱。既仕於越，乃得見林氏書，而樓氏書近出。卷五《東漢詔令》。

讀此條，則錢氏固以紹興爲初仕矣。陳樂素〈直齋書錄解題作者陳振孫〉三〈年歷〉亦云：

《解題》卷五《東漢詔令》條云：「愚未冠時，無書可觀，雖二史亦從人借。……既仕於越，乃得見林氏書。」顧嶷此爲其初仕，即紹興教官，而所謂嘉定乙亥（八年，1215）在會稽，撰〈玉臺新詠書後〉之時。

案：樂素頗受錢氏影響，故亦踵其謬也。

至振孫何時始補紹興教授職，雖不可確考，然必在嘉定四年去溧水教授歸家後。喬衍琯謂直齋「居家約一載」，雖無實證，或亦情理之常。然嘉定八

年乙亥，振孫必已在紹興任內矣。直齋〈玉臺新詠集後序〉云：

> 右《玉臺新詠集》十卷，幼時至外家李氏，於廢書中得之，舊京本
> 也。宋失一葉，間復多錯謬，版亦時有刓者，欲求他本是正，多不
> 獲。嘉定乙亥在會稽，始從人借得豫章刻本，財五卷，蓋至刻者中
> 徙，故弗畢也。又聞有得石氏所藏錄本者，復求觀之，以補亡校脫，
> 於是其書復全，可繕寫。

案：直齋撰此〈後序〉，於末署：「是歲十月旦日書其後，永嘉陳玉父。」前
人因未知「永嘉陳玉父」，實乃「永嘉陳振孫伯玉父」之訛脫，故迄晚清南陵
積學齋徐乃昌以所藏明趙靈均小宛堂覆宋本《玉臺新詠》重印，仍刊作「永
嘉陳玉父」。考乾隆二十二年丁丑二月廿一日河間紀容舒作〈玉臺新詠考異序〉
亦曰：

> 六朝總集之存於今者，《文選》及《玉臺新詠》耳。《文選》盛行，
> 而《玉臺新詠》則在若隱若顯間，其不亡者幸也。自明以來無善本，
> 趙靈均之所刻、馮默庵之所校，悉以嘉定宋刻為鼻祖。然觀所載陳
> 玉父跋，則傳寫踳駁，自宋已然。

是則〈後序〉刻作「陳玉父」，自宋本已如此矣。紀昀《四庫全書總目》卷一
百八十六〈集部〉卷三十九〈總集類〉一「《玉臺新詠》」條云：

> 《玉臺新詠》十卷，陳徐陵撰。……此本為趙宧光家所傳宋刻，末
> 有嘉定乙亥永嘉陳玉父重刻跋，最為完善。

又同書同卷著錄「《玉臺新詠考異》」條云：

> 國朝紀容舒撰。……是編因徐陵《玉臺新詠》自明以來刊本不一，
> 非惟字句異同，即所載諸詩亦復參差不一。萬曆中，張嗣修本多所
> 增竄；茅國縉本又併其次第亂之，而原書之本真益失；惟寒山趙宧
> 光所傳嘉定乙亥永嘉陳玉父本最為近古，近時馮舒本據以校正，差
> 為清整。

丁丙《善本書室藏書志》卷三十八〈集部〉十七亦載：

> 《玉臺新詠》十卷　明正德仿宋刊本　陳尚書、左僕射，太子少傅、東
> 海徐陵字孝陵撰。前有陵〈序〉，銜名與集題同。……末有永嘉陳玉
> 父〈後序〉，稱幼時至外家李氏，於廢書中得舊京本，板有刓者，欲
> 求他本是正，多不獲。嘉定乙亥始從人借得豫章刻本，纔五卷，又
> 聞石氏所藏錄本，復求觀之，以補亡脫，於是其書復全云云。每葉

三十行，行三十字，每卷有篇目連屬詩詠，小楷精湛，明正德翻刊
也。案舊京本當是北宋所遺，玉父敍稱乙亥，乃宋寧宗嘉定八年後
雕行。永嘉陳塤、陳宜中多著聲聞，玉父殆其族屬歟？

觀上述數條所載，是博識如紀曉嵐、丁松生，猶未能洞悉「陳玉父」一語之
訛脫。此誤至陳樂素始能知之，樂素所論，備載〈直齋書錄解題作者陳振孫〉
一〈本名〉條中，所惜樂素疑原題應爲「永嘉陳瑗伯玉父」，而其「陳瑗」之
說固失於主觀。

振孫補亡校脫《玉臺新詠》一書，貢獻殊偉，然亦有未盡允恰之處。紀
容舒〈玉臺新詠考異序〉云：

然觀所載陳玉父跋，則傳寫踳駁，自宋已焉。跋又稱得石氏錄本，
補亡校脫，然則竄亂舊本，未必不始於斯時，陳氏茲刻，蓋亦功過
參半矣。

紀昀《四庫全書總目》「《玉臺新詠》」條亦云：

然玉父跋稱初從外家李氏得舊京本，間多錯謬；後得石氏所藏錄本，
以補亡校脫。其中如五言詩中入〈李延年歌〉一首、陳琳〈飲馬長
城窟行〉一首，皆自亂其例；七言詩中移〈東飛伯勞歌〉於〈越人
歌〉之前，亦乖世次。疑石氏本有所竄亂，而玉父因之，未察也。
觀劉克莊《後村詩話》所引《玉臺新詠》，一一與此本吻合；而嚴羽
《滄浪詩話》謂《古詩》〈行行重行行〉篇，《玉臺新詠》以「越鳥
巢南枝」以下另爲一首，今此本仍聯爲一首；又謂〈盤中詩〉爲蘇
伯玉妻作，見《玉臺集》，今此本乃涸列傅玄詩中。蓋克莊所見即此
本，羽所見者又一別本，是宋刻已有異同，非陵之舊矣。特不如明
人變亂之甚，尚有典型耳。

案：容舒、曉嵐所列舉宋刻《玉臺新詠》之舛訛，皆確有所據。由是觀之，
振孫校刻《玉臺新詠》，恐亦未爲盡善也。

至紹興府沿革與得名之由來，《紹興府志》卷之二〈地理志〉二〈沿革考〉
云：

古荒服。夏，揚州之域爲大越，曰會稽，爲越國。春秋爲於越，後併
於楚，秦爲會稽郡地。漢初爲荊國，後更名吳，又屬江都。揚州置山
陰縣，屬會稽郡。後漢移會稽郡來治，屬揚州刺史部。三國屬吳，統
揚州。晉爲會稽國，咸和中亦曰鄶稽，置內史。宋爲會稽太守，於郡

置東揚州，改揚州刺史，後廢。齊因之，屬揚州。梁復置東揚州，後罷。陳復置。隋改爲吳州，置總管府；後改越州，尋復曰會稽郡。唐武德間復爲越州，置總管府，尋改都督府，隸東道採訪使。天寶初曰會稽郡。乾元初復曰越州，屬江南道，又升義勝軍節度使，後改威勝軍節度，又改鎮東節度。五代時屬吳越，爲東府。宋仍爲越州會稽郡，鎮東軍節度。紹興初，升爲府，曰紹興府，爲浙東路治。

同卷〈地理志〉二〈沿革考〉又曰：

按《嘉泰會稽志》：「建炎四年四月，駐蹕越州。明年正月十一日，改元紹興，官吏上表乞賜府額，於是用唐興元故事，改越州爲紹興府。」

觀上所載，是紹興府之沿革及其得名之由來，固甚詳明也。蓋紹興府，北宋時仍屬越州，故《解題》卷五「《東漢詔令》」條中乃有「既仕於越」一語；後因高宗曾駐蹕是州，未幾改元紹興，遂以「紹興」賜府額焉。

紹興之府學，其建置興革之情況，《紹興府志》卷之二十〈學校志〉二「〈學宮〉」條亦載之，云：

府學，《一統志》：「在府治東南，宋嘉祐中遷建。」《嘉泰志》：「學在府南五里三十六步，教授直舍在學之東。」《戴新志》：「府學自唐時置于北隅，至五代而廢。宋嘉祐中，始遷南隅望花橋。」齊賢良唐〈上成度支書〉：「東南方國禹會爲大歲，籍貢舉，僅百餘人，學校不修，生徒挑闥，比年二千石，未遑斯制，誠因農隙，考制度，庀工徒，新先儒之宮，東南士子豈不佩執事訓以風鄉黨乎？」《萬曆志》：「以時考之，成度支悅守越，天聖六年以迄九年也。賢良前以進士起家，首率其里人裒緡錢，得二十餘萬，欲市書入學；以講肄之所未完，故以此書諷之。方是時，學校雖不廢，其陋已甚。慶曆四年，詔諸路州、府、軍、監各立學。越大州，其奉承詔令宜也。今驗諸故府載籍、文書，則無所見。按沈少卿紳撰〈越帥沈公生祠記〉云：『嘉祐六年，吳興沈公大興學教，新其宮居而尊勸之。』又張侍郎伯玉撰〈新學記〉云：『始州將渤海刁侯擇地卜築，繼以紫微吳興沈侯勇爲之，又易地于杭，凡三年，君侯至而成之。』今以題名參訂，渤海刁侯乃景純也，以嘉祐五年至；吳興沈侯乃文通也，以嘉祐六年至；君侯乃章伯鎮也，以治平二年至；伯玉踵文通後，

以嘉祐八年至，明年徙郡去，而伯鎮繼之。蓋伯玉二年于此經理繕
造，亦有勞焉，第落成不及其在官之日爾。又按〈吳監簿事實〉云：
『監簿名孜，嘉祐、治平間捨宅爲學，君子以爲賢于賀監一等。今
學，相傳乃監簿之故居也。』然則章伯鎮所成之學宮，即監簿所捨
宅爾。以歲月計之正合。伯玉〈記〉不自書其功，謙也；然不及監
簿捨宅，則闕文爾。」

是紹興府學，唐時置於城北隅，後以廢。宋仁宗嘉祐中始遷南隅望花橋，乃
就吳孜監簿所捨宅以興建；而規畫經營之者，刁侯景純、沈侯文通與張侍郎
伯玉也；而底成之者，章侯伯鎮也。考紹興學宮之遷建，固始於北宋，其距
振孫之蒞任，已一百五十餘年矣。惟此學宮仍屬振孫曾作育英才、傳道授業
之所，故詳考其本初之所在地，及其後遷建之梗概如上。

《浙江通志》卷二十七〈學校〉三云：

紹興府儒學，在府治東南。《於越新編》：「唐時置於城北，至五代而
廢。宋嘉祐中始遷南隅。」《嘉泰會稽志》：「嘉祐年，州將刁景純、
沈文通、張伯玉相繼繕造，章伯鎮成之。謹按《會稽志·吳監簿事實》云：『監
簿名孜，捨宅爲學。今學，相傳乃監簿之故居也。』」《寶慶會稽續志》：「隆興二
年，吳芾重修。周綰爲記。嘉定十六年，汪綱又增葺之。」

案：此條所載，與《紹興府志》略同，惟補入重修、增葺二事。隆興乃宋孝
宗年號。嘉定十六年，振孫已離紹興教授任矣。

《紹興府志》卷二十〈學校志〉二「〈學宮〉」條云：

《會典》：「紹興府學教授一員，復設訓導一員。」

〈學額〉條云：

《學政全書》：「紹興府學額，進二十五名、廩生四十名、增生四十
名，一年一貢。」

案：此處《會典》與《學政全書》所載，乃明、清兩朝紹興府學官、學額清
況，然亦可藉此上推宋代學官、學額制度，特迻錄之，或爲研究振孫仕履者
所樂聞歟！

另有〈學田〉一條云：

《嘉泰志》：「故丞相魏國史公鎮越之明年，實乾道戊子，始捐己幣
置良田，歲取其贏，給鄉里賢士大夫之後貧無以爲喪葬嫁遣者，附
于學而以義名。爲規畫十許條，劉諸石。凡有請而應給，與給而舉

事多寡遲速，皆有程。嘗實委之鄉官，錢糧屬之縣主簿，米斂散則
隨鄉俗，錢出納則均省計，歲稔及給助，有餘則就復增置；教授學
職亦與其事。然雖養士，不許移用。府帥前後繼而成之，蓋非一人，
所以久而不廢也。」

觀是，則府學教授亦須參與處理學田之事，誠可謂百務蝟集矣。

《紹興府志》卷二十九〈職官志〉五「〈學官〉」條載：

> 宋教授：黃彥、熙寧中任。江嶼、元祐三年充州學教授。從〈米儲斗門記〉石刻補
> 入。朱登、崇寧四年充州學教授。從〈宋徽宗御書辟雍詔〉石刻題名補入。季燮、崇寧
> 四年充州學教授。從〈宋徽宗御書辟雍詔〉石刻題名補入。陸友諒、政和元年充越州州學
> 教授。從〈越州新學碑〉補入。陳公輔、臨海人，政和中任。劉一止、歸安人，建炎
> 中任，有傳。何儔、龍泉人，紹興中任，有傳。王義朝、紹興中任，見〈流寓傳〉。朱
> 倬、閩人，高宗時出教授越州，有傳。陳自強、紹熙二年教授。從〈紹興府修學記〉補
> 入。劉庶、慶元中教授。從〈府學記〉補入。項安世、松陽人，寧宗時任，有傳。繆
> 蟾。紹定五年紹興府學教授。從〈進士題名碑記〉補入。

此條獨遺脫陳振孫，振孫確曾任紹興教授。故《紹興府志》此條，應於「項
安世」名下，略依「繆蟾」之例，補上：

> 陳振孫、安吉州人，嘉定中充紹興府學教授。從周密《齊東野語》與《湖錄》補入。

《紹興府志》卷之二十六〈職官志〉二「〈郡守〉」條載與振孫同時而知
越州軍州事者三人：

> 留　恭　字伯禮，永春人，嘉定三年任，有傳。
>
> 葉　箋　嘉定九年任。
>
> 王補之　嘉定十年任。

而其時知紹興府者二人：

> 趙彥倓　字安卿，嘉定五年任，有傳
>
> 吳　恪　嘉定九年任，十二年復任。

是則上述五人皆振孫之長官矣。另有沈皞一人，嘉定十二年始知紹興府，其
時振孫已移往鄞學，未及相見矣。

周密《齊東野語》卷八有「〈嘲覓薦舉〉」條，曾追記振孫任紹興教官一事，
其言曰：

> 直齋陳先生云：「向為紹興教官日，有同官初至者，偶問其京削欠幾
> 何？答云：『欠一二紙。』數月，聞有舉之者，會間賀其成事，則又

曰：『尚欠一二紙。』又越月，復聞有舉者，扣之，則所答如前。余
顧怪之。他日與王深甫言之，深甫笑曰：『是何足怪！子不見臨安丐
者之乞房錢乎？暮夜號呼於衢路，曰：「吾今夕所欠十幾文耳。」有
憐之者如數與之，曰：「汝可以歸臥矣。」感謝而退。去之數十步，
則其號呼如初焉。子不彼之怪，何哉？』因相與大笑而罷。」

案：直齋紹興之同官，每以欠京削爲辭，欲饜其貪求功名之欲。王深甫以「臨
安丐者」況之，殊能一針見血而暴露其短也。第未知直齋同官之姓氏爲誰？
而文中之王深甫與《紹興府志》所載之「王補之」爲同一人否？文獻不足，
難作深究矣。又考《宋史》卷四百三十二〈列傳〉第一百九十一〈儒林〉二
有一王回字深父，福州候官人。史稱其「敦行孝友，質直平恕，造次必稽古
人所爲，而不爲小廉曲謹以求名譽」。然此王深父（即深甫）乃宋英宗治平、
宋神宗熙寧時人，不與振孫同時。

第三節　掌教鄞學

　　《湖錄》於振孫掌教鄞學，未有所載；其於起補紹興後，即接以：

　　　　寶慶三年，充興化軍通判。

所記頗有脫誤也。最早述及振孫掌鄞學事者，厥爲盧文弨。盧著〈新訂直齋
書錄解題跋〉云：

　　　　陳氏名振孫，字伯玉，湖之安吉縣人，嘗爲鄞之校官。

其後，錢泰吉《甘泉鄉人稿‧曝書雜記》下「〈陳直齋事跡〉」條亦據《解題》
資料載：

　　　　往在鄞學，訪同官薛師雍子然，几案間有書一編，大略述三山一郡
　　　　財計。薛曰：「外舅陳止齋修《圖經》，欲以爲〈財賦〉一門，後緣
　　　　卷帙多，不果入。」因借錄之，書無標目，以意命之曰《三山財賦
　　　　本末》。及來莆田，爲鄭寅子敬道之。鄭曰：「家有何一之《長樂財
　　　　賦志》，豈此耶？」借觀之，良是。卷五。《國紀》，不大行於世。鄞
　　　　學有魏邸舊書，傳得之。卷四。《琴譜》，鄞學魏邸舊書有之，己卯分
　　　　教傳錄，亦益以他所得譜。卷十四。

《曝書雜記》所載甚詳明，且就《解題》材料將振孫在鄞學求書事搜羅畢備；
所惜者，文中徵引《解題》卷五「《長樂財賦志》十六卷」一條，前則省去「而

累朝詔令申明沿革甚詳。其書雖爲一郡設，於天下實相通」數語；而末又略去「其間亦微有增損，末又有〈安撫司〉一卷，併鈔錄附益爲全書」一節。蓋如是，則《長樂財賦志》之內容與價值無由探悉；而鄭寅家藏本所以較薛本爲優，亦無法藉以知曉矣。由是言之，錢氏雖鎔鑄《解題》文字以成篇，然取捨之際，亦不無微憾焉。

至陸心源《宋史翼》卷二十九〈列傳〉第二十九〈文苑〉四〈陳振孫〉雖亦載：

> 爲鄞縣學。《書錄解題》四。

惟陸氏將其列在：

> 紹興教官。《齊東野語》八。

之前，其誤易明。故陳樂素〈直齋書錄解題作者陳振孫〉三〈年歷〉條抨擊之，曰：

> 既而掌鄞學，即卷十四《琴譜》條所謂己卯（嘉定十二年，1219）
> 分教，傳錄魏邸舊書者。陸存齋作〈傳〉，先鄞而次紹興，非也。

至喬衍琯撰〈陳振孫傳略〉及《陳振孫學記》，雖亦記載直齋掌鄞學，大抵因襲錢泰吉，而無異聞。是則喬氏於此事未能有所發明，亦可惋惜也矣。

惟振孫何時離紹興府學任？又何時掌鄞縣縣學？其文獻頗不足徵。據《解題》卷十四《琴譜》條所載，則寧宗嘉定十二年己卯（1219）前，直齋必在鄞學爲時甚久，否則無由詳悉鄞縣之有魏邸，魏邸之有舊書，而舊書中又有《琴譜》八卷可傳錄也。竊疑倘以嘉定十一年戊寅（1218）爲振孫涖鄞之年，庶不離於事實。

鄞之爲縣沿革，袁桷《延祐四明志》卷第一〈沿革考〉引王應麟〈辨證〉曰：

> 〈越語〉：「句踐之地，東至於鄞。」韋昭注：「今鄞縣是也。」《後漢書》注：「鄞，故城在鄮縣東南。《圖經》曰：『白杜里有鄞城山。』」
> 〈漢志〉：「鄞有鮚埼亭，今在奉化；有天門山，今象山之東門山。」然則奉化、象山二縣，漢之鄞也；鄞城山，其古鄞城歟！今鄞縣有鄞塘鄉，接奉化，蓋鄞之境。四皓黃公，鄞大里人。《世說》注：「孫承公，性好山水，求鄞縣，遺心細務，縱意游肆，名阜勝邱，靡不歷覽。」〈辨鄞〉。

《寧波府志》卷之四「〈疆域・鄞〉」條亦論鄞之疆域曰：

鄞爲附郭，居五邑之中。東至陽堂鄉、隴東河舖三十里，界於鎮海；南至鄞塘鄉、傅壩河五十里，界于奉化；西至桃源鄉、潘鑫嶺三十里，界於慈溪；北至老界鄉、磚橋舖十有五里，界於鎮海；東南至豐樂鄉之金峨山九十里，界於奉化；西南至通遠鄉、梅山嶺百七十里，界於紹之餘姚；東北至老界鄉、張家堰四十一里，界於鎮海；西北至清道鄉、西渡三十有五里，界於慈溪。其東西相距六十有五里，南北六十有六里，延袤總百三十有一里。

綜上所載，是鄞之稱謂，由來已久。春秋越國之東即爲鄞；三國時，吳地亦有鄞縣，故城在鄞縣東南；其地多山川人物，甚爲著名，《漢書・地理志》、《世說新語》注均載之。至於疆域，《延祐四明志》卷第一〈沿革考・鄞縣境土〉條所記，尤較《寧波府志》爲詳明，不備錄。

有關鄞縣之縣學，《延祐四明志》卷十三〈學校考〉上「〈鄞縣儒學〉」條引王應麟〈重修學記〉云：

> 鄞在漢，爲鄮屬會稽郡。唐屬明州，建夫子廟於縣東。五代改鄮曰鄞。宋始立學，王文公安石宰縣，因廟爲學，教養縣之子弟，風以詩書，衣冠鼎盛。後遷縣西南，兵燼久未復，主簿呂康年請於郡相，舊址創禮殿，設跪像，堂曰養正，爲齋者四。

案：應麟〈記〉謂王安石宰縣，因廟爲學，是鄞縣學乃安石所創建。《延祐四明志》同卷收有安石〈請杜醇先生入縣學書〉，中云：

> 某得縣於此踰年矣，方因孔子廟爲學，以教養縣子弟，願先生留聽而賜臨之，以爲之師，某與有聞焉。伏惟先生不與古之君子者異意也，幸甚。

是應麟記安石創鄞學固不誤。然《延祐四明志》同卷「〈鄞縣儒學〉」條又云：

> 鄞縣學，始創於唐元和九年，其地在縣之東。宋崇寧二年，移於縣之西南，後燼於建炎四年之兵。嘉定十三年，邑簿呂康年以舊址狹隘，有請於丞相史彌遠，命郡守俞建相地擇所，以寶雲寺西、不隸將威果指揮廢營更之，叛禮殿跪像，然亦未大備。寶慶二年，尚書胡榘守郡，捐緡錢，出楮券、輞市舶之贏，率里士之助，經營有成。堂曰養正。
> 齋四：曰習說、曰辨志、曰觀善、曰敬業。凡縣之士肄焉。

此條所記較詳贍，不惟言及鄞縣學創始於唐，與應麟所載不同；又細述呂康年請求更建縣學，亦較應麟所記爲翔實。嘉定十三年，疑振孫仍在鄞學任內；

惟至理宗寶慶三年，振孫則已通判興化軍矣。

《延祐四明志》同卷「〈鄞縣儒學〉」條又載：

> 設官：教諭一員。

是直齋所任者乃此教諭之職，固無疑也。

《寧波府志》卷之十六〈秩官〉上「〈知明州軍州事〉」條載：

> 嘉定　俞烈元年三月　程準二年六月　王介四年十一月　程覃六年二月提舉常
>
> 平倉　俞建　韓元禮八年六月　趙師巖　齊碩提舉常平攝　俞建十三年四月
>
> 章良朋十四年十月提舉常平攝

同卷〈秩官〉上「〈鄞令〉」條云：

> 嘉定　蔣誼二年四月　趙師雍二年七月　錢顯祖五年十月　李壽朋八年十二
>
> 月　李約十一年六月　顏耆仲十四年八月　張公弼十四年十二月　趙崇嵒十七
>
> 年九月

案：振孫既任鄞縣教諭之職。其任職之年限又為嘉定十一年至十四年，則上述知明州軍州事之俞建、章良朋，任鄞縣縣令之李約、顏耆仲、張公弼及《延祐四明志》所載之主簿呂康年，均為振孫之長官矣。惟界於韓元禮、俞建之間之趙師巖與齊碩，《延祐四明志》卷第二〈職官考〉上「〈節度使姓名〉」條則載：

> 趙師巖、檢校少傅、安德軍節度使兼沿海制置使，嘉定十六年四月。　齊碩、奉議郎、
>
> 提舉兩浙東路、常平茶鹽公事兼權，嘉定十七年八月。

據是，則上引之《寧波府志》卷之十六〈秩官〉上「〈知明州軍州事〉」條所記有微誤，趙、齊二人姓名必須改移「章良朋」後。茲略仿《寧波府志》例，代為更正如下：

> 趙師巖十六年四月
>
> 齊　碩十七年八月提舉常平攝

趙、齊二人既曾知明州軍州事，故連類考證及之。惟二人任職，既在嘉定十六年、十七年，則已與振孫行誼無甚相涉矣。

第四節　宰南城

振孫為南城宰，《湖錄》缺載，盧文弨、錢泰吉、陸心源、陳壽祺、陳樂素、喬衍琯諸家則道及之，其中錢泰吉所記兼及振孫訪書。《甘泉鄉人稿・曝

書雜記》下「〈陳直齋事跡〉」條載：

> 《九經字樣》一卷，往宰南城，出謁，有持故紙鬻於道者，得此書，
> 乃古京本，五代開運丙午所刻也，遂爲家藏書籍中之最古者。卷三。
> 《爾雅新義》，頃在南城傳寫，凡十八卷，其曾孫子遹所刻於嚴州爲
> 二十卷。同上。《參同契分章通眞義》三卷、《明鏡圖訣》一卷，曩在
> 麻姑山傳錄。卷十二。玉蟾者，葛其姓，福之閩清人，嘗得罪亡命，
> 蓋姦妄流也。余宰南城，有寓公者，稱其人，云：「近嘗過此，識之
> 否？」余言不識也，此輩何可使及吾門！李士寧、張懷素之徒皆殷
> 監也。是以君子惡異端。卷十二《群仙珠玉集》。《龐氏家藏秘室方》，南
> 城吳炎晦父錄以見遺。卷十三。《龍髓經》至《二十八禽星圖》，以上
> 七種并前諸家，多吳炎錄以見遺。江西有風水之學，往往人能道之。
> 《雜相書》凡二十三種，又有《拾遺》，亦吳晦父所錄。卷十二。《雪
> 巢小集》，東魯林憲景思撰。余爲南城，其子游謁至邑，以家集見示，
> 愛而錄之，及守天台，則板行久矣，視所錄本稍多。卷二十。《邠志》
> 三卷，從盱江晁氏借錄。卷五。

案：直齋一生勤訪書，於斯可見。至直齋所任宰之南城，宋時，初爲江南西路
建武軍治，後爲建昌軍治。其沿革，《江西通志》卷三〈地理沿革表·建昌府〉
載之云：

> 南城縣，漢高帝六年命大將軍灌嬰立豫章，其年分豫章南境立南城
> 縣，以其在郡城之南，故曰南城，屬豫章郡。後漢因之，吳太平二
> 年分屬臨川郡。晉太康元年，更名新南城，江左復舊。齊建元元年，
> 徙臨川郡，來治。梁仍爲臨川郡屬縣，陳因之。隋平陳，屬撫州。
> 大業初，屬臨川郡。唐仍屬撫州；南唐置建武軍，治此。宋太平興
> 國四年，改建武軍爲建昌軍，南城爲倚郭望縣。

是南城之爲縣，早在漢高祖六年，因縣在郡城之南而得名。《江西通志》稱之
爲倚郭望縣，考《文獻通考》卷六十三「〈縣令〉」條云：

> 宋朝建隆元年，應天下諸縣，除赤畿外，有望、緊、上、中、下。
>
> 四千戶爲望，三千戶以上爲緊，二千戶以上爲上，千戶以上爲中，不滿千戶爲中下，五百戶
> 以下爲下也。

據是，振孫所治南城乃四千戶之望縣矣。南城地域既廣，盱水繞其東，麻姑
倚其南，景色雄渾韶秀，其間名勝亦至顆頤。宋人吳淵即有〈南城〉詩詠之，

陸心源《吳興詩存》二集卷之八載之曰：

> 江城一眺思悠悠，平楚蒼然野水流。衰草寒煙梅老暮，敗垣斜日謝
> 公樓。江山有恨英雄老，天地無私草木秋。萬古興亡俱是夢，丈夫
> 何者爲身謀。

吟咏此詩，可見南城景物之壯闊。吳淵字道父，寧州寧國人，徙居德清。嘉定
七年進士，官至參知政事。其時宋室南渡已久，江山半壁，英雄恨老，而朝政
日非，道父俯仰今昔，哀無謝公起而解國家之厄困，故其詩境，悲憤沈鬱之極。
麻姑山，在南城縣西南十里，山上有仙都觀，風景絕美，而所典藏神仙類書籍，
亦足資振孫傳錄也。宋人洪炎有〈游仙都觀詩〉，載《江西通志》卷一百二十四
〈勝蹟略‧寺觀〉四。詩云：

> 泡露出南郭，遵途盼西嶺。幽尋不憚遠，陟巇造殊境。懸瀑瀉天路，
> 南齋跨參井。麻姑固神人，上下凌倒景。逸駕不容追，遺蹤搏塵影。
> 仙壇獨歸然，蘚蝕此山頂。古屋鳴鵂鶹，汙池育蛙黽，蔓顏有異聞，
> 源委邈難省。空餘豐碑字，欻若猊驦騁。永言賞必遇，所樂塵俗屏。
> 濯纓欲目孔，駴鼻還思郢。安得斯人徒，置論挈裘領。聖眞豈遠而，
> 炯炯金在礦。九淵孕明月，七返閟神鼎。至道如可求，汲深願修練。

尋味詩意，固可藉推振孫訪書麻姑山及其屐履游蹤也。

振孫既爲縣令，其職責所司者何？《文獻通考》卷六十三「〈縣令〉」條
載：

> 宋朝建隆元年，應天下諸縣，……掌總治民政，勸課農桑；凡戶山、
> 賦役、錢穀、賑濟、給納之事皆掌之；有孝悌行義，聞於鄉閭者，
> 申州激勸，以勵風俗；有戎兵則兼兵馬都監，或監押。……政和二
> 年，詔縣令以十二事，勸課農桑，宜各遵行，上副朝廷。一曰敦本業，
> 二曰興地利，三曰戒游手，四曰謹時候，五曰戒苟簡，六曰厚蓄積，七曰備水旱，八曰戒宰
> 牛，九曰置農器，十曰廣栽植，十一曰恤苗戶，十二曰無妄訟。

觀所載十二事，是縣令之職責亦可謂繁重矣。同條又云：

> 乾道元年，詔京官、知縣，以二年爲任，雖屢有更革，卒以三年爲
> 任。二年，御筆：今後非兩任縣令，不除臨監察御史；初改官，人
> 必作令，謂之「須入」。紹興初，數申嚴之，後或廢。孝宗在位，持
> 之甚嚴。慶元初復詔，除殿試上三名省元外，並作邑。五年，又令
> 試大理評事官，已改官，未歷縣，人並親民一次，著爲令。舊捕盜

改官，人並試邑。自後，雖宰相子、殿試科甲，人無不宰邑者也。

是知縣令乃仕宦進身之階矣。振孫歷任溧水、紹興、鄞縣教授後，即爲南城縣令，甚符孝宗乾道二年「初改官，人必作令，謂之『須入』」御筆旨意。「須入」者，須經歷斯任始可改官晉升也。竊忖孝宗聖意，蓋欲爲官之初，「並親民一次」；其御旨又謂：「今後非兩任縣令，不除監察御史。」蓋監察御史職權至重大，如不再歷縣令，則無由知爲官之難，亦無以知民生疾苦也。倘爲官爲宦者，均德薄而位尊，則放僻邪侈，無所不用其極矣。《宋史・孝宗紀》盛譽孝宗，「聰明英毅，卓然爲南渡諸帝之稱首」。是孝宗知任官之要，斯亦其被脫脫撰史推譽之因由耶！

振孫既出宰南城，其時之長官爲誰？余嘗徧檢《江西通志》卷一百三十一〈宦績錄〉十〈〈建昌府・宋〉〉條，仍未考出，暫付闕如。至振孫何時出任南城縣令？何時離職而調充興化軍通判，博識如鄭元慶、盧文弨、錢泰吉、陸心源、陳樂素、喬衍琯，均未嘗詳究，殊不可解。茲不辭疏陋，試行考證如下：

《湖錄》云：

　　寶慶三年，充興化軍通判。

乾隆《莆田志》卷七〈職官門〉亦云：

　　陳振孫，寶慶三年克。

據《湖錄》與乾隆《莆田志》所載，是振孫於宋理宗寶慶三年丁亥（1227）已離南城任，而改充興化軍通判矣。《解題》卷十二〈卜筮類〉載：

　　《易林》十六卷，漢小黃令梁焦延壽贛撰。……求之累年，寶慶丁
　　亥始得之莆田。

《解題》此條所記，更有力證明寶慶丁亥年直齋已在莆田矣。錢泰吉《甘泉鄉人稿・曝書雜記》下記振孫事跡，曾節引《解題》卷三〈爾雅新義〉條，此條實見〈小學類〉，其文云：

　　《爾雅新義》二十卷，陸佃撰。其於是書，用力勤矣。〈自序〉以爲
　　雖使郭璞擁篲清道，跂望塵躅可也。以愚觀之，大率不出王氏之學，
　　與劉貢父所謂不徹薑食、三牛三鹿戲笑之語，殆無以大相過也。《書》
　　云：「玩物喪志。」斯其爲喪志也宏矣。頃在南城傳寫，凡十八卷，
　　其曾孫子通刻於嚴州爲二十卷。

案：此條「頃在南城」一語，至關重要。「頃」字乃俄頃之意，表示事情剛過

未久，是則此條之撰就，蓋在直齋離南城未久時也。

考陸子遹，乃陸佃曾孫、陸宰孫、陸游子也。《宋史》無傳。《景定嚴州續志》卷二「〈知州題名〉」條云：

> 陸子遹，奉議郎，寶慶二年十一月十五日到任。紹定二年三月二十
> 二日赴召。祖佃，父游皆出守，列於州學之世美祠。始剏釣臺書院。

是陸子遹寶慶二年丙戌（1226）仲冬十五日到嚴州知州任，紹定二年己丑（1229）季春二十二日赴召，正符合宋制三年一任之規定。竊意子遹抵任伊始，即將〈爾雅新義〉付之梓人，因卷帙僅二十卷，一年必可刻就；故寶慶三年，振孫已可得讀「刻於嚴州為二十卷」之《爾雅新義》矣。由上述所考推之，則振孫寶慶二年調離南城縣令，次年充興化軍通判；如以三年一任之制律之，則其初任南城應為嘉定十六年癸未（1223），最遲不超過嘉定十七年甲申（1224），固無疑矣。至《景定嚴州續志》以陸佃為子遹之祖父，稱作「祖佃」，則誤也，亟宜改正之。

綜上所述，乃余就《解題》卷三〈小學類・爾雅新義〉條及《景定嚴州續志》卷二「〈知州題名〉」條所載陸子遹仕履，展轉考訂出振孫宰南城之年月，約在為嘉定十六、七年至寶慶三年，而前人暨當今陳、喬諸子竟不之考，亦可謂失之眉睫矣。又余頗疑振孫曾兩任南城縣令，故《解題》記其任內訪書資料特多。若是，由嘉定十六、七年上推三載，則宰南城之年月剛可上接鄞學教授。是知振孫初宰南城，約在嘉定十四年辛巳（1221）；惜文獻未足，莫由深究。姑懸此疑，以俟續考。

第五節　充興化軍通判

振孫由宰南城而改充興化軍通判，余嘗據《湖錄》及乾隆《莆田志》卷七〈職官門〉，知其時為宋理宗寶慶三年丁亥（1227）也。然陸心源《宋史翼》卷二十九〈列傳〉第二十九〈文苑〉四〈陳振孫〉則曰：

> 寶慶二年通判興化軍，嘗佐郡人陳宓修濠塘，踰月而成，學田得以
> 克復。《解題》七。案興化軍治莆田，故《解題》云莆郡。

是陸氏以寶慶二年丙戌（1226）為始充通判興化軍之時，與《湖錄》、《莆田志》所記均相異。陳樂素〈直齋書錄解題作者陳振孫〉則斥駁之，該文三〈年歷〉條云：

陸氏〈傳〉謂：「寶慶二年通判興化軍。」標其出處爲《解題》七。
其實《解題》無此語，恐所據乃乾隆《莆田志》卷七〈職官門〉耳。
然《莆田志》實作寶慶三年，非二年。

余詳檢《解題》卷七，確無述及直齋「寶慶二年通判興化軍」。陸氏所言或杜撰，或誤以「三年」爲「二年」。然喬衍琯〈陳振孫傳略〉二〈仕履〉仍曰：

清陸心源《宋史翼》卷二十九〈振孫傳〉：據《解題》七寶慶二年通判興化軍。陳樂素氏云：其實《解題》無此語。琯按：《解題》所傳舊本，較聚珍本每有溢文，說詳後。陸氏藏書既富，或有所據。

案：喬氏所言，有意褊袒陸氏，所言皆無實據，殊無謂也。惟余另見清同治十年重刊本《福建通志》卷九十四〈宋職官〉「〈興化軍通判事〉」條云：

陳振孫。寶慶二年任，有宦績。

又同書卷百二十七〈宋宦績〉「〈興化軍・州倅〉」條云：

陳振孫，永嘉人，寶慶二年任通判，嘗佐郡人陳宓修濠塘，踰月而成，學田克復。

案：《福建通志》乃陳壽祺等撰。壽祺另有〈宋目錄家晁公武陳振孫傳〉，其所傳振孫事蹟，幾全據陸氏《宋史翼》，故可推知《福建通志》所載此二條，亦當全據陸書。因是，《福建通志》所載振孫興化軍通判之年月，亦不足信矣。
至陳宓，《興化府莆田縣志》卷十六〈人物〉有傳，然無載及修濠塘事，茲迻錄如次：

陳宓，字師復，少登文公門，長從黃榦游。以父俊卿任，歷泉州南安鹽稅，知安溪縣。嘉定七年入監，進奉院，……尋遷軍器監簿。九年轉對，……旋擢太府丞，不拜。出知南康軍，……改知南劍州，……改知漳州，未行。聞寧宗崩，嗚咽累日，遂請致仕。寶慶二年中，除提點廣東刑獄，不就。以直秘閣，主管崇禧觀，卒。

案：宋寧宗以嘉定十七年甲申（1224）崩，陳宓是年亦致仕家居。寶慶二年丙戌（1226），爲宓家居之第三年，乃卒。惟其時振孫仍未充興化軍通判，而《興化莆田縣志》宓本傳，實無載及修濠塘事。由是則知《宋史翼》及《福建通志》，所謂振孫攝倅興化軍，助宓修濠塘，踰月而成之事，純屬子虛烏有，不足依據也。

振孫之充興化軍通判，最早見載周密《齊東野語》，該書卷八「〈義絕合離〉」條曰：

莆田有楊氏，訟其子與婦不孝，官爲逮問，則婦之翁爲人毆死，楊
亦預焉。坐獄未竟，而值覃霈，得不坐，然婦仍在楊氏家。有司以
大辟既已該宥，不復問其餘，小民無知，亦安之，不以爲怪也。其
後，父又訟其子及婦，軍判官姚珤以爲雖有釁隙，既仍爲婦，則當
盡婦禮，欲併科罪。陳伯玉振孫時以倅攝郡，獨謂：「父子天合，夫
婦人合；人合者，恩義有虧則已矣，在法休離，皆許還合。而獨於
義絕不許者，蓋謂此類。況兩下相殺，又義絕之尤大者乎？初間楊
罪既脫，合勒其婦休離，有司既失之矣。若楊婦盡禮於舅姑，則爲
反親事讎，稍有不至，則舅姑反得以不孝罪之矣。當離不離，則是
違法。在律違律，爲婚既不成婚，即有相犯，並同凡人。今婦合比
附此條，不合收坐。」時皆服其得法之意焉。按：《筆談》所載壽州
有人殺妻之父母兄弟數口，州司以不道，緣坐其妻子。刑曹駁之曰：
「毆妻之父母即爲義絕，況身謀殺，不應復坐。」此與前事正相類。
凡泥法不明於理，不可以言法也。

案：《齊東野語》此條所載足證振孫曾倅興化。細考此條所述，頗疑莆田楊氏
毆死子婦之翁，事在宋寧宗末年之嘉定十七年甲申前未久，蓋坐獄未竟而寧
宗崩，理宗於寶慶元年乙酉（1225）即位，楊氏乃得「值覃霈」而不坐罪。
至楊氏之訟其子婦不孝，則當在寶慶三年丁亥（1227）後，即振孫以倅攝郡
時也。振孫裁決此事，既能明情理而不泥法，時人皆服其得法之意。至其時
之軍判官姚珤，《興化府莆田縣志》卷七〈職官志・文職官・判官〉條載：

姚瑶。嘉定七年任。程必東。紹定二年任。

《福建通志》卷九十四〈宋職官〉「〈興化軍軍事判官〉」條亦載：

姚珤。嘉定間任，宦績見建寧府。程必東。

案：姚珤之「珤」，古文「寶」字，《興化府莆田縣志》作「姚瑶」，顯誤。《福
建通志》雖亦作「珤」，惟於姚珤名下僅標「嘉定間任」，則不甚準確；又其
「程必東」名下亦欠標年份，宜依《莆田縣志》補改。據《莆田縣志》，姚珤
始任判官，爲宋寧宗嘉定七年甲戌（1214），而離任約在宋理宗紹定二年己丑
（1229）程必東蒞職前。而楊氏一案正發生於姚珤任內，《齊東野語》所載，
實與方志年月吻合也。姚珤頗以楊子與婦爲「不孝」，欲一併科罪，周密斥

之為「泥法而不明於理，不可以言法」。是則瑀之為官及其處事之法，與振孫相較，真有雲泥之別矣。

有關宋代興化軍之建置，《福建通志》卷二「〈沿革・興化府〉」條載云：

> 《宋史・地理志》：「興化軍，太平興國四年，以泉州游洋、百丈二鎮地置太平軍，尋改興化。縣三：莆田、仙游、興化。」《八閩通志》：「太平興國四年，析泉州之莆田、仙游及福州之永福、福清地，合游洋、百丈鎮六里，置興化縣，是為軍之治所。五年，始以莆田、仙游二縣來屬，領縣凡三。八年，轉運使楊克讓以游洋地不當要衝，請移治莆田。宋末改為興安州。」

是興化軍之建置，太平興國四年，初名太平軍，尋改今名。初以游洋為治所，至太平興國八年移治莆田，南宋末年改為興安州，宋理宗時仍舊貫。

宋興化軍之疆域，《興化府莆田縣志》卷一「〈輿地志・疆域〉」條載云：

> 興化府延袤四百二十五里，從一百四十五里，衡二百一十五里。由府治至北京，六千四百單三里；至江南，三千四百四十二里；北出拱辰門，至江口穚中界福清，計四十五里；南出迎和門，由瀨溪南行至楓亭七里庵惠安縣，計六十七里；由瀨溪西北至仙游縣曰隔嶺界永春縣，計一百二十里；東出鎮海門、出塘頭東南行至吉了、莆禧，由塘頭東行至平海衛，計九十七里；西出永清門，至興化縣西罩嶺平坡鋪界永福縣，計一百四十里。

觀是，則興化軍所轄地域頗寬廣，對外交通甚便利也。

考通判一職，《宋史》卷一百六十七〈志〉第一百二十〈職官〉七「〈通判〉」條載：

> 宋初懲五代藩鎮之弊，乾德初，下湖南，始置諸州通判，命刑部郎中賈玭等充。建隆四年，詔知府公事並須長史、通判簽議連書，方許行下。時大郡置二員，餘置一員，州不及萬戶不置，武臣知州、小郡亦特置焉。其廣南小州，有試秩通判兼知州者，職掌倅貳郡政，凡兵民、錢穀、戶口、賦役、獄訟聽斷之事，可否裁決，與守臣通簽施行。所部官有善否及職事修廢，得刺舉以聞。元祐元年，詔知州係帥臣，其將下公事，不許通判同管。元符元年，詔通判、幕職官，令日赴長官廳議事及都廳簽書文檄。
>
> 南渡後，設官如舊，入則貳政，出則按縣，有軍旅之事，則專任錢

糧之責，經制、總制錢額，與本郡協力拘催，以入于户部。既而諸
州通判有兩員，處減一員，凡軍監之小者不置。又詔更不添差。其
後，或以廢事請，或以控扼去處請。紹興五年以後，施添置之。除
潭、廣、洪州、鎮江、建康、成都府見係兩員外，凡帥府通判並以
兩員爲額，餘置一員。乾道元年，詔買馬州軍通判，令茶馬司依舊
法奏辟餘堂除差人。淳熙十四年，利州路提刑言：「關外四州通判，
乞自制置司奏辟，所有金、洋、興、利、文、龍等州通判，乞送轉
運司擬差。」並從之。

案：此條所載宋代通判一職之置廢，人員之增減、地位之重要、職務之煩多，
至爲詳備。振孫裁決莆田楊氏一案，即屬獄訟聽斷事例也。通判之職責雖甚
繁忙，惟振孫似未能忘懷者，乃其訪書生涯。錢泰吉《甘泉鄉人稿・曝書雜
記》下「〈陳直齋事跡〉」條載：

《梁谿易傳》，莆田鄭寅子敬從忠定之曾孫得其家藏本，頃倅莆田，
日借鄭本傳錄。卷一。《後魏國典》，從莆田劉氏借錄。卷五。《三朝訓
鑑圖》十卷，頃倅莆田，有售此書者，亟求觀之，則已爲好事者所
得，蓋當時御府刻本也。卷爲一冊，凡十事，事爲一圖，飾以青赤，
亟命工傳錄，凡字大小，行廣狹，設色規模，一切從其舊，斂衽鋪
觀，如生慶曆、皇祐間，目睹聖明作述之盛也。卷五。《獨斷》，向在
莆田，嘗錄李氏本。卷六。《夾漈家傳》一卷，所著書目附，莆田鄭
翁歸述其父樵漁仲事跡。樵死時，翁歸年八歲，安貧不競。頃佐莆
郡時猶識之。卷七。《元和姓纂》，絕無善本，頃在莆田以數本參校，
僅得七八，後又以蜀本校之，互有得失，然粗完整矣。卷八。《晉陽
事跡雜記》，從莆田李氏借錄。同上。《番陽雜記》，廣棪案：「番陽」乃「番
禺」之譌。莆田借李氏本錄之。同上。《雲笈七籤》，頃於莆中傳錄，纔
二冊，後於平江《天慶道藏》得其全，錄之。卷十二。舊見沙隨程迥
所記，南渡諸人以《易林》筮國事，多奇驗，求之累年，寶慶丁亥
始得之莆田，恨多脫誤。嘉熙庚子，從湖守王寺丞侑借本，兩相校，
十得八九。同上。《集選目錄》二卷，莆田李氏有此書，凡一百卷，
力不暇傳，姑存其目。卷十五。《蔡忠惠集》，余嘗宦莆，至其居，去
城三里，荔子號「玉堂紅」者，正在其處。矮屋欲壓頭，猶是當時
舊物。歐公所撰〈墓誌〉，石立堂下，眞蹟及諸公書帖多有存者。卷

十七。《武元衡集》，初用莆田李氏本傳錄，後以石林葉氏本校。卷十九。

而陳樂素〈直齋書錄解題作者陳振孫〉三「〈年歷〉」條於直齋訪書事頗有增補，其文云：

> 其在莆田所晤藏書家，卷五《中興綸言集》條云：鄭寅子敬，「藏書數萬卷」。卷十四〈音樂類〉小序有「晚得鄭子敬氏書目」語。卷一《梁溪易傳》、卷十八《周益公集》，亦皆傳自鄭氏者也。卷七《夾漈家傳》，則自夾漈鄭氏；卷五《後魏國典》，自劉氏；卷六《獨斷》，卷八《藏六堂書目》、《晉陽事跡雜記》、《番禺雜記》、卷十五《集選目錄》、卷十九《武元衡集》，自李氏；而《齊東野語》卷十二所載，別有方氏、林氏及吳氏。

案：周密《齊東野語》卷十二「〈書籍之厄〉」條云：

> 世間凡物未有聚而不散者，而書為甚。……近年惟直齋陳氏書最多。
> 蓋嘗仕於莆，傳錄夾漈鄭氏、方氏、林氏、吳氏舊書，至五萬一千一百八十餘卷，且仿《讀書志》作解題，極其精詳，近亦散失。

《齊東野語》此段所載，有錢泰吉、陳樂素所記未及者。喬衍琯〈陳振孫傳略〉及《陳振孫學記》又添補卷四〈編年類‧元經薛氏傳〉十五卷、卷五〈典故類‧長樂財賦志〉十六卷，又〈安撫司〉一卷等，皆振孫官莆時所訪得者。喬氏又曰：

> 《解題》著錄樵之著作，有《書辨訛》等十餘種，或有得自翁歸者。

是均足證振孫仕宦之餘，訪書及校書猶至勤奮，故其所收藏典籍竟達五萬一千一百八十餘卷，周草窗謂：「近年惟直齋陳氏書最多。」信不誣也。

振孫既為通判，其治事之所在，今猶推尋得之。《興化府莆田縣志》卷二〈輿地志‧古蹟〉「〈城內〉」條云：

> 宋軍治，在郡城南，舊興化衛署是也。郡人陳仁璧為〈正廳記〉。正廳東有桂籍堂、宋進士題名處。小廳東有清心堂，太守曹修古有〈夏日清心堂睡起〉詩：「天府鞫囚三節日，霜臺待漏五更時。薰風一覺清涼睡，莫問浮名高與卑。」及太守徐師閔《荔支譜》刻于壁。紹興二十年，有五色雀集于正廳榕木上，芝產後圃，麥秀兩岐，太守陸渙更名三瑞堂。通判廳，在軍治西，今舊察院行臺是也。

觀是，則通判廳在郡城莆田之南，其位置在宋軍治之西端。至振孫何時始離興化軍通判任，宋世以來，亦未有人考及之者。《興化府莆田縣志》卷七〈職

官志・文職官〉「〈通判〉」條云：

　　陳振孫寶慶三年克。　　趙汝盥紹定元年以朝奉郎克。

觀是，則知振孫寶慶三年（1227）始任通判，至紹定元年（1228）即離任，
而趙汝盥接之，故振孫在位首尾不過兩年，爲時固甚暫也。然《福建通志》
卷九十四〈宋職官〉「〈興化軍通判軍事〉」條云：

　　陳振孫寶慶二年任，有宦績。　　趙汝盥商恭靖王元份裔孫。　　趙汝駒〈世系表〉闕，
　　居永嘉。俱紹定間任。

《福建通志》謂振孫寶慶二年任，固誤，前已辨之。此條「趙汝盥」名下，
當依《莆田縣志》增補「紹定元年以朝奉郎克」數字，則較詳盡完善也。

　　至振孫於興化軍通判任內之長官及僚屬，茲據《興化府莆田縣志》及《福
建通志》二書，查檢而得之資料，計爲：

　　《興化府莆田縣志》卷七〈職官志・文職官〉「〈知軍〉」條云：

　　陳韡寶慶三年知，不數日，移劍州。　　王克恭南安人，寶慶三年以工部郎官知。

是陳韡及王克恭均先後出任知軍，乃振孫之長官矣。

　　同書同卷〈職官志・文職官〉「〈判官〉」條云：

　　姚瑤嘉定七年任。　　程必東紹定二年任。

姚瑤應作姚珤，前已辨之。姚珤任判官，始於嘉定七年甲戌（1214），以迄紹
定元年戊子（1228），前後凡十五年，爲時頗久。及程必東接任判官，振孫已
調離莆田矣。

　　同書同卷〈職官志・文職官〉「〈宋莆田縣縣丞〉」條云：

　　林公慶寶慶二年任。　　陳子順紹定三年任。

是林公慶任莆田縣丞，由寶慶二年丙戌（1226），至紹定二年己丑（1229）止，
凡三年。其後則陳子順接任。

　　又同書同卷〈職官志・文職官〉「〈興化縣知縣事〉」條云：

　　周果寶慶元年知。　　林公慶權。

案：林公慶既以紹定二年己丑始離莆田縣縣丞職，則其調升興化縣權知縣事，
當在紹定三年庚寅（1230）矣。是知周果之離任，必在公慶赴職前。

　　《福建通志》卷九十四〈宋職官〉「〈興化軍錄事參軍〉」條云：

　　王顯世紹定間任，有宦績。《舊志》作紹聖間任，誤。顯世曾祖炳，即紹聖進士也。

是顯世亦曾於紹定間任興化軍錄事參軍。然則姚珤、林公慶、周果、王顯世
諸人，均爲振孫僚屬也。

振孫宦莆，游履所至，曾遊蔡襄宅。《解題》卷十七〈別集類〉中《蔡忠惠集》條已詳記之，而前引錢泰吉《甘泉鄉人稿・曝書雜記》卷下「〈陳直齋事迹〉」條亦嘗備載。《興化府莆田縣志》卷二〈輿地志・古蹟〉「〈城外〉」條亦云：

> 蔡襄宅，在郡南門蔡宅。

所記至簡。茲不妨揭取《解題》資料，以增補《莆田縣志》此條如下：

> 蔡襄宅，在郡南門，去城三里。荔子號「玉堂紅」者，正在其處。
> 矮屋欲壓頭，猶是當時舊物。歐公所撰〈墓誌〉，石立堂下，眞蹟及
> 諸公書帖多有存者。

案：《解題》一書既可增補方志之未及，則其功用，又豈止辨章學術、考鏡源流而已。

振孫乘宦莆之便，嘗一再借錄書籍於鄭樵後人。意其游履所及，亦必常親造鄭樵故宅與夾漈草堂，以作瞻仰。《興化府莆田縣志》卷二〈輿地志・古蹟〉「〈城外〉」條載：

> 鄭樵宅，在廣業里下溪，門前有日月井。乾隆丙子，生監林延擢、
> 鄭白、方維蘭捐金募建爲書院。

又載：

> 夾漈草堂，在廣業里，宋鄭樵著書處也。樵嘗自題云：「斯堂也，本
> 幽泉怪石、長松修竹、榛橡所叢會，與時風夜雨、輕煙浮雲、飛禽
> 走獸、樵薪所往來之地。溪西之民，於其間爲堂三間，覆茅以居。
> 詩云：『堂前拖柴堂上燒，柴門終日似無聊。蓼蟲不解知辛苦，松鶴
> 何能慰寂寥。述作還驚心力盡，哦吟早覺鬢毛彫。布衣蔬食隨天性，
> 休訝巢由不見堯。』」附鄭僑〈題夾漈草堂詩〉：「杪秋尋遠山，幽懷
> 鬱沖沖。草堂跨層崖，夕陽山影空。高人辭天祿，結交杖藜翁。游
> 氛暗九土，歲晚余曷從。泠泠夾漈水，謖謖長松風。思之不可見，
> 淚落秋雲中。」

細閱上述諸條所記，固可略睹振孫在莆游履及於蔡襄、鄭樵二宅之一斑。

第六節　除軍器監簿

振孫除軍器監簿一職，《湖錄》及《宋史翼》均乏載，失之眉睫矣。然洪

咨夔《平齋文集》卷十八〈外制〉二即有〈軍器監簿陳振孫除諸王宮大小學教授制〉，是振孫於除諸王宮大小學教授前，確曾任軍器監簿。

夷考宋代軍器監簿及其主事官長之設置，馬端臨《文獻通考》卷五十七〈職官考〉十一「〈軍器監〉」條云：

> 宋軍器，初領於三司胄案，官無專職。熙寧六年，廢胄案，乃按唐令置監，擇從官總制。元豐正名，分案五，所隸官屬四：東西作坊，掌造兵器、旗幟、戎帳、行物，辨其名地，監官二人，以京朝官及三班使臣充。作坊物料庫，掌收鐵錫、羽箭、油漆之類。皮角場，掌收皮革、筋骨，以供作坊之用，置官與東西作坊同，建炎併歸工部，紹興復置長、貳各一員。隆興初，詔軍器所已隸工部，本監惟置丞一員。乾道後，置監、少監及簿。淳熙初，詔戎器非進入毋輒出所，由是呈驗寖省。嘉定以後，事最稀簡，特為儲才之所。

同書卷一百六十一〈兵考〉十三「〈軍器〉」條云：

> （神宗熙寧）六年，置軍器監，總內外軍器之政，置判一人，同判一人，屬有丞、主簿，有管當公事。先時，軍器領於三司，至是罷之，一總於監。凡產材州，置都作院，凡天下知軍器利害者，聽詣監陳述。於是吏民獻器械法式者甚眾。是歲，又置內弓箭南庫，而軍器監奏遣使以利器頒諸路，作院為式焉。

綜上所記，是宋之軍器監，初置於神宗熙寧六年，所隸官屬有四，即東、西作坊、作坊物料庫及皮角場，以總內外軍器之政。其主事官吏有判、同判、丞、主簿，代有減免。至孝宗乾道五年，復置監、少監、主簿各一員。惟寧宗嘉定十七年以後，軍器監事務疏簡，振孫任職於此時，恐亦無大作為矣。

振孫何時始除軍器監主簿？又何時離此職而改任諸王宮大小學教授？史無明文，而《平齋文集》亦無確說。陳樂素〈直齋書錄解題作者陳振孫〉三〈年歷〉云：

> 洪咨夔《平齋文集》卷十八有〈軍器監簿陳振孫除諸王宮大小學教授制〉，介於〈趙范除江淮制置大使〉與〈史嵩之除權兵部尚書制〉之間。據《宋史》卷四零六咨夔本傳及〈理宗紀〉，擢中書舍人乃端平元年（1234）四月以後事，而趙范為兩淮制置使在五月，史嵩之進兵部尚書在六月；然則直齋除教授，亦當在五月六月。而紹定辛卯（四年，1231）直齋嘗為郡人陳恩所纂《寶刻叢編》作〈序〉，或

即在軍器監簿之時。〔註6〕

案：今檢《平齋文集》卷第十八，〈軍器監簿陳振孫除諸王宮大小學教授制〉，實介於〈司農寺簿趙鎬夫除司農寺丞兼提領安邊制〉與〈方大琮除司農寺簿樓杓除軍器監簿制〉之間，是方大琮乃繼趙鎬夫任司農簿，而樓杓則繼陳振孫任軍器監簿也。所惜趙、方、樓三人，《宋史》均無傳，故諸人之交接年月無由考得，遂連振孫何時除諸王宮大小學教授，亦似不易考悉耳。樂素文中提及之〈趙范除江淮制置大使〉，篇名應爲〈兩淮制置使兼沿江制置副使趙范除江淮制置大使制〉，收入《平齋文集》卷第十八〈外制〉二之第十篇；而〈史嵩之除權兵部尚書制〉，篇名應爲〈戶部侍郎京湖制置使史嵩之除權兵部尚書制〉，則收入《平齋文集》卷第十九〈外制〉三之第三篇，是樂素所言不盡準確。至樂素據洪咨夔、趙范、史嵩之三人史事，考證出振孫端平元年五、六月間除諸王宮大小學教授，則較可信。考《平齋文集》卷第十八振孫〈制〉之前三篇乃爲〈著作郎兼權司封郎官蔣重珍除起居人兼崇政殿說書制〉，考《宋史》卷四百一十一〈列傳〉第一百七十〈蔣重珍〉，載重珍除起居舍人兼崇政殿說書正爲端平元年，此足爲樂素說之有力旁證。蓋重珍之除官既爲端平元年，是則振孫離軍器監簿任，改除諸王宮大小學教授亦應在端平元年也。

至於振孫何時除軍器監簿任？余擬即在宋理宗紹定元年（1228），亦爲振孫離興化軍通判後。蓋宋代固有由通判而調升軍器監簿之例，《平齋文集》卷第十七〈外制〉一即有〈淮西安撫司機宜兼通判廬州劉子澄除軍器監簿兼淮西安撫司參議官制〉，該〈制〉云：

> 敕具官某：邊閫上介之置，非內地比；中原事機之集，非他時比；
> 故擇材尤謹。爾氣稟爽邁，論議英發，與聞經略，西事之機籌亦旣
> 熟矣。班王朝而長幕府，厥任逾重。深沈者無躁謀，老成者多遠慮，
> 爾能贊乃牧，圖全而制勝。功懋懋賞，朕所不吝也。可。

案：劉子澄，字清叔，泰和人，宋寧宗嘉定十三年（1220）進士，初官棗陽令。此〈制〉足見子澄乃由棗陽令升廬州通判，再除軍器監簿者。子澄升遷之跡，與振孫之宰南城，充興化軍通判，進而除軍器監簿，彼此若合符契。是則振孫於興化軍通判滿任後，即調升軍器監簿，應合於史實。由是以推，振孫任軍器監簿，始於紹定元年（1228），終於端平元年（1234），前後六年，劉子澄即振孫之前任官員，振孫殆繼之者乎？

〔註6〕陳樂素此條所記之「郡人陳思」，應爲「都人陳思」之誤，容於後詳辨之。

　　振孫任軍器監簿時，嘗序陳思所纂之《寶刻叢編》，樂素所言不誤。振孫〈寶刻叢編序〉，似不經見，《四庫全書》本亦乏載，特迻錄如下，以資參考：

> 始歐陽兗公為《集古錄》，有卷秩次第，而無時世先後。趙德甫《金石錄》，迺自三代、秦漢而下敘次之，而不著所在郡邑。及鄭漁仲作《系時》、《系地》二錄，亦疏略弗備。其他如《諸道石刻錄》、《訪碑錄》之類，於所在詳矣，而考訂或鈌焉。都人陳思儥書於都市，士之好古博雅，蒐遺獵忘，以足其所藏；與夫故家之淪墜不振，出其所藏以求售者，往往交於其肆。且售且儥，久而所閱滋多，望之輒能別其眞贗，一旦盡取諸家所錄，輯為一編，以今九域、京府、州縣為本，繫其名物於左，昔人辨證審定之語，具著之。既鋟木，首以遺余，求識其端。凡古刻所以貴重於世，歐陽公以來，言之悉矣，不待余言。余獨感夫古今宇宙之變，火焚水漂，陵遷谷堙，雖金石之堅不足保恃，載祀悠緬，其毀勿存，存弗全者，不勝數矣。矧今河洛尚隔版圖，其幸而存且全可椎搨者，非邊牙市不可得，得或貫兼金，固不能家有而人見之也；則得是書而觀之，猶可想象彷彿於上下數千載間，其不謂之有補於斯文矣乎！思，市人也。其為是編，志於儥而已矣，而於斯文有補焉；視他書坊所刻，或蕪釀不切，徒費板墨、靡椶楮者，可同日語哉！誠以是獲厚利，亦善于擇術矣。余故樂為之書，是亦柳河東述宋清之意云爾。紹定辛卯小至，直齋陳伯玉父。

案：此〈序〉中之辛卯小至，即紹定四年冬至前一日也。樂素文中稱陳思為郡人，殆誤。而喬衍琯亦竟不知乃「都人」之誤，〈陳振孫傳略〉二〈仕履〉及《陳振孫學記》第一章〈傳略〉第二節〈仕履〉均將樂素文之「郡人」改作「永嘉」，殊失當也。都人者，臨安人也，臨安乃南宋之行在，故直齋作〈序〉，稱陳思為都人。《寶刻叢編》另有魏了翁之序，〈序〉云：

> 余無它嗜，惟書癖殆不可醫。臨安鬻書人陳思，多為余收攬散逸，扣其書顛末，輒對如響。

另《四庫全書總目》卷八十六〈史部〉四十二〈目錄類〉二亦曰：

> 《寶刻叢編》二十卷，河南巡撫採進本。宋陳思撰。思，臨安人。

觀上所引，是樂素作「郡人」固誤，衍琯擅改作「永嘉」，亦未免枉用聰明矣。

　　南宋軍器監，設置在臨安。潛說友《咸淳臨安志》卷八〈行在所錄〉「〈諸

監〉」條云：

> 軍器監，在保民坊內。紹興三年始置丞，十一年置長、貳。又有製
> 造所、御前軍器所，別置提舉、提轄等官蒞其役。近歲專屬殿司，
> 而監之事益以省。監王遂記題。將作名官，古也，軍器，非古也。周有六職，百
> 工居一焉。漢以少府列九卿，其屬考工，專主器械；軍器，非古也，其職，古也。有唐設官，
> 軍器與將作並列焉。國朝具官無員，而其職掌隸於三司。自熙寧制更，然後軍器有監，監有
> 長，有貳，有丞、簿，率屬合治，與《唐六典》建官不殊。迄中興以來承平，官府併省多矣；
> 而此職具存，豈用武之時，所務為急，雖時偃武，所以除戒器者，不可一日置耶！由長而
> 下，異時選用人才，其間踐文昌，登丞弼，爛然可睹，盛矣。遂也不肖，由尚書郎得長是官，
> 日虞非才，玷辱前列，顧瞻石刻雖有名氏，而未述官守建置之繇，輒不少遜；慨然書之，併
> 以姓氏列於諸公之左。來者繼之，頹然瓦石，珠璧後先，遲莫有榮焉。淳熙三年六月二十五
> 日。

是軍器監設在保民坊內，振孫為簿，日夕任職必蒞焉。至其時為軍器監者乃
謝采伯，《平齋文集》卷第十七〈外制〉一即有〈度支郎中謝采伯除軍器監制〉，
云：

> 敕具官某：吳粵之劍，取其地良；紛胡之笴，取其材美。朕觀諸此，
> 得器使群工之道。爾生相家而無驕氣，地之良也；挹儒科而有能聲，
> 材之美也。地良材美，繇郎版部，長戎監，疇不謂宜？豈徒以肺腑
> 進哉！《易》之除戎，《詩》之備械，《書》之𣪠胄敿干，皆今急務。
> 毋視訓工程作為猥釀，而不之屑。可。

至其時任軍器監丞，則先後有賈似道、杜範。蓋似道未幾特轉奉議郎，而杜
範繼之。《平齋文集》同卷有〈趙蕤除大理寺丞陶木司農寺丞趙崇嵒太府寺丞
姚瑄國子監丞賈似道軍器監丞制〉略云：

> 敕具官某等：漢宣帝屬精求治，綜核名實，以練群臣。黜陟有序，
> 眾職修理，上下無苟且之意，迄濟中興，朕甚慕之。……爾似道，
> 克家之美，趣尚不苟。……丞者，承也，所以承輔其長，使無曠職
> 也。……繼自今，咸稱厥職，則予以懌。可。

同書同卷又有〈賈似道特轉奉議郎制〉，曰：

> 敕具官某：朕建后於相家，又命妃於法從家，而〈關雎〉之化行，
> 進封有俶，推恩惟稱。爾襲芳弓冶之傳，承暉四星之首，擢丞武監，
> 進秩二等，奕奕光榮矣。務學好脩，同燕多祉。可。

同書同卷有〈趙汝訒司農寺丞杜範軍器監丞李以制大理寺簿章勤將作監簿制〉，略曰：

> 敕具官某等：漢宣帝屬精求治，綜核名實，以練群臣。黜陟有序，眾職修理，上下無苟且之意，迄濟中興，朕甚慕之。……爾範，穎于儒紳，業屢甚度。……丞以承輔其長，……非特示進擢之榮也。……繼自今，咸稱厥職，則予以懌。可。

綜上所引《平齋文集》諸〈制〉，足證謝采伯、賈似道、杜範，均於理宗紹定、端平之際出任軍器監長、貳，而振孫為簿，固親承謝、賈、杜之指揮矣。

第七節　除諸王宮大小學教授

振孫由軍器監簿，而除諸王宮大小學教授，事在端平元年甲午（1234），余於上節已詳考之，相信不違於事實。《平齋文集》卷第十八〈外制〉二〈軍器監簿陳振孫除諸王宮大小學教授制〉云：

> 敕具官某：我仁宗詔諸宮院教授，非止講習經旨，須選優行端愨，蓋欲其以身教也。爾靜而不競，簡而不華，可謂端愨矣。振振麟定，以爾為之師。觀榘度於步武之間，挹芳潤於言論之頃；而成童既冠，莫非大雅，麗澤講習之功，將有考於此。可。

案：振孫既除諸王宮大小學授，則是任職於宗學矣。夷考北宋、南宋間宗學之設置與變遷，《宋史》卷一百六十五〈志〉第一百一十八〈職官〉五「〈宗學〉」條載云：

> 元豐六年，宗室令鑠乞建宗學，詔從之。既而中輟，建中靖國元年復置。崇寧初，立月書季考法。南渡初，建學。嘉定更新置四齋，後再增三齋。宗學博士，舊諸王宮大小學教授也。至道元年，太宗將為皇姪等置師傅，執政謂環衛之官非親王，比當有降，乃以教授為名。咸平初，遂命諸王府官分兼南、北宅教授。南宮者，太祖、太宗諸王之子孫處之，所謂睦親宅也。崇寧五年，又改稱某王宮宗子博士，位國子博士之上。靖康之亂，宗學遂廢。紹興四年，始復置諸王宮大小學教授二員。隆興省其一。嘉定九年十二月，始復置宗學，改教授為博士，又置宗學諭一員，並隸宗正寺，在太常博士之下，諭在國子正之上，奉給、賞典依國子博士及正例，於是宗室

疏遠者皆得就學。旋有旨復存諸王宮大小學教授一員。

觀是，則宗學於北宋神宗元豐六年戊午（1078）始建，旣而中輟。徽宗建中靖國元年辛巳（1101）復置，至靖康之亂又廢。南宋高宗紹興四年甲寅（1134）始復置諸王宮大小學教授二員，孝宗隆興間省一員。寧宗嘉定九年丙子（1216）十二月，始復置宗學，於是宗室疏遠者皆得就學。此北宋、南宋之際，宗學建、輟、廢、置之梗概也。至諸王宮大小學教授之職稱，或稱宗學博士，或稱某王宮宗子博士，名異實同，是此職稱凡數變矣。

至諸王宮大小學教授之人數，《宋史》卷一百六十二〈志〉第一百一十五〈職官〉二「〈親王府〉」條載：

> 凡諸宮皆有教授，初無定員。是年，英宗以宗室自率府副率已上八百餘人，奉朝請者四百餘人，而教官纔六員，乃詔增置教授官：凡皇族年三十已上者百一十三人，置講書四員；年十五以上者百十三人，置講書四員；年二十已上者凡三百九人，增置教授五員；年十四已下者，別置小學教授十二員；并舊六，爲二十七員，以分教之。其子弟不率教，俾教授官、本位尊長具名申大宗正司，量行戒責。教授官不職，大宗正司密訪以聞。舊制，親賢宅置講書，紹興十二年，改爲府教授，掌教授賢宅南班宗子。淳熙十二年，詔建魏惠憲王府，置小學教授二員，以館職兼充，掌訓皇孫。旣長，趨朝謁，則不以小學名，而講習如故。自後皇姪、皇孫皆置教授。

案：此條記自北宋英宗至南宋孝宗諸宮教授員數甚詳。中謂：「年二十已上者三百九人，增置教授五員。」諸證〈軍器監簿陳振孫除諸王宮大小學教授制〉中「而成童旣冠，莫非大雅，麗澤講習之功，將有考於此」諸語，則振孫所授教者應多爲「年二十已上」之「旣冠」成童；惟宋寧宗嘉定九年之後，「旋有旨復存諸王宮大小學教授一員」，若是，則至理宗時，振孫旣任此職，則又須兼教導「年十四已下」之皇姪、皇孫矣。

諸王宮大小學教授隸宗正寺，事在嘉定九年十二月始，前引《宋史》卷一百六十五〈志〉第一百一十八〈職官〉五「〈宗學〉」條已載及之。《宋史》卷一百六十四〈志〉第一百一十七〈職官〉四「〈宗正寺〉」條又云：

> 宗正寺，卿、少卿、丞、主簿各一人。……渡江後，卿不常置，少卿一人，以太常兼。紹興三年，復置少卿一人。五年，復置丞；十年置主簿；隆興元年併省。次年，詔丞、簿復舊制。嘉定九年，詔

　　以宗學改隸宗正寺。自此，寺官又預校試之事。

是則其時宗正寺之卿、少卿、丞、簿諸官員，皆振孫之上司矣。

　　宗學既隸宗正寺，惟自寧宗嘉定九年以來，學風則未獲端正。《宋會要・
崇儒》一之二七至二八載嘉定十七年臣僚上言曰：

> 嘉定十七年六月三日，臣僚言：「臣聞上之開設學校，貴乎教養之兩
> 盡；下之講明學問，貴乎師生之相資。師生日親，則孝養無愧矣。……
> 仰惟國家設成均已風四方，創建宗學爲我宋億萬斯年之計，猗歟休
> 哉。……而臣拳拳愚忠，有願爲陛下告者。臣起自諸生，粗識學校
> 事體，有司成以總其綱，列官師以任其職。月有私試，必公心去取，
> 使營求者不得以行其私；旬有堂課，必詳與批抹，而傳齋者亦足以
> 示其勸。點諳生員，以扣擊其所得；反復問難，以考驗其所蘊。朝
> 夕接密，而師生舉無隱情，聞見既廣，則器識自充，異日致君澤民
> 之業，實基於此。今乃不然，臣不欲悉數其故。長、貳有兼職，間
> 不入局，則學官足纔及直舍，而旋即命駕矣。不聞延見佳士，尚何
> 考德問業之可望；還舍既不許接見生員，自應質疑辯惑之無因，規
> 矩昭揭，固非所以繩善類也。不肅則踰者無所忌憚，出假者節，蓋
> 欲其一意肄業也，不檢者乃肆行而自貽伊慼。試有得失，各安其分
> 可也；然黜者乃誣謗喧傳，至於下有司究問。此何等士風，而見於
> 有道之世耶！負陛下教養之恩多矣。今之宗室，非不備饩廩，非不
> 豐識治者，謂有養而無教，是識可咎耳。……臣受恩思報，有見輒
> 言。事有關於風化之大者，尤當不避仇怨。欲望聖慈下臣此章，以
> 示三學，使知以天下學校爲念，以諸生講明學問爲急，勿徇私情，
> 一洗舊習，丕變士風，不勝斯文之幸。」詔從之。

案：此段臣僚所言：「長、貳有兼職，間不入局。」即指宗正寺之卿、少卿，
以太常兼職，不常到校。又謂：「學官足纔及直舍，而旋即命駕矣。」蓋宗正
司失其監督之責，則教授慵惰不稱職者有之矣。又謂：「不聞延見佳士，尚何
考德問業之可望；還舍既不許接見生員，自應質疑辯惑之無因，規矩昭揭，
固非所以繩善類也。」是又教授課業督問不嚴，教學廢弛，而師生隔閡甚矣。
至曰：「試有得失，各安其分可也。然黜者乃誣謗喧傳，至於下有司究問，此
何等士風，而見於有道之世耶！」是眞師不師，弟不弟，南宋宗學敗壞若斯，
誠令人不勝其浩歎者也。是以端平元年甲子（1234），時隔嘉定十七年甲申

（1224）僅十載，理宗於敕振孫任諸王宮大小學教授時，其〈制〉開宗明義即曰：

> 我　仁宗詔諸宮院教授，非止講習經旨，須選優行端愨，蓋欲其以身教也。

揣理宗之意，固欲對症下藥，力拯宗學之敗壞，而挽其頹風。惟振孫以「靜而不競，簡而不華」之端愨優行，至其任此職之成績若何，則史無明文，殊難臆測。至〈制〉中所提及仁宗之詔，《宋史・仁宗紀》則無載。《宋大詔令集》所載，而與此相關涉仁宗之詔有二，其一見載卷第一百五十七〈政事〉十「〈學校〉」條：

> 〈建學詔〉　　慶曆五年
>
> 夫儒者，通夫天地人之理，而兼明古今治亂之源，可謂博矣。然學者不得騁其說，有司務先聲病章句以拘之，則吾豪儁奇偉之士，何以預焉？士有純明朴茂之美，而無斅學養成之法，其飭身勵節者，使與不肖之人雜而並進，則夫懿德敏行之人，何以見焉？此取士之甚弊，而學者自以為患，議者屢以為言，朕慎於改更。比令詳酌，仍詔宰府加之參定。以謂本學校以教之，然後可求其實。先策論，則辨理者得盡其奧；簡程式，則閎博者可見其才。至於經術之家，稍增新制，兼行舊式，以勉中人。慎法細文罷去，明其賞罰，俾各觀焉。如此，則待士之意周，取人之道廣。夫遇人以薄者，不可責其厚。今朕建學興善，以尊子大夫之行；而更制革弊，以盡學者之材。其於教育之方，勤亦至矣。有司其務嚴訓導，精察舉，以稱朕意。學者其思進德修業，而無失其時。凡所科條，可為永式。

其二見載同書卷第五十〈宗室〉十「〈雜詔〉」條：

> 〈賜大宗正司誡勵宗子修學詔〉　　慶曆五年二月己未
>
> 朕思古之人君，莫不厚親戚以輔王室，始家邦而化天下，近鑒前史，有足觀者。如漢河間之好書、東平之樂善，不亦為風教之助乎！國家之興，八十餘載，子孫蕃衍，幾數百人。比令建置宗室，開敞居第，所以示糾合之義，敦睦之愛。亦嘗臨遣儒士，往授經訓，雖忠孝篤行，人皆夙習，而詩書成業，罕聞來上。自今帥諸宗子，勵翼一心，周旋六藝，以廢學為恥，以飾身為賢，朕豈爵賞之稀哉！使四方謂朕有懿親茂族，為國盤維之固，誠不媿於前代也。宜令睦親

南北宅諸院教授官，常具聽習經典、文辭、書翰、功課以聞。咨爾
宗室，體我眷懷。

案：理宗敕振孫〈制〉中所言及仁宗詔者，或即指此二詔也。南宋王偁《東
都事略》卷第六〈本紀〉六亦載此二詔，惟較簡略。且前詔署年爲慶曆四年
三月壬申，後詔署年爲慶曆五年三月己未，與《宋大詔令集》所署不同，未
知孰是？然李燾《續資治通鑑長編》卷一百五十五仁宗慶曆五年三月載：

己未，詔大宗正司帥諸宗子勉勵學業，睦親南北宅諸院教授官常具
聽習經典，或文詞書翰功課以聞。

考慶曆五年二月無「己未」日，是則《宋大詔令集》所載後詔之署月，「二月」
應爲「三月」之訛也。

　　振孫除諸王宮大小學教授，始於端平元年，惟何時離此任而改他職？陳
樂素〈直齋書錄解題作者陳振孫〉三「〈年歷〉」條云：

《會稽續志》卷二所載，端平三年二月以朝散大夫知台州，兼權浙
東提舉者，蓋自諸王宮大小學教授而轉外也。

案：樂素以端平三年二月爲離諸王宮大小學教授任期，其說是也。考宋代宗
學教授，皆以三年爲一任。《宋會要·崇儒》一之一四云：

慶元六年十月七日，詔西、南外宗司官，歲舉教授改官，許逐司每
任內互舉一次。以知南外宗正不戒、知西外宗正公迥言：「淳熙十六
年八月二十九日敕節文，外宗官許歲發改官狀一紙與本司教授，照
得二司宗學教授，皆以三年爲任。初，一年可發一紙，至第二、第
三年見在教授不可再發。又別無可舉之官，乞各將任內合發宗學教
授舉狀，兩司只就歲發未盡之數，通融互舉。」故有是命。

《宋會要》此條足爲樂素離任期說之有力證據，蓋振孫端平元年除此職，端
平三年正合離任轉外也。至振孫任諸王宮大小學教授，其辦公之所何在？《咸
淳臨安志》卷十一〈行在所錄·學校〉「〈諸王宮大小學〉」條云：

宗學，在睦親坊。按國朝宗子分爲六宅，宅各有學，學皆有官。中
興後，惟睦親一宅。紹興四年，始置諸王宮大小學教授各一員，專
以訓迪南班子弟。隆興間省其一。嘉定九年，始改宮學爲宗學，即
其地改創。凡在屬籍者，皆以三載一試，補弟子員，如太學法；改
教授爲宗正，學置諭一員，隸宗正寺。十四年四月，因臣寮之請，
復存教授一員，與博士、諭輪蕃講課。沂府諸近屬則別置教授，爲

清望官兼職，不在此列。宗學扁，理宗皇帝御書。

觀是，則由端平元年至三年，振孫辦公之所在地，即此睦親坊；而其教學之對象，乃南班太祖、太宗諸王子孫；而其教授方法，則爲與博士、諭等輪流講學。至「宗學」一匾，固振孫出任時，或出任前後，理宗御書者也。

第八節　知台州與任浙東提舉

張淏《會稽續志》卷二〈提舉題名〉條云：

> 陳振孫，端平三年二月初六，以朝散大夫知台州兼權；八月正除，十月二十八日到任。嘉熙元年五月改知嘉興府。

惟《湖錄》則云：

> 端平三年三月，以朝散大夫知台州，兼權浙東提舉常平茶鹽事，八月正除。嘉熙元年，改知嘉興府。

案：《會稽續志》與《湖錄》所載振孫知台州，任浙東提舉與改知嘉興府事，頗有異同，惟正可互爲補正。蓋振孫所權及其後正除浙東提舉一職，其所執掌者乃常平茶鹽事；二月初六日兼權，八月正除，十月二十八日始到任。而《湖錄》所記，前者誤，而後者微有不足。據此，則振孫由諸王宮大小學教授轉外，以朝散大夫知台州，兼權浙東提舉，確於端平三年二月初六也。《台州府志》卷九〈職官表〉一即據《會稽續志》，其端平三年項下載：

> 陳振孫，《會稽續志》：「二月六日以朝散大夫知，兼權浙東提舉。」
> 《直齋書錄解題》《天台山記》條云：「余假守臨海，就使本道，嘉熙丙申十月解郡。」案《舊志》失載，今補。

案：《台州府志》所引之《天台山記》條，見《解題》卷八〈地理類〉。《解題》此條云：

> 《天台山記》一卷，唐道士徐靈府撰。元和中人也。余假守臨海，就使本道。嘉熙丙申十月，解郡符趨會稽治所，道過之，銳欲往遊，會大雪不果，改轅由驛道，至今以爲恨。偶見此《記》，錄之以寄臥遊之意。

案：振孫《解題》《天台山記》條所謂「余假守臨海」者，即指往任台州知軍州事，而臨海乃台州治所也。至「嘉熙丙申十月」，實乃「端平丙申十月」之誤，其時年號仍爲端平，振孫偶誤記。故錢泰吉《甘泉鄉人稿·曝書雜記》

下〈陳直齋事跡〉條辨之曰：

> 按丙申爲端平三年，明年丁酉，乃爲嘉熙元年，此作嘉熙丙申，誤。

而陳壽祺撰〈宋目錄家晁公武陳振孫傳〉亦曰：

> 壽祺考：《解題》有云：「余假守臨海，就使本道。嘉熙丙申十月，
> 解郡符趨會稽治所」云云。丙申爲端平三年，明年丁酉乃爲嘉熙元
> 年，此作嘉熙丙申，筆誤也。端平丙申二月，振孫知台州，所謂「假
> 守臨海」。十月到浙東提舉任，所謂「十月解郡符趨會稽治所」也。

綜上錢、陳之說，是振孫端平三年丙申二月知台州，十月即解台州知軍州事，
趨會稽治所，正除浙東提舉。此說與《會稽續志》所載吻合，蓋浙東提舉治
所在紹興府，是故陳樂素〈直齋書錄解題作者陳振孫〉三「〈年歷〉」條云：

> 《會稽續志》卷二所載，端平三年二月以朝散大夫知台州，兼權浙
> 東提舉者，蓋自諸王宮大小學教授而轉外也。又據《續志》，是年十
> 月到浙東提舉任，則在台州爲時甚暫。

至天台山，於浙江諸山中最爲名勝。《台州府志》卷十〈山水略〉一〈叙
山〉一云：

> 浙東之山最名勝者二。……天台、雁宕，最名勝者也。……天台爲
> 天、寧二邑諸山之主。《天台褚志稿》：「華頂山爲一邑諸山之主。」《光緒寧海志》：
> 「中幹，縣當其脊，起於天台華頂山。」又云：「南幹，在縣城之南，亦起於天台華頂山。」
> 又云：「西南幹，居縣城西南，西接天台魏嶺。」自注：「亦起於華頂山。」然則寧海四幹，
> 惟西北幹不起自天台山耳。

而陳耆卿《赤城志》卷二十一〈山水門〉三〈山〉「〈天台〉」條亦云：

> 天台山在縣北三里，自神跡石起。按陶弘景《眞誥》：「高一萬八千
> 里，周回八百里，山有八重，四面如一。《十道志》謂之頂對三辰，
> 或曰當牛、女之分，上應台宿，故曰天台。」一曰大小台，以石橋
> 大小得名，亦號桐柏。《棲山登眞隱訣》云：「大小台處五縣中央。
> 五縣謂餘姚、句章、臨海、天台、剡縣。」顧野王《輿地志》云：「天台山一名
> 桐柏，眾嶽之最秀者也。」徐靈府《記》云：「天台山與桐柏接，而
> 少異。」《神邕山圖》又采浮屠氏說，以爲閻浮，震旦國極東處；或
> 又號靈越，孫綽〈賦〉所謂「託靈越以正基」，是也。按：諸書名稱
> 不同，惟天台乃其正號，餘亦各有據；獨「上應台宿」之語，雖本
> 道書，邈不可考爾。〈魏夫人傳〉云：「天台山下有祠堂，方三里，

乃司命君六卜。其東南二門，有日月三辰之精，光燭洞天。」《抱朴子內篇》云：「諸山不可煉金丹，以其皆有水石之精。惟大華、少室、縉雲、羅浮、大小台，正神主之，可以修鍊。」審此，則其靈敝詭異，出仙入佛，爲天下偉觀。宜哉！。

同書同卷又引孫綽〈天台山賦〉並〈序〉，〈賦〉長不錄，僅錄其〈序〉，云：

> 天台山者，蓋山嶽之神秀也。涉海則有方丈、蓬萊；登陸則有四明、天台，皆玄聖之所游化，靈仙之所窟宅。夫其峻極之狀，嘉祥之美，窮山海之瑰富，盡人神之壯麗矣。所以不列於五岳，闕載於常典者，豈不以所立冥奧？其路幽迥，或倒景於重溟，或匿峰於千嶺，始經魑魅之途，卒踐無人之境，舉世莫能登陟，王者莫由禋祀。故事絕於常篇，名標於奇紀；然圖象之興，豈虛也哉！非夫遺世翫道，絕粒茹芝者，焉能輕舉而宅之？非夫遠寄冥搜，篤信通神者，何肯遙想而存之？余所以馳神運思，晝詠宵興，俛仰之間，若已再升者也。方解纓絡，永託茲嶺，不任吟想之至，聊奮藻以散懷。

同書同卷又引李白〈送楊山人詩〉云：

> 客有思天台，東行路超忽。濤落浙江秋，沙明浦陽月。今遊方厭楚，昨夢先歸越。且盡秉燭歡，無辭凌晨發。我家小阮賢，剖竹赤城邊。詩人多見重，官燭未曾然。興引登山屐，情催泛海船。石橋如可度，**携手弄雲煙。**

又載李白〈同友人舟行詩〉云：

> 楚臣傷江楓，謝客拾海月。懷沙去瀟湘，掛席泛溟渤。寒予訪前跡，獨往造窮髮。古人不可攀，去若浮雲沒。願言弄倒景，從此煉眞骨。華頂窺絕冥，蓬壺望超忽。不知青春度，但怪綠芳歇。空持釣鰲心，從此謝魏闕。

同書同卷又引張祐詩云：

> 崔嵬海西鎮，靈跡傳萬古。群峰日來朝，累累孫氏祖。三茅即拳石，二室猶塊土。傍洞窟神仙，中巖宅龍虎。名從乾取象，位與坤作輔。鸞鶴自相群，前人空若瞽。巉巉割秋碧，媧女徒巧補。視聽出塵埃，處高心漸苦。縈登招手石，肘底笑天姥。仰看華蓋尖，赤日雲上午。奔雷撼深谷，下見山腳雨。迴首望四明，矗若城一堵。昏晨邈千態，

恐動非自主。控鵠大夢中，坐覺身栩栩。東溟子時月，却孕元化母。
彭蠡不分杯，浙江微辨縷。石梁屹橫架，萬紐青壁豎。却瞰赤城嶺，
勢來如刀弩。盤松國清道，九里天莫睹。穹崇上攢三，突兀傍聳五。
空崖絕凡路，癡立麋與塵。邐峻極天門，覷深窮地戶。金庭路非遠，
步徒將欲舉。身樂道家流，崇儒若一矩。行尋白雲叟，禮象登峻宇。
佛窟繚杉嵐，仙壇半榛莽。懸巖與飛瀑，險噴難足俯。海眼三井通，
洞門雙闕挂。瓊臺下昏側，手足前採乳。但造不死鄉，前勞何足數。

又引僧貫休詩云：

重疊大古色，濛濛花雨時。好峰行恐盡，流水語相隨。墨壤生紅木，
黃猿領白兒。因思石橋月，曾與道人期。

又引陳恬〈游山詩〉云：

嵩陽不得到，華頂可徘徊。當知吾往處，自有一天台。

案：綜上所引詩文以觀，是天台宏偉壯麗，且多奇景，故為諸山之冠。前人
如孫綽、李白、張祐輩，皆登陟其間，飽覽名勝風光。振孫亦銳意往遊，惜
遇大雪，不果行，故終身引為憾事。

振孫既以朝散大夫而知台州，考朝散大夫乃文散官職。《宋史》卷一百六
十九〈志〉第一百三十二〈職官〉九「〈文散官〉」條云：

朝散大夫。從五上。

又云：

右朝官階、勳高，遇恩加八大夫。

同書同卷「〈武散官〉」條又云：

右文散官階上，經恩加一階。……文武三品已上服紫，五品已上服
緋，九品已上服綠。

由上所載可推知，振孫離諸王宮大小學教授任，遇恩加朝散大夫。朝散大夫
屬從五上，則振孫蓋服緋矣。

至於台州之沿革，《台州府志》卷三〈地理志〉一〈沿革表〉記述至詳。
大抵台州，夏、商、周屬越，隸揚州；戰國時屬楚；秦屬閩中郡；漢高帝五
年屬閩越，武帝屬會稽郡。三國吳少帝太平二年屬臨海郡，南北朝因之。隋
文帝開皇九年屬處州，隸吳州；十二年改屬括州。煬帝大業初年改屬永嘉郡。
唐高祖武德四年隸括州，治臨海；五年改台州。太宗貞觀元年隸江南道，玄
宗開元二十一年隸江南東道。天寶元年改台州為臨海郡，肅宗乾元元年復為

台州，隸浙江東道。代宗大歷十四年隸浙江西道。五代吳越時屬德化軍。宋太宗太平興國三年隸兩浙東路，南宋仍之。斯乃台州由三代以迄南宋沿革之一斑。

台州之疆域，《台州府志》卷三十九〈疆域略〉載之，云：

> 台州府在浙江省治，東南距五百七十里，東西距二百四十二里，南北距二百一十一里。四正之境：東一百三十三里，臨海縣牛頭宮濱海；西一百零九里，仙居縣摘草嶺與金華府永康縣分界；南八十五里，黃巖縣小嶺與溫州府樂清縣分界；又東南盤山，又東南三界橋一百十七里，與樂清、太平分界；北一百二十六里，天台縣架龍巖嶺，與紹興府新昌縣分界。四隅之境：東南二百零六里，太平縣松門衛城抵海；西南二百里，仙居縣均與處州府縉雲縣分界；東北一百八十里，寧海縣界與寧波府奉化縣分界；西北一百一十六里，天台縣關嶺與紹興府新昌縣分界。水程：靈江自西郭外西行十三里強，至三江口入溪，溯流西北行九十七里，至天台縣大西門，溯流西南行至象坎渡四十二里半，自渡復西行二十五里許，至仙居縣管山北麓，合白溪水西北流三里七分而至城東隅，共七十一里強。又靈江自西郭外東南流八十一里至三江口，自三江口東少南十三里三分至墩頭埠，自埠過東邐經海門城北而至鼠嶼，共二十六里半出海。驛程：自府治至浙江省城水陸共五百七十七里，至北京水陸共五千七百有八里。

觀是，是振孫所治之台州，疆域至廣大，而台州對外水陸交通亦至為方便也。

振孫之治台州，前後不足九月，時至短暫。惟檢《台州府志》卷九〈職官表〉一，所載與振孫前後任知軍州事者有：

紹定六年　趙必愿

端平二年　邢　近

端平三年　陳振孫

嘉熙元年　張　號

嘉熙二年　王　萬

上列數人，除趙必愿任期稍長外，其餘均不出一年。至繼陳振孫之張號，《浙江通志》卷一百十五〈職官〉五〈知台州軍〉條作張琥。案「號」、「琥」二字形近，未知孰是，俟考。

　　振孫所任台州知軍州事，馬端臨《文獻通考》卷六十三〈職官考〉十七「〈郡太守〉」條載云：

> 宋太祖開基，革五季之患，召諸鎮會於京師，賜第以留之；分命朝臣出守列郡，號權知軍州事。軍謂兵，州謂民政焉。其後，文武官參爲知州軍事，二品以上及帶中書樞密宣徽使職事稱判太守，掌總理郡政，宣布條教，導民以善，而糾其姦慝。歲時勸課農桑，旌別孝悌；其賦役、錢穀、獄訟之事，兵民之政皆總焉。凡法令條制，悉意孝行，以率所屬。有赦宥，則以時宣讀，而頒告於治境。舉行祀典，察郡吏德義、材能而保任之；若疲軟不任事，或姦貪冒法，則按劾以聞。遇水旱以法賑濟，安集流亡，無使失所。若河南、應天、大名府，則兼留守，司公事；太原府、延安府、慶州、渭州、秦州，則兼經略安撫使、馬步軍都總管；定州、眞定府、瀛州、大名府、京兆府，則兼安撫使、馬步軍都總管；瀘州、潭州、廣州、桂州、雄州，則兼安撫使、兵馬鈐轄；穎昌府、青州、鄆州、許州、鄧州，則兼安撫使、兵馬巡檢。其餘大藩府，或沿邊州郡，或當一道衝要者，並兼兵馬鈐轄、巡檢都監，或帶沿邊安撫提轄兵甲、沿邊溪峒都巡檢。餘州軍則否，其屬官有無，及員數多寡，皆視其地望之高下，與職務之繁簡而置之。建炎元年，詔河北、京東西路，除帥臣外，舊差文臣知州去處，許通差武臣一次；後詔要郡帶本路兵馬鈐轄，次要郡帶本路兵馬都監。紹興三年罷。五年令郡守除授罷，並令上殿；凡從官出知郡者，特許不避本貫；詔應守臣以三年爲任。六年，詔控扼去處，守臣以三年爲任。九年罷，令郡守並帶提舉學事。孝宗乾道三年，令不任守臣，不爲郎。淳熙中，令郡守罷帶主管學事。

《台州府志》卷九〈職官表〉一亦謂：

> 太平興國三年，吳越王錢俶舉族歸京師，國除。《新五代史・吳越世系》。台州隨歸宋。《康熙志》。宋初，分命期臣出守列郡，號權知軍州事。《宋史・職官志》。軍謂兵，州謂民政。其後文武參爲知軍州事。

據《文獻通考》及《台州府志》所載，是軍州事一職，乃宋太祖開基未久所設，初號權知軍州事，用出替諸鎮，以釋兵權。知軍州事統轄兵、民、刑、學諸政，權責頗大，事務亦繁，其下有屬官，計通判、通官、推官、參軍各

若干員。惜振孫任職時，其屬官爲誰，《台州府志》均失載之。

宋之台州府領縣五，《台州府志》卷十一〈職官志〉三云：

> 宋台州臨海郡軍事縣五：臨海、黃巖、寧海、天台、仙居。《宋史‧地理志》。天台本台興，建隆元年改。《元豐九域志》。仙居本永安，景德四年改。《宋史‧地理志》。建隆三年始以朝官爲知縣，其間參用京官或幕職爲之。《宋朝事實》。差選人曰令，《雲麓漫鈔》。其縣除赤畿外，有望、緊、上、中、下。《文獻通考》。臨海、黃巖爲望，寧海爲緊，天台、仙居爲上。《宋史‧地理志》。上、中、下縣令皆從八品，《宋史‧百官志》。望縣、緊縣，令品未聞，蓋與上縣同也。《鄞縣志》。

是台州所領之五縣皆較富庶也。據《台州府志》卷十一〈職官表〉三載：

> 端平元年，知天台縣者爲曾塤，《康熙志》誤作損。知寧海縣者爲胡夢炎。三月到。《康熙志》無年分。

> 端平二年，知臨海縣者爲趙子寅，知仙居縣者爲張俌。

> 端平三年，知黃巖縣者爲豐雲房，以天台主簿權，《康熙志》：「字雲卿，四明人。」知仙居縣者爲趙善正。《萬曆仙居志》系嘉熙二年，今從《康熙府縣志》。

是則除張俌外，倘曾塤、胡夢炎、趙子寅皆三年一任，上述諸官員均爲振孫轄下之縣令矣。

《台州府志》卷十六〈職官表〉八載：

> 端平元年，任仙居縣丞者爲諸葛寅，任簿者爲趙汝淶。

> 端平二年，任仙居縣尉者爲潘驛。

至〈職官表〉八「端平三年」項下缺載，如諸葛寅等其時仍任原職，則亦振孫之屬員矣。

振孫既知台州，則其治所在臨海。《赤城志》卷五〈公廨門〉二云：

> 郡初治臨海，後徙章安，後又徙始豐，其復治臨海，又幾年于茲矣。度地既正，面勢亦均，脈絡聚而基礎高，于以宅邦君爲稱，惜頗廢陋。如衙鼓二樓不正，蟲於前而旁峙於左，是其一端也。豈負山爲郡，其規制止若是歟！然屋宅多架巉岩，危軒傑閣，旁湧側出，摘星辰而舞雲氣，視閭閻百倍。公退暇，杖藜輿竹，清賞幽討，豈不足以呼吸光潤，而增爲政之清明哉！自倅貳以下咸有舍，惟兵官監當官，多僦民屋，不書。

同書同卷「〈州治〉」條又云：

州治在州城西北大固山下，舊在山上，今永慶院蓋其處。按〈州廳壁記序〉：「州置大固山屈晃公居宅，以其地勝。立屈氏次子惠坦爲太守，改家爲州。」按：惠坦，吳人；而臨海郡置於太平二年，此建立之始也。後以峻不可躋，遂徙今地，而不知其徙之歲。續按：〈白雲延壽庵記〉庵即今永慶院。云：「昔爲鈴閣，當庵之中，後人遷于山之下，將一百載，刺史錢昱登山而望，遂置庵焉。」錢以乾德三年來守，以太平興國二年再守，逆而數之，唐大歷中適二百載焉。此固其徙之歲歟！自儀門設廳，修建各有本末，今列於左。

是則台州治所，初在大固山上，後徙山下，自是且多所修建。據《赤城志》所載，除儀門之設廳外，另如小廳、簽廳、鼓樓、衙樓、手詔亭、拜詔亭、班春亭、清平閣、見山閣、靜鎭堂、君子堂、節愛堂、霞起堂、凝思堂、雙岩堂、樂山堂、和青堂、集寶齋、參雲亭、玉霄亭、舒嘯亭、駐目亭、解纓亭、澄碧亭、瑞蓮亭、凝香閣、赤城奇觀、雙瑞軒、海臺、桃源、熙春館、和豐樓、多旨樓等，皆振孫接任前歷任州官所建者。檢《赤城志》，今猶可知如沈揆、章冲、齊碩、趙思重、黃章、黃𪩘、宗穎、趙資道、俞建、尤袤、劉坦之、周曄、喻珏、曾惇、葉甗、葛閎、李兼、元絳、江乙祖、史彌正、葉箋、錢文子諸人，皆對州治修建至有貢獻。

再考《台州府志》卷五十〈建置略〉一「〈城郭〉」條云：

府內署，在儀門東。康熙六年，郡守王綱肅重建。

是振孫辦公之府內署，乃面向儀門，每日流目西盼，怡然自得，而公退之暇，更不勝其尋幽探勝之樂也。

振孫任台州爲時雖短，然仍不忘傳錄書籍。陳樂素〈直齋書錄解題作者陳振孫〉三〈年歷〉云：

又據《續志》，是年十月到浙東提舉任，則在台州爲時甚暫。然《解題》卷十八《詅癡符》條云：「臨海李庚家藏書甚富。」而卷十九《崔國輔集》，亦傳自李氏者也。是知其於書之傳錄，幾於無在而不留意；使亂前曾仕於蜀，所獲當益富，而《解題》著錄益宏矣。

案：《解題》卷十八〈別集類〉下云：

《詅癡符》二十卷，御史臨海李庚子長撰。「詅」之義，衒鬻也。市人鬻物於市，誇號之，曰「詅」。原注：去聲。此三字本出《顏氏家訓》，以譏無才思而流布醜拙者，以名其集，示謙也。庚，乙丑進士，以

湯鵬舉薦辟入臺，家藏書甚富。

同書同卷十九〈詩集類〉上云：

《崔國輔集》一卷，唐集賢直學士、禮部員外郎崔國輔撰。開元十
三年進士，應縣令舉，爲許昌令。天寶中加學士，後以王鉷近親坐
貶。詩凡二十八首，臨海李氏本。後又得石林葉氏本，多六首。

觀是，則《訷癡符》、《崔國輔集》二書，確皆傳錄自臨海李庚家。而《訷癡
符》一書多達二十卷，倘非酷愛典籍如振孫者，何能迻錄而不憚煩若是耶！

端平三年，振孫曾撰就〈陳忠肅公祠堂記〉，此文後收入林表民所編《赤
城集》卷八中，其辭云：

故贈諫議大夫忠肅陳公，立朝著節，爲宋名臣，去之百有餘歲，其
精忠確論，絕識危行，士無賢不肖，皆口誦心慕，磊磊落落，若前
日事。孟子有言：「奮乎百世之上，百世之下聞者，莫不興起也。」
公之謂矣。始公事祐陵，爲諫官，首論蔡京交結外戚，謫監當。未
幾，以司攝，夕拜，又坐上時相書，言私史、邊費，謫外祠；遂入
黨籍，遷嶺表。甫自便，則又以子訟蔡氏不軌，謫通川；以進《尊
堯集》，謫天台。晚稍牽復，則又以飛語連徙南康、山陽以歿。其平
生出處本末如此。知、仁、勇，天下之達德也。士生斯世，維其知
不足以知，勇不足以行，仁不足以守，則至於敗名喪節，失國負身
而不恤。夫既知之矣，而行之或不決，守之或不固者，亡他焉，其
知之非眞知故也。是故三達德，以知爲首，而《大學》、《中庸》之
教，必於明德、明善拳拳焉。公之攻蔡氏不遺餘力，至以射馬擒王
爲喻。凡人孰不樂富貴而悲貧賤，公視美官若將浼己，而甘心於廢
放竄斥；凡人之蒙患難，始而安，中而悔，終而變者有矣。公坐謫
至六七不變，卒窮以死，可謂行之決而守之固矣。其論絕滅史學，
比之王衍，謂必有南北分裂之禍。方是時，天下承平，不見牙孽；
未三十年而其言信，雖灼兆食墨，撲著命繇，不足喻其先見之審也。
公之所以大過人者，豈非《大學》、《中庸》所謂明德、明善之君子，
而兼天下之達德者歟！公之在台凡五年，始至，無以居，借僦皆莫
與；末迺寓寶城之僧舍，故老相傳，能指其處。紹定癸巳，趙侯爲
州，訪公遺跡而得之。深惟昔賢遷謫之地，往往有祠，以見其高山
景行之意，如韓文公之於潮、蘇文忠公之於黃，邦人至今奉嘗不懈。

台人之於公，不可以莫之知也，迺即其處而祠焉。明年正月祠成，
擇郡士林表民掌之，取田之在官者十有二畝，畀寺僧以爲晨香夕燈
之費，而屬振孫爲之記。後學不佞，何足以識先儒之大節，竊嘗論
次其事如右，遂書以遺台人，使刻之。侯名必願，丞相忠定公嗣孫。
妙年擢世科，立身有家法，爲政識大體，歷數郡皆有循聲能名，他
舉錯率類是，不盡紀。今以直秘閣，知婺州。

案：此文中所提及之陳忠肅名瓘，字瑩中，南劍州沙縣人，《宋史》卷三百四
十五〈列傳〉第一百四有傳。振孫此〈記〉，於忠肅大節，推崇備至，均合符
史實。文中之趙必願，或作必愿，字立夫，丞相忠定公趙汝愚之文孫，《宋史》
卷四百一十三〈列傳〉第一百七十二有傳。其傳略云：

（紹定六年癸巳），詔依舊主管官告院兼知台州，一循大父之政，察
民疾苦，撫摩凋瘵，修養濟院，建陳瓘祠，政教兼舉。端平元年，
以直秘閣，知婺州。

是趙汝愚亦嘗知台州，故必愿乃得「一循大父之政」。史謂必愿「建陳瓘祠」，
參證振孫此〈記〉，是祠始建於紹定六年，而成於端平元年正月，祠成未久，而
必愿即「以直秘閣，知婺州」，故振孫〈記〉云：「今以直秘閣，知婺州。」〈記〉
與史傳正相吻合。且振孫此〈記〉末數語，頗暗示〈記〉之作年。竊謂必愿既
知台州，又嘗訪陳瓘遺跡而建祠紀念，則其對瓘之崇敬欽仰，固不在振孫之下；
而祠成之日，必愿已離台州而改知婺州。必愿抵婺任後，政事多如牛毛，[註7]
故無暇爲祠堂作〈記〉；及振孫知台州，乃以此事屬之矣。倘所推判不誤，則〈記〉
之作年當爲端平三年，意其時必愿仍在婺州任也。[註8]至對此〈記〉所載其
他事項詳予述釋，則俟於〈陳振孫之其他著作〉一章縷言之。

據《會稽續志》卷二所載，振孫以端平三年八月正除浙東提舉，常平茶
鹽事，十月二十八日到任，惟至嘉熙元年五月即改知嘉興府，任期較知台州
猶短，殊未悉其因由。陳樂素〈直齋書錄解題作者陳振孫〉三〈年歷〉云：

[註7]　《宋史》卷四百一十三〈列傳〉第一百七十二〈趙必願〉載：「端平元年，以
　　　　直秘閣知婺州。至郡，免催紹定六年分小户綾羅錢三萬緡有奇。立淳良、頑
　　　　慢二籍，勸懲人户。措置廣惠人君及諸人君積穀。奏乞寬減内帑綾羅，申省
　　　　免用舊例，預解諸色窠名錢，羅開化稅場。」觀是，必願知婺州，政事眞多
　　　　如牛毛也。
[註8]　案：直齋端平三年撰就〈陳忠肅公祠堂記〉，文末謂：「侯名必願，丞相忠定
　　　　公嗣孫。……今以直秘閣，知婺州。」則必願此年仍在婺州任。

在浙東亦才半載，嘉熙元年（1237）五月即改知嘉興府。

所考雖當，然所據者僅爲《會稽續志》耳，亦未有更多之文獻證據。

振孫所任浙東提舉，常平茶鹽公事。於提舉一職，《文獻通考》卷六十一〈職官考〉十五「〈提舉〉」條載：

> 提舉即漢居壽昌常平之任也。自衛李悝制平糴之法，漢人因之，則謂之常平焉。然漢特置倉，而猶領之大司農也。宋朝淳化中，建常平倉。景祐元年，令轉運司舉長史，舉所部官專領之，然猶隸漕臣。熙寧遣使提領，此蓋提舉常平之所始也。九年，府界畿內亦專置提舉平倉一員，不令司農丞兼領。提舉常平司操常平斂散之法，申嚴免役之政令；治荒脩廢，賑民艱阨，則隸提舉司。歲察所部廉能而保任之，若疲軟或犯法，則隨其職事劾奏。元祐初罷，紹聖九年復置。政和改元，詔江、淮、荊、浙六路共置茶鹽提舉一員。宣和三年，詔河北、京東路推行新法，鈔鹽可添置提舉官一員，此提舉茶鹽之所始也。既而諸路皆置。建炎元年，詔提舉常平司併歸提刑司。二年八月，復諸常平官，還其糴本，自青苗錢不散外，常平免役之政皆掌之。三年復置。四年，詔逐路提刑司、茶鹽司，並依舊分東西路。紹興二年，詔荊、湖北路復置提舉茶鹽司。四年，詔廣西茶鹽司官吏，並罷其職事，委漕臣。五年，詔諸路提舉常平併入茶鹽司，仍以提舉常平茶鹽等公事爲名。九年，置經制司，改常平官爲經制某路幹辦常平等公事；未幾，經制司罷，復爲常平官；久之，復置提舉東南以茶鹽司兼領，四川以提刑司兼領。乃別置官吏，然常平錢皆取以贍軍，令特掌義倉及水利、役法、賑濟等事而已，無復平糴之政矣。熙寧初置提舉常平司，勾當公事，於通判幕職內選差一員，不妨本職。紹興十五年，改爲幹辦公事，依漕屬例，此常平幹也。宣和三年，置茶鹽提舉屬官一員，此茶鹽幹也。故提舉司存二幹官以此。

據是，則提舉一職，自淳化建置以來，其置廢及職務凡數變矣。《宋史》卷一百六十七〈志〉第一百二十〈職官〉七亦載：

> 提舉常平司，掌常平義倉、免役、市場、坊場、河渡、水利之法，視歲之豐歉而爲之斂散，以惠農民。凡役錢，產有厚薄，則輸有多寡；及給吏祿，亦視其執役之重輕難易以爲之等。商有滯貨，則官

　　爲斂之，復售於民，以平物價。皆總其政令，仍專舉刺官吏之事。
　　熙寧初，先遣官提舉河北、陝西路常平。未幾，諸路悉置提舉官。
　　元祐初罷之，併其職于提點刑獄司。紹聖初復置，元符以後因之。
同書同卷又云：

　　提舉茶鹽司，掌摘山煮海之利，以佐國用，皆有鈔法，視其歲額之
　　登損，以詔賞罰。凡給之不如期，鬻之不如式，與州縣之不加恤者，
　　皆劾以聞。政和改元，詔江、淮、荊、浙六路共置一員，既而諸路
　　皆置。中興後，通置提舉常平茶鹽司，掌常平、義倉、免役之政令。
　　凡官田產及坊場、河度之入，按額拘納；收糴儲積，時其斂散以便
　　民；視產高下以平其役。建炎元年，常平職事併歸提刑司，錢歸行
　　在。二年，始復置常平官，還其糴本，未幾復罷。紹興二年，復置
　　主管。係提刑司，委通判或幕職官充。其後，置經制司，改常平官爲經制某
　　路幹辦常平等公事。未幾，經制司罷，復爲常平官。五年，戶部侍
　　郎王鈇言：「常平之設，科條實繁，其利不一，豈一主管官能勝其任？」
　　乃詔諸路提舉茶鹽官改充提舉常平茶鹽公事。如四川無茶鹽去處，
　　仍以提刑兼充，主管官改充常平司幹辦公事。是年冬，詔提舉官依
　　舊法爲監司，與轉運通判敘官，歲舉升政，官員有不職，則按以聞。
　　其後，常平錢多取以贍軍，所掌特義倉、水利、役法、振濟之事。
　　茶鹽司置官提舉，本以給賣鈔引，通商阜財，時詣所部州縣巡歷覺
　　察，禁止私販，按劾不法。其屬有幹辦官，既與常平合一，遂並行
　　兩司之事焉。

觀《宋史》此二條，不惟可知提舉常平、茶鹽二司之沿革與廢興，及二司所
執掌與紹興十五年奉詔二司之合一。振孫既除此官，則其職務至繁。又南宋
兩浙東路，所轄者兼及紹興、慶元二府，與台、溫、婺、處四州，是則振孫
之任浙東提舉，其權力所屆亦至龐大矣。

　　振孫由浙東提舉，改知嘉興府，《會稽通志》載之甚詳明，本無庸多辨。
惟厲鶚《宋詩紀事》卷六十五「〈陳振孫〉」條則云：

　　振孫字伯玉，號直齋，安吉縣人，端平中任浙西提舉，改知嘉興府，
　　嘗著《書錄解題》。

至紀昀撰《四庫全書總目》卷八十五〈史部〉四十一〈目錄類〉一「《直齋書
錄解題》二十二卷」條亦云：

宋陳振孫撰。振孫字伯玉，號直齋，安吉人。厲鶚《宋詩紀事》稱
其端平中仕爲浙西提舉，改知嘉興府。周密《癸辛雜識》莆田楊氏
子婦一條，稱陳伯玉振孫時以倅攝郡；又，陳周士一條，稱周士，
直齋侍郎振孫之長子。則振孫始仕州郡，終官侍郎，不止浙西提舉，
鶚蓋考之未詳也。

讀上述二條，則知賢博如厲、紀二公，亦誤以浙東爲浙西也。振孫確曾任浙
西提舉，惟事在知嘉興府後，故此事不容不辨。錢大昕《十駕齋養新錄》卷
十四「《直齋書錄解題》」條云：

厲鶚《宋詩紀事》稱端平中仕爲浙西提舉，改知嘉興府。考《會稽
續志・浙東提舉題名》有「陳振孫，端平三年二月初六日，以朝散
大夫知台州兼權，八月正除，十月二十六日到任。嘉熙元年五月改
知嘉興府。」是振孫由浙東提舉改知嘉興府，非浙西也。

又陳鱣《簡莊綴文》卷三「〈直齋書錄解題跋〉」條亦云：

《會稽續志・浙東提舉題名》有「陳振孫，端平三年二月初六日，
以朝散大夫知台州兼權，八月正除，十月二十六日到任。嘉熙元年
五月改知嘉興府。」是振孫由浙東提舉改知嘉興府，厲太鴻徵君《宋
詩紀事》作浙西提舉，誤也。

案：錢大昕、陳鱣二氏同據《會稽續志》以辨厲、紀說之非，所論至當。是
故《宋詩紀事》卷六十五「陳振孫」條實應改作：

端平三年仕浙東提舉，改知嘉興府。

至振孫之任浙西提舉，《湖錄》云：

嘉熙元年，改知嘉興府，升浙西提舉，舉行藥萬戶，停廢醋庫，邦
人德之。

是則振孫浙西提舉一任，確在知嘉興府後，厲太鴻不察，故有此誤耳。

振孫任浙東提舉，其治所即在會稽。宋施宿等《會稽志》卷一「越」條
云：

越在唐虞時，禹平水土，制九州，而越爲揚州之域。〈職方氏〉東南
曰揚州，其山鎮曰會稽。釋云：會稽在山陰。《舊經》云：「塗山在
山陰縣西北，禹會萬國之所在。」《左傳》：「哀公七年，魯大夫曰：
『禹合諸侯於塗山，執玉帛者萬國。』」杜預注云：「塗山在壽春東
北。」說者遂疑塗山非會稽。今塗山之名有四，會稽、壽春之外，

復有渝州之塗山，杜子美賦〈禹廟詩〉者。《文字音義》云：「盦音塗。山，古國名，夏禹娶之，今之宣州當塗縣也。」杜預獨指壽春之塗山，爲禹合諸侯之地，宜必有據。然按《史記・夏本記》：「贊曰：『禹會諸侯江南，計功而崩，因葬焉，命曰會稽。會稽者，會計也。』」裴駰注引《皇覽》曰：「禹冢在山陰會稽山上。會稽山，本名苗山，在縣南，去縣七里。《越傳》曰：『禹到大越，上苗山，大會計，爵有德，封有功，更名苗山，曰會稽。』」《家語》：「孔子曰：『昔禹致群臣於會稽之山，防風氏後至，禹殺而戮之，其骨專車。』」〈封禪書〉曰：「禹封泰山，禪會稽。」由是論之，禹既合諸侯於會稽，庸詎知魯大夫所謂塗山非會稽與？至夏后氏少康封庶子於會稽，以奉守禹之祀，文身斷髮，披草萊而邑焉。後二十餘世，至於允常。允常之時，與吳王闔盧戰而相怨伐。允常卒，子勾踐立，是爲越王。《舊經》云：「《春秋》貶之，號爲於越。」按《春秋》定公五年書：「於越入吳。」杜預曰：「於，發聲也。」《西漢》云：「太伯初奔荊蠻，荊蠻歸之，號曰勾吳。」顏師古云：「勾吳，亦猶於越也。太伯至德，初無貶詞，特從其俗爾。」《公羊》云：「於越者，未能以名通也。」《穀梁》范氏注云：「《春秋》即其所以自稱者書之。」然竊有疑焉。越於是時猶未預中國會盟，未嘗與中國通也。經書於越入吳，非越自稱明矣。豈書於經者，乃吳王告同盟之詞與？哀公二十一年，越人始來；二十三年，魯始使越，據此可知。且以勾踐爲君，而種、蠡爲臣，果未能以名通者乎？宋公十四年，吳伐越，越子勾踐禦之，陳於檇李，勾踐患吳之整也，使死士再擒焉。不動，使罪人三行屬劍於頸而辭曰：「二君有治，臣奸旗鼓，不敏於君之行。前不敢逃刑，敢歸死？」遂自剄也。師屬之目，越子因而伐之，大敗之靈姑，浮以戈擊闔盧。闔盧傷，將指取其一屨，還卒於陘，去檇李七里。夫差使人立於庭，苟出入，必謂己曰：「夫差，而忘越王之殺而父乎？」則對曰：「唯！不敢忘。」三年乃報越。哀公元年，吳王夫差敗越於夫椒，報檇李之役也。遂入越，越子以甲楯五千保會稽，使大夫種因吳太宰嚭以行成。吳子將許之，伍員曰：「勾踐能親而務施，施不失人，親不棄勞，與我同壤，而世爲仇讎，姬之衰也，日可俟也。介在蠻夷而長寇讎，以是求霸，必不行矣。」弗聽。三月，越及吳

平。《吳越春秋》謂：「吳封地百里於越。」《國語》曰：「勾踐之地，
南至于勾無，北至于禦兒，東至于鄞，以臨齊、晉，號令中國，以
尊周室，致貢於周，周元王使人賜勾踐胙，命為伯；諸侯畢賀，乃
徙都琅邪。」《漢書・地理志》云：「琅邪，越王勾踐嘗治此，起觀
臺，有四時祠。」《吳越春秋》亦云：「越王於此起觀臺，周七里，
以望東海。」勾踐卒，子王鼫與立；王鼫與卒，子王不壽立；王不
壽卒，子王翁立；王翁卒，子王翳立。王翳遜國，逃於巫山之穴，
越人薰而出之。王翳，遜國之賢君，蓋吳太伯之儔也。王翳卒，子
王之侯立；王之侯卒，子王無疆立。按此勾踐至無疆，實六世。《舊
經》云五世者，誤也。王無疆時，興師伐齊，西伐楚，與中國爭彊。
當楚威王時，越北伐齊。齊威王使人說越王，於是越遂釋齊而伐楚。
楚威王興兵而伐之，大敗越，殺王無疆，盡取故吳地；至浙江，北
破齊徐州，而越以此散。諸族子爭立，或為王，或為君，濱於江南
海上，服朝於楚。後七世，至閩君搖，佐諸侯平秦。漢高帝復以搖
為越王，以奉越後。東越閩君，皆其後也。

同書同卷「會稽郡」條亦云：

秦始皇二十五年，大興兵，使王翦遂定荊、江南地，降越君，置會
稽郡，治吳。二十六年，初并天下，用廷尉李斯議，分天下以為三
十六郡。郡置守、尉、監。郡守掌治其郡；有丞尉掌佐守，典武賦、
甲卒；監御史掌監郡。漢興，高皇帝六年，以其地封劉賈，為荊王。
黥布反，荊王賈死之，無後。十二年，封劉濞為吳王，王三郡五十
三城。孝景帝四年，吳王濞反，誅，乃復為會稽郡。《越絕外傳》曰：
「漢孝景五年，會稽屬漢。」屬漢者，始并之也。《舊經》云：「後
復屬江都國，江都王建有罪，國除，乃更為郡。」按《漢書・地理
志》「廣陵國」注：「江都易王，非廣陵，屬王胥皆都此，并得郭郡，
而不得吳。」劉貢父云：「然則會稽不得云屬江都也。吳朱育以強記
稱，且距漢未遠，仕本郡門下書佐。太守濮陽興問漢封諸侯事，而
育所對亦止言劉賈為荊王、濞為吳王，濞誅乃復為郡，治於吳，亦
不及屬江都事也。」《前漢志》領縣二十六，後漢順帝永建四年，分
浙江以東十四縣為會稽郡，治山陰。東晉為會稽國，改太守為內史。
宋武帝永初二年，罷會稽郡府，復為會稽郡，齊、梁、陳因之。隋

爲吳州，改越州；尋罷州爲會稽郡，依漢制置太守，以司隸、刺史相統治。唐武德四年爲越州；天寶元年，復爲會稽郡；乾元元年，復改爲越州。

同書同卷「越州」條又云：

越州，隋大業置，古會稽郡也，因國爲名，置刺史焉。按〈漢武帝紀〉：「元封五年，初置刺史，部十三州。」顏師古曰：「《漢舊儀》云：『初分十三州，假刺史印綬，有常治所，以秋分行部，所察六條，秩六百石，於是乃復〈禹貢〉九州之名，而增以周之幽、并，與漢所開之朔方、交趾，以爲十三州也。』」會稽自昔常隸揚州，晉王羲之爲會稽內史，王述爲揚州牧，檢校郡事；羲之恥之，求分會稽爲越州，不果，遂稱疾去郡，誓墓，終身不仕。其後至隋，而會稽卒爲越州，蓋本於此。宋、齊、梁、陳，會稽自爲東揚州，刺史不復受察於揚州，雖寖異古制，然猶未至盡廢刺史之職。或以刺史行太守事，如曰東揚州刺史領會稽太守，是也。隋制，舊有兵處刺史帶諸軍事以統之，如曰都督會稽等郡諸軍事，是也。或加使持節，隋唐而降，支郡皆稱刺史，但領一州，而以州統縣，與他州等，故又於此置總管府，以統其屬州。隋文帝初平江南，改曰吳州。大業中遂改爲越州，尋罷州置郡，以刺史十四人巡察畿外諸州，所察六條，略如漢制。唐武德四年，復爲越州，置總管，領州如故。未久，改總管爲都督，自是改更不常，郡則曰太守，州則曰刺史，其實一也。至乾元元年，遂爲越州。大抵越州，其實與會稽郡同，非復如漢十三州之重，刺史亦非復古之部刺史，但以總管、都督御制一道爾。

同書同卷「紹興府」條云：

建炎三年十月庚申，車駕自杭州巡幸，御樓船渡浙江，壬辰幸越州。四年四月癸未，御舟自溫、台回，駐蹕越州。明年正月一日，改元紹興，越州官吏、軍民、僧道上表乞賜府額。昔唐德宗以興元元年巡幸梁州，改梁州爲興元府。於是朝廷用興元故事，改越州爲紹興府。初車駕幸揚州，駐蹕逾年，又嘗經郊祀，然未嘗建爲府，則紹興蓋特恩也。車駕既移蹕臨安，首命前參知政事、資政殿學士張守知府事，故守〈謝到任表〉曰：「矧是肇新府號，久駐蹕聲。履勾踐之故樓，屬嘗膽抗戈之志；想神禹之遺跡，服卑宮菲食之勞。」又

〈謝賜行宮充本府治所表〉曰：「廣厦千間，已免震凌之患；土階三尺，尚存簡素之風。」皆言上駐蹕之久，而宮室無所增葺也。浙東提點刑獄曾晚，舊爲史官，見《日曆新書》：「紹興二年正月，車駕移蹕臨安。閏四月戊戌，詔紹興府行宮復作府治。上曰：『時方艱難，若不賜與，則須別建賜之，所以寬民力也。』」州額初題「越州」，大都督府既賜府額，當題云：「紹興大都督府。」而右朝奉大夫吳說乃題云：「大都督紹興府。」議者或非之。

綜上所記，是會稽，古屬越，秦時爲會稽郡，隋改越州，至南宋則改爲紹興府。其沿革變遷，《會稽志》言之甚詳，至足珍也。

會稽之提舉司，乃振孫履新後辦公之所在。《會稽志》卷三「〈提舉司〉」條云：

司治舊在府衙東一里，紹興末嘗以賜皇姪恩平郡王璩，而遷提舉司於鎮東門外，頗宏壯。已而復以新提舉司賜恩平，而司復還其舊，今治所是也。

《會稽續志》卷二「〈提舉司〉」條亦云：

提舉司在蕙蘭坊。其燕坐之所則有雲錦、植荷花。東窗澄齋、爰咨堂、風月堂。虛豁爽塏，可以瞻眺。下有方沼，前疊石爲山，老木三四，雜植花竹，其趣頗佳。

廳堂之右有小圃，中有二亭，曰扶疏，曰清逸。

是會稽提舉司治所雖一再更遷，其在蕙蘭坊內者，仍花木扶疏，景色怡人，且中多建齋、堂、亭、圃之屬，燕坐休憩其間，環境殊適意也。

如上所言，振孫任浙東提舉，端平三年八月正除，十月二十八日到任，嘉熙元年五月則改知嘉興府。《會稽續志》卷二「〈安撫題名〉」條載：

黃壯猷，端平元年十一月以朝請大夫、金部郎官除直秘閣，知。十二月十二日到任。三年十一月十五日除尚右郎官。

又載：

李鳴復，嘉熙元年二月以端明殿學士、朝奉大夫、簽書樞密院事、兼參知政事除資政殿學士，知。十七日到任，當年六月二十三日召赴行在，八月十六日除參知政事。

據上二條所記，是黃壯猷離安撫任前，李鳴復接此任後，均與振孫爲同僚矣。

同書同卷「〈提刑題名〉」條載：

曹豳，以浙西提舉除，端平三年二月二十九日到任，十一月十八日

召赴行在，除工部郎官，又除國子司業；未行，又除左司諫。

又載：

潘剛中，以太府寺丞除，嘉熙元年三月三日到任。二年閏四月二十三日召赴行在，除侍右郎官。

觀此二條，是曹豳、潘剛中二人皆曾任浙東提刑矣。豳端平三年十一月十八日赴行在前，剛中嘉熙元年三月三日到任後，均與振孫同時在紹興府任職矣。

第九節　知嘉興府與升浙西提舉

《會稽續志》卷二「〈提舉題名〉」條云：

陳振孫，……嘉熙元年五月改知嘉興府。

明王鏊《姑蘇志》卷四十二〈宦績門〉云：

陳振孫，字伯玉，安吉人。博通今古。爲浙西提舉，仰體祖宗恤民之意，舉行（藥）萬戶，停廢醋庫，邦人德之。

《湖錄》云：

嘉熙元年，改知嘉興府，升浙西提舉，舉行藥萬戶，停廢醋庫，邦人德之。

陳壽祺〈宋目錄家晁公武陳振孫傳〉云：

嘉熙元年，改知嘉興府，《會稽續志》。爲浙西提舉，體祖宗卹民之意，舉行（藥）萬戶，停廢醋庫，邦人德之。王鏊《姑蘇志》、董斯張《吳興備志》。

按伍氏《安吉志》作「舉行藥萬戶」，與王、董不同，未詳孰是。

案：據上四條所載，是嘉熙元年五月，振孫知嘉興府，後升浙西提舉，在任造福百姓，故邦人德之。《湖錄》所載，乃據《會稽續志》與《姑蘇志》者。《姑蘇志》「舉行萬戶」一句，「行」下脫「藥」字，遂令文章費解，《湖錄》作者依伍餘福《安吉州志》補之。惟陳壽祺小注仍謂「伍氏《安吉志》作『舉行藥萬戶』，與王、董不同，未詳孰是」；則殊欠慎思明辨矣。而《湖錄》此條「嘉熙元年」下，證之《會稽續志》，顯闕「五月」二字，故未甚精確，應據《會稽續志》添補。至振孫究於何時由知嘉興府一職改升浙西提舉，《會稽續志》未言及；《姑蘇志》與《湖錄》亦未明言。陳壽祺則列於嘉熙元年改知嘉興府後，殊不可靠。陳樂素〈直齋書錄解題作者陳振孫〉一「〈年歷〉」條云：

嘉熙元年（1237）五月即改知嘉興府。明王鏊《姑蘇志》卷四二〈宦績門〉載其曾爲浙西提舉，而無年，然卷廿四〈和靖書院〉條言：「嘉熙四年提舉陳振孫作藏書堂。」合之《解題》卷八所載，從平江虎丘寺御書閣傳錄《太宗御製御書目》、卷十二《景祐天竺字源》、卷十四《皇祐新樂圖記》、卷十天慶觀《道藏》借錄《造化權輿》等書，俱在己亥嘉熙三年，即其爲浙西提舉時也。

陳樂素另撰有〈略論陳振孫直齋書錄解題〉一「〈解題作者〉」條云：

嘉熙元年（1237），改知嘉興府，三年（1239），浙西提舉。

是樂素乃以嘉熙三年爲升任浙西提舉之年，並列舉《姑蘇志》卷廿四之〈和靖書院〉條及《解題》各卷爲證；觀是，則壽祺以嘉熙元年爲升浙西提舉之說，則無據而不立矣。

振孫既知嘉興府，有關嘉興府建置，《嘉興府志》卷二〈建置〉「〈嘉興府〉」條曰：

唐、虞，〈禹貢〉揚州之域。夏，揚州地。商，揚州地。周，揚州地。春秋時，吳、越二國境，後屬越。戰國屬楚。秦爲會稽郡。由拳、海鹽二縣。漢，會稽郡，地屬揚州部。東漢永建四年，分屬吳郡。三國吳，吳郡地。晉，吳郡地，屬揚州部。宋、齊、梁、陳並吳郡地。隋爲吳、餘杭二郡地。唐高祖時，爲蘇州地；明皇時，爲吳郡地；肅宗時，復爲蘇州地，屬江南東道。五代爲吳越錢氏地；晉時，錢元瓘奏分置秀州。宋，秀州屬兩浙路；寧宗時，升爲嘉興府。

《宋史》卷八十八〈志〉第四十一〈地理〉四「〈兩浙路〉」條亦云：

嘉興府，本秀州，軍事。政和七年，賜郡，詔曰嘉禾。慶元元年，以孝宗所生之地，升府。嘉定元年，升嘉興軍節度。崇寧戶一十二萬二千八百一十三，口二十二萬八千六百七十六。貢綾。縣四：嘉興、望。華亭、緊。海鹽、上。有鹽監，沙腰、蘆瀝二鹽場。崇德。中。

據上所載，是嘉興府，本爲秀州，宋寧宗慶元元年以孝宗所生地升府。所轄縣有四，即嘉興、華亭、海鹽、崇德也。至嘉興府之疆域，《嘉興府志》卷三〈疆域〉「〈嘉興府〉」條云：

在布政使司東北一百八十里，東西距一百五十里，南北距一百里。東至江南松江府華亭縣界六十里，西至湖州府歸安縣界九十里，南至杭州府海寧州界七十里，北至江南蘇州府震澤縣界三十里，東南

　　　　至江南松江府金山縣界一百五里，西南至杭州府仁和縣界一百里，
　　　　東北至松江府婁縣界六十里，西北至湖州府烏程縣界八十里。……
　　　　東西一百六十里，南北八十七里。東至松江華亭之楓涇六十里，即
　　　　平湖嘉善之東境；東北至蘇州長洲之章練八十里，即嘉善之東北境；
　　　　北至吳江之柿涇二十七里，即秀水之北境；西北至湖州烏程之烏鎮
　　　　五十里，即崇德之西北境；西至烏程之烏鎮一百一十三里，即桐鄉
　　　　之西境；西南至杭州仁和之金鵝鄉一百里，即崇德之西南境；東南
　　　　濱大海直隸金山衛一百五里，即平湖東南境；南際於海，即海鹽之
　　　　南盡境也。

是知嘉興府不惟戶口眾多，疆域亦頗廣大。振孫既知嘉興府，而肩此重任，
則其職守，豈易爲耶！有關宋時嘉興一府之官吏，屬員甚眾，《嘉興府志》卷
三十六〈官師表〉一「〈嘉興府〉」條云：

　　　　宋五代時，吳越國王奏置秀州刺史，僚屬無考。宋初爲秀州軍事置
　　　　知州一員。慶元元年，升爲嘉興府，稱知軍府事，其僚佐則有通判、
　　　　推官；其幕屬則有錄事參軍、戶曹參軍、司法參軍、司理參軍；其
　　　　學職則有教授。

惟檢《嘉興府志》卷三十六〈官師表〉「知軍府事」欄「嘉熙年」項下，則僅
載：

　　　　劉炳　史宅之元年夏在任，劉、袁〈志〉誤列嘉定。　　吳昌裔中江人，從《浙江通
　　　　志》增。　　方岳　王起宗

而獨遺陳振孫。《浙江通志》卷一百十五〈職官〉五「〈知嘉興府〉」條則僅
列四人，即：

　　　　劉炳　吳昌裔　方岳　王起宗

而脫史宅之。若據《嘉興府志》卷三十六〈官師表〉一「知軍府事」欄所載，
史宅之嘉熙元年夏仍在任，則其離嘉興府當在五月之前，否則與《會稽續志》
所載振孫嘉熙元年五月改知嘉興府一事至相衝突。竊疑劉、袁二〈志〉作「嘉
定」未必誤，故《浙江通志》無其名。是則《嘉興府志》之〈官師表〉「史宅
之」姓名或應改作「陳振孫」；而《浙江通志》所載「劉炳」與「吳昌裔」之
間，或應增補陳振孫之名也。鄙見如此，是耶非耶，讀者無妨自辨之。

　　《嘉興府志》卷三十六〈官師表〉一「判官」欄「嘉熙年」項下有林輝
之名，同書卷三十七〈官師表〉二〈嘉興縣〉「簿」欄「嘉熙年」項下載：

黃逢時。長溪人，嘉熙二年特奏名。

同書卷四十〈官師表〉五〈鹽職〉「嘉熙年」項下「鮑郎場」欄又有周應旂、趙希槻；「監澉浦鎮稅」欄有曾群。

又《浙江通志》卷一百十五〈職官〉五「〈兩浙總管斡轄司〉」條載：

楊應龍　陳源已上理宗時任。

又「〈兩浙兵馬都監〉」條載：

王霆字定叟，東陽人，副監。　王安節副監。已上理宗時任。

上引可知其時任嘉興府判官林輝，嘉興縣主簿黃逢時，鮑郎場鹽監周應旂、趙希槻，澉浦鎮稅監曾群，兩浙總管斡轄司楊應龍、陳源，兩浙兵馬都監王霆、王安節，均振孫之部屬。

振孫由知嘉興府調升浙西提舉，依陳樂素考證其事在嘉熙三年，大抵合符事實。在任期間，除舉行藥萬戶，停廢醋庫以造福邦人外，又於和靖書院作藏書堂，甚有功於當地文化教育。《姑蘇志》卷二十四〈學校書院附〉條及錢穀《吳都文粹續集》卷十二載袁裒〈尹和靖遷書院記跋〉，云：

和靖書院祀宋尹肅公，初公讀書虎邱西庵，題齋曰「三畏」。嘉定七年，士人黃士毅請於知府陳帝，繪象祀之。端平二年，胡淳請即其地為學，司倉曹豳因奏之，書院以「和靖」為額。齋凡四，曰：三省、務本、明來，時習。提舉馬述建君子堂。嘉熙四年，提舉陳振孫作藏書堂。

案：袁〈跋〉提及之尹肅公名焞，字彥明，據《宋史》，謂其年十二應進士，舉策問時，議誅元祐黨籍，不對而出。靖康初，賜號和靖處士，有集八卷，名《和靖集》。振孫為提舉時，即就和靖書院作藏書堂，以紀念尹肅公，此亦恐與振孫畢生嗜書不無關係。今考振孫於浙西提舉任內訪書事，《解題》所記凡數則，卷八〈目錄類〉載：

《太宗御製御書目》一卷，玉宸殿所藏，兼有真宗御製序十四篇。今本稍多，而無序文。《真宗御製碑頌石本目錄》一卷，凡九十名件。乾興所刊版。

《龍圖閣瑞物寶目》、《六閣書籍圖畫目》共一卷，玉宸殿書數附。已上平江虎邱寺御書閣有原頒降印本，傳寫得之。

同書卷十〈雜家類〉載：

《造化權輿》六卷，唐豐王府法曹趙自勔撰。天寶七年表上。陸農

師著《埤雅》頗采用之，其孫務觀嘗兩爲之跋。余求之久不獲，己
亥歲從吳門《天慶道藏》中借錄。

同書卷十二〈神仙類〉載：

《雲笈七籤》一百二十四卷，集賢校理張君房撰。凡經法、符籙、
修養、服食以及傳記，無不畢錄。祥符中，君房貶官，會推崇聖祖，
朝廷以祕閣道書付杭州，俾戚綸等校正。王欽若薦君房專其事，銓
次爲此書。頃於莆中傳錄，纔二冊，蓋略本也。後於平江《天慶道
藏》得真全，錄之。

同書同卷〈釋氏類〉載：

《景祐天竺字源》七卷，僧惟淨等集進。以華梵對翻，有十二轉聲、
三十四字母，各有齒、牙、舌、喉、唇五音。仁宗御製序，鏤板頒
行。吳郡虎丘寺有賜本如新，己亥借錄。

同書卷十四〈音樂類〉載：

《皇祐新樂圖記》三卷，屯田員外郎阮逸、光祿寺丞胡瑗撰。凡十
二篇，首載詔旨，次及律、度、量、衡、鼓鼎、鸞刀，圖其形製，
刊版頒之天下。虎丘寺有本，當時所頒，藏之名山者也。其末志降
歲月，實皇祐五年十二月二十一日，用蘇州觀察使印，長、貳押字。
余平生每見承平故物，未嘗不起敬，因錄藏之，一切依元本摹寫，
不少異。

上列所引《解題》，所言及己亥者，乃嘉熙三年。而言平江、吳門、吳郡、蘇
州，名異而實同，均即平江府，乃兩浙西路治所也。上引《解題》所記訪書
事，皆振孫嘉熙三年浙西提舉任內所爲者，無疑矣。

如上所述，振孫作藏書堂與訪書諸事，均多與虎邱山相涉。姑於以下略
考虎邱山之情狀，以見振孫遊蹤之一斑。

《姑蘇志》卷八「〈山上〉」條云：

吳中諸山，奇麗瑰絕，實東南之秀，地理家謂其原自天目而來，發
於陽山。今紀自陽山，分華鹿而南，迤邐天平，盡於靈巖；別由穹
隆而東，盡於楞伽以及湖中諸山。若虎丘，於諸山最小，而名勝特
著，且非有所附麗，故首列之。

又云：

虎丘山，在府城西北七里。《吳越春秋》云：「闔閭葬此，以扁魚腸
劍各三千爲殉。越三日，金精結爲白虎，踞其一，改名。」唐避諱，
改武丘。又名海湧峰，遙望平田，中大峰、耳比，入則奇勝萬狀，
其最者爲劍池。兩崖劃開，中涵石泉，深不可側；相傳秦皇發闔閭
墓，鑿山求劍，無所得，其鑿處遂成深澗，今名劍池。顏眞卿書「虎
丘劍池」四字，石刻猶存。其前爲千人坐，蓋神僧竺道生講經處。
大石盤陀，經畝高下平衍，可坐千人。唐李陽冰篆書「生公講臺」
四字，分刻四石，今失其一。臺側有點頭石，上有可中亭，取劉禹
錫詩語，本名可月，今誤稱云。又有白蓮池，在臺之左，相傳説法
時，池生千葉蓮花，故名。又有試劍石、憨憨泉、養鶴澗、回儽徑、
石井泉。泉即張又新所品第三泉也。晉王珣嘗據爲別墅，山下因有
短簿祠。珣記云：「虎丘大勢，四面周迴。嶺南則是山徑，兩面壁立，
交林上合。蹊路下通，升降窈窕不卒。」《吳地記》亦云：「虎丘絕
品聳壑，茂林深篁，爲江左丘壑之表。吳興太守褚淵嘗經遊其地，
淹留數日，歎曰：『今之所稱，多過其實，惟睹虎丘，逾於所聞。』
劉宋何求及弟點胤，陳顧越、唐史德義，並隱此山。」舊有東西寺，
即王氏二墅，皆在山下；今雲巖寺在山上，而二寺俱廢。又有望海
樓、小吳軒、致爽閣、陳公樓、五臺山樓、千頃雲閣，他勝處尚多，
不能悉載。

振孫既常訪書虎丘寺，則其遊屐所至，必遍覽虎丘山名勝矣。

振孫任浙西提舉，治所即平江府，乃姑蘇也。有關姑蘇沿革，《姑蘇志》
卷七「〈沿革〉」條載：

蘇州府治，吳，〈禹貢〉揚州之城，至周，泰伯讓國來奔，始號句吳。
武王克殷，因以封其後，至壽夢益大。諸樊南徙吳，闔閭始築城，
都之。吳亡，其地入越。楚滅越，以其地封春申君。秦置會稽郡，
治吳。項梁起兵吳中，遂有其地。漢高祖六年，立從兄賈爲荊王，
更會稽爲荊國，都吳；及賈被殺，國除，復爲會稽郡。十二年，以
封兄子濞；濞誅，國除，復爲郡。元封元年，東越平，以其地來屬，
而立東部都尉。順帝時，分浙江以西爲吳郡，領縣十三；以東爲會
稽郡。三國爲吳郡，領縣十五；寶鼎元年，割陽羨、永安、餘杭、
臨水、烏程，屬吳興郡。統縣十一，與吳興、丹陽，號三吳。二年，

分置毘陵郡。東晉爲吳國置内史，行太守事。宋永初中，罷吳國，仍爲郡，領縣十二；元嘉中，以揚州、浙江西屬司隸校尉；大明七年，割屬南徐州；八年，屬揚州，齊因之。梁初，分婁縣地，置信義；侯景之亂，改吳州，尋復爲郡。陳永定二年，割鹽官、海鹽屬海寧郡；禎明元年，分置吳州，以錢塘爲屬郡。隋開皇九年，改蘇州，以姑蘇山爲名。領縣五；十一年，移治橫山。大業初，復改吳州；三年，仍改吳郡。隋末，劉元進、沈法興、李子通相繼據之。唐武德四年，復爲蘇州，置總管；六年，輔公祏陷之；七年，平公祏，置都督，督蘇、湖、杭、暨四州，州復舊治；九年，罷都督，屬潤州。貞觀元年，隸江南道。神龍二年，隸本道巡察使。景龍二年，隸按察使。景雲二年，隸揚州都督。開元二十一年，置採訪使，爲江南東道理所。天寶元年，改吳郡，尋復爲州。從此通稱爲蘇州吳郡。乾元元年，屬浙江西道節度使；二年，置長州軍。永泰元年，改節度爲處置觀察使。大曆十三年，爲雄州，領縣七。黃巢之亂，錢鏐奄有浙西。光啟三年，六合鎮將徐約攻陷蘇州。龍紀元年，鏐遣其弟銶討約，破走之。大順元年七月，楊行密將李友陷蘇州；九月，孫儒圍蘇州；十一月陷之，殺李友。二年，鏐復平蘇州。乾寧三年，楊行密將臺濛陷蘇州。五年，鏐討平之。梁開平二年，楊行密復圍蘇州；三年，鏐復討平之，割吳縣地，置吳江縣。後唐同光二年，升中吳軍。晉天福三年，析嘉興，置崇德縣；四年，置秀州。宋開寶八年，改平江軍節度，仍爲蘇州，屬江南東道。太平興國三年，錢俶納土，屬兩浙路，置轉運使。熙寧七年，屬浙西路。政和五年，升平江府。以徽宗嘗節鎮。宣和五年，置浙西提舉司。建炎四年，置浙西提點刑獄司，並治於此。嘉定十年，割崑山地，置嘉定縣，凡領縣六。吳、長洲、崑山、常熟、吳江、嘉定。

是姑蘇、蘇州、吳郡、秀州、平江府，均屬同一地，惟其名歷代有所更易耳。政和五年乙未（1115），以徽宗嘗節鎮於此，乃升蘇州爲平江府。至浙西提舉司，則宣和五年癸卯（1123）所置。而平江府之爲治所，則始於建炎四年庚戌（1130），而前此兩浙西路之治所則在杭州也。

宋平江府之疆域，雖領吳、長洲、崑山、常熟、吳江、嘉定六縣，然面積卻不甚廣。《姑蘇志》卷七「〈疆域〉」條云：

蘇財賦甲天下，然其土壤不甚廣也，況江湖之間，水居其半焉，觀
其疆域可以知。

又曰：

宋平江府領縣六，東西三百二十五里，南北三百里。東至海二百二十里，
西至常州界一百三十二里，南至秀州界一百一十里，北至江一百八十里，東南到秀州界一百
五十里，西南到湖州烏程縣界一百三十里，東北到海二百三十里，西北到常州界五十里，以
烏角溪爲界。

是平江府面積雖較小，四境交通仍方便。而振孫日常辦公所在，猶可考得。
《姑蘇志》卷二十二「〈官署〉」條云：

提舉常平茶鹽司，在子城外東，即舊鹽香衙也。紹興初建，咸淳四
年宋遇再建後堂，十年權使事潛說友重創廳事。廳事之東有觀風堂，
米友仁書榜。池旁有假山，扁曰「壺中林壑」，寶祐六年改觀風，張即之書。池
上二亭，南曰揚清，北曰草堂。廳之西有宸翰閣，亦友仁書扁。東北有
宣惠堂，淳祐三年，程以升重建。後舊有皇華堂，吳說書額。紹興二十年，王珏重
修。紹定四年，袁肅移建於宣惠堂後，池北刻〈皇華〉詩於壁，自爲之記。皇華之東又
有尊美堂；亦紹定中建。其上有達觀樓，後有清意亭。淳祐中，趙與爾建。
廳之東側有頤齋，後有圃，扁曰「春熙」，圃中有望雲臺，紹興末，楊
和、王子俊持節時作。池旁有綉春堂，淳熙十五年，史彌正建，范成大書額，即舊皇
華堂。嘉熙中，趙崇暉重創草堂，揭以此額。池中有鑑止亭。史彌遠作。

是浙西提舉常平茶鹽司廳事東西兩面，建置有堂、閣、亭、臺、齋、圃至多，
其中雖有振孫離任後始興築者，惟而今悠然緬思，則周遭景色殊不俗也。

浙西提舉常平茶鹽司附設有常平僉廳、幹辦公事廳、添差幹辦公事廳、
茶鹽司幹辦公事廳。諸廳位置及沿革，《姑蘇志》同卷同條亦載之：

常平僉廳在正廳西南，紹定中重建。袁肅題會議之所曰「公是堂」，
又爲〈記〉。幹辦公事廳二：一在檢法廳北，嘉定十六年沈省會刻石
題名；一在郡樓西，後改添差幹辦廳。添差幹辦公事廳，即郡樓西
廳舊治也。端平二年，楊權重修，有〈記〉。淳祐二年，趙與訔名曰
「諧清堂」，取葉適詩語。茶鹽司幹辦公廳有二：一在醋庫巷惠民藥
局東，一在譙樓東，後改發運司僉廳。

上引各廳，應均由振孫管治，其中茶鹽司辦公廳有「醋庫巷」、「惠民藥局」
諸稱謂，是提舉常平茶鹽司固兼管醋庫及藥局矣。前此嘗引《姑蘇志》卷四

十二〈宦績門〉及《湖錄》，均載振孫升浙西提舉，舉行藥萬戶，停廢醋庫，邦人德之。斯乃振孫任內之德政，固無庸置疑矣。

振孫既於嘉熙三年除浙西提舉，任內同僚及屬官，今可考得者僅寥寥數人。《姑蘇志》卷三〈古今令表〉中「知府」欄載：

> 史宅之，嘉熙二年閏四月二十四日以朝議大夫、徽猷閣待制知平江
> 府，兼浙西提舉。六月八日，節制許浦都統司水軍；十八日，節制
> 在府軍馬。三年正月一日，召赴行在。
>
> 趙與𥲅，嘉熙三年四月十三日以中奉大夫、直敷文閣知平江府，兼
> 浙西兩淮發運副使。淳祐元年二月除中書門下省檢正諸房公事。
>
> 史宅之，淳祐元年三月初九日以煥章閣直學士、大中大夫再知平江
> 府，節制許浦水運兼浙西兩淮發運副使，提領措置和糴。

據是，則知振孫由知嘉興府改升浙西提舉，必在史宅之嘉熙三年正月一日赴行在之後，蓋其升遷乃接替宅之也。倘此推判不誤，則振孫上任時間或與與𥲅嘉熙三年四月十三日知平江府之時相距不遙。史被召赴行在，所任職責乃由趙、陳分承。若將嘉熙三年四月十三日前後，視爲振孫改升浙西提舉抵任之期，所考或較樂素僅言嘉熙三年爲確鑿也。

至振孫何時離浙西提舉之任？竊疑不應遲於淳祐元年二月，亦即與𥲅除中書門下省檢正諸房公事時。蓋《姑蘇志》既言史宅之淳祐元年三月初九日再知平江府，提領措置和糴，亦即接掌回趙、陳職任。趙既另除他職，振孫此時亦必另有差遣，此似無須懷疑者也。

《姑蘇志》卷四〈古今守令表〉下「常熟」欄又載：

> 戴衍，奉議郎，嘉熙元年到任。趙師簡，通直郎，嘉熙四年到任，
> 淳祐三年滿。

是戴衍，嘉熙元年至四年出任常熟令；趙師簡，嘉熙四年接任，任職至淳祐三年。戴、趙，皆振孫任內屬官，今可考得者，僅此二人而已。

第十節　任職郎省與除國子司業

徐元杰《楳埜集》卷七〈陳振孫授國子司業制〉云：

> 敕：辟雍海流，道德之富，師儒左右，責任惟均。蓋必極天下之選，
> 斯可副天下之望。爾振孫研精經術，有古典刑，揚歷滋深，靖是自

若，予環郎省，位未稱德，朕心慨焉。陟樂正以貳司成，僉論茲允。
尚祇厥職，罔俾陽城韓愈專美有唐。維時欽哉，以稱朕意。可。

案：陳鱣《簡莊綴文》卷三〈直齋書錄解題跋〉云：

《癸辛雜識》別集載徐元杰一條，知振孫於淳祐四年官國子司業。

陳樂素〈直齋書錄解題作者陳振孫〉三「〈年歷〉」條亦云：

又徐元杰《楳埜集》卷七〈除國子司業制〉，據《宋史》卷四二四本
傳，元杰權中書舍人在論史嵩之起復而杜範入相之前，則直齋除司
業乃淳祐四年（1244）秋冬間事；與翌年六月元杰暴亡，《癸辛雜識》
別集載少司成陳振孫有疏，時期相應。

考《宋史》卷四百二十四〈列傳〉第一百八十三〈徐元杰〉云：

丞相史嵩之丁父憂，有詔起復，中外莫敢言，惟學校叩閽力爭。元
杰時適輪對，言：「臣前日晉侍經筵，親承聖問以大臣史嵩之起復，
臣奏陛下出命太輕，人言不可沮抑。陛下自盡陛下之禮，大臣自盡
大臣之禮，玉音賜俞，臣又何所容喙。今觀學校之書，使人感歎。
且大臣讀聖賢之書，畏天命，畏人言。家庭之變，哀戚終事，禮制
有常。臣竊料理何至於忽送死之大事，輕出以犯清議哉！前日昕庭
出命之易，士論所以凜凜者，實以陛下為四海綱常之主，大臣身任
道揆，扶翊綱常者也。自聞大臣有起復之命，雖未知其避就若何，
凡有父母之心者，莫不失聲涕零，是果何為而然？人心天理，誰實
無之，興言及此，非可使聞於鄰國也。陛下烏得而不悔悟，大臣烏
得而不堅忍？臣懇懇納忠，何敢詆訐，特為陛下愛惜民彝，為大臣
愛惜名節而已。」疏出，朝野傳誦。帝亦察其忠亮，每從容訪天下
事，經筵益申前議。未幾，夜降御筆黜四不才臺諫，起復之命遂寢。
元老舊德次第收召，元杰亦兼右司郎官，拜太常少卿，兼給事中，
國子祭酒，權中書舍人。杜範入相，復延議軍國事。為書無慮數十，
所言皆朝廷大政，邊鄙遠慮。每裁書至宗社隱憂處，輒閣筆揮涕；
書就，隨削稿，雖子弟無有知者。六月朔，輪當侍立，以暴疾謁告。
特拜工部侍郎，隨乞納祿，詔轉一官致仕。夜四鼓，遂卒。

同書卷四百一十四〈列傳〉第一百七十三〈史嵩之〉云：

（淳祐）四年，遭父喪，起復右丞相兼樞密使。累賜手詔，遣中使
趣行。於是太學生黃愷伯、金九萬、孫翼鳳等百四十四人，武學生

翁日善等六十七人，京學生劉時舉、王元野、黃道等九十四人，宗
學生與寰等三十四人、建昌軍學教授盧鉞，皆上書論嵩之不當起復。
不報。將作監徐元杰奏對，及劉鎮上封事，帝意頗悟。

同書卷四百七〈列傳〉第一百六十六〈杜範〉云：

（淳祐）四年，遷同知樞密院事。以李鳴復參知政事，範不屑與鳴復
共政，去之。帝遣中使召回，且敕諸城門不得出範。太學諸生亦上書
留範而斥鳴復，並斥嵩之。嵩之令諫議大夫劉晉之等論範及鳴復，範
遂行。會嵩之遭喪，謀起復不果，於是拜範右丞相，範以遜游侶，不
許，遂力疾入覲。帝親書「開誠心，布公道，集眾思，廣忠益」賜之。

據上所引，是簡莊、樂素均謂振孫於淳祐四年除國子司業，其所據以立說者，
乃《宋史》徐元杰、史嵩之、杜範三傳，殊非僅憑《癸辛雜識》也。

惟振孫除國子司業前，似曾任三省郎官，徐元杰所撰〈陳振孫授國子司
業制〉中即有「予環郎省」一語，應可證明。蓋理宗以振孫既「研精經術，
有古典刑，揚歷滋深，靖退自若」，即謂其品學兼優，倘僅屈任郎官之職，實
屬「位未稱德」，故有「朕心慨焉」之歎。於是頒下制書，「陟樂正以貳司成」，
而授以振孫國子司業之職。據上述分析，則振孫自淳祐元年二月離浙西提舉
任，即與趙與篡同至京師，閱《姑蘇志》卷三〈古今宋令表〉「知府」欄，知
與篡所除者爲中書門下省檢正諸房公事，而振孫則出任三省之郎官，職位與
趙與篡正相捋也。

有關趙與篡所除之職，《宋史》卷一百六十一〈志〉第一百一十四〈職官〉
一「〈檢正官〉」條云：

檢正官，五房各一人，掌糾正省務。熙寧三年置，以京朝官充選人，
即爲習學公事。官制行，罷之，而其職歸左右司。建炎三年，中書
門下省言：「軍興以來，天下多事，中書別無屬官。元豐以前，有檢
正官，後因置左右司，遂不差，致朝廷及應報四方行移稽留，無檢
舉催促。今欲差官兩員充中書門下省檢正諸房公事。內一員檢正吏、禮、
兵房，一員檢正戶、刑、工房。」從之。至次年，詔並罷。紹興二年，詔中
書門下省復置檢正官一員。

是則檢正官職責，在糾正省務，檢舉催促朝廷及應報四方行移，毋使稽留。
初，五房各置一員，建炎三年始改置二員，後罷此職，至紹興二年復置一員。
是則趙與篡除此官後，以一人之力而須檢正六房公事矣。

至振孫所任職位，竊以爲最適宜者乃除尚書省之員外郎，其地位略低於與籌；最高則不過爲郎中，乃與與籌官位相等。《宋史》卷一百六十一〈志〉第一百一十四〈職官〉一「〈左司郎中、右司郎中、左司員外郎、右司員外郎〉」條云：

> 左司郎中、右司郎中、左司員外郎、右司員外郎，各一人，掌受付
> 六曹之事，而舉正文書之稽失，分治省事：左司治吏、戶、禮奏抄
> 班簿房，右司治兵、刑、工案抄房，而開拆、制敕、御史元豐六年，都
> 司置御史房，主行彈糾御史案察失職。催驅、封樁、印房，則通治之；有稽滯，
> 則以期限舉催。

觀是，尚書省郎官之職責與中書省檢正官約略相同，此項工作殊繁瑣而無關學術，對好學深思如振孫者甚不適宜，無怪乎徐元杰代理宗所擬制書乃云「予環郎省，位未稱德」矣。

余據「予環郎省」一語以推判振孫離浙西提舉後，至除國子司業前，曾任職尚書省郎中或員外郎。此點乃自宋迄今，無人道及之者。其是非當否，容俟後人持續探研。惜文獻不足，至今仍無法考出振孫於尚書省所任者究爲何職，殊可惋耳。綜上所考，振孫若嘗任官尚書省，乃始淳祐元年二月，以迄淳祐四年秋冬間，凡三載有餘矣。

振孫既除國子司業，其職任如何？據《宋史》卷一百六十五〈志〉第一百一十八〈職官〉五「〈國子監〉」條載：

> 元豐官制行，始置祭酒、司業、丞、主簿各一人，太學博士十人，
> 正、錄各五人，武學博士二人，律學博士、正各一人。祭酒掌國子、
> 太學、武學、律學、小學之政令，司業爲之貳，丞參領監事。凡諸
> 生之隸於太學者，分三舍。始入學，驗所隸州公據，以試補中者充
> 外舍。齋長、諭月書其行、藝於籍。行謂率教不戾規矩，藝謂治經
> 程文。季終考於學諭，次學錄，次學正，次博士，然後考於長、貳。
> 歲終校定，具注於籍以俟覆試，視其校定之數，參驗而序進之。凡
> 私試，孟月經義，仲月論，季月策。公試，初場以經義，次場以論、
> 策。試上舍如省試法。凡內舍，行、藝與所試之等俱優者，爲上舍
> 上等，取旨命官；一優一平爲中，以俟殿試；一優一否或俱平爲下，
> 以俟省試。唯國子生不預考選。凡課試、升黜、教導之事，長、貳
> 皆總焉。車駕幸學，則率官屬諸生班迎，即行在距學百步亦如之。

凡釋奠于先聖、先師及武成王，則率官屬諸生共薦獻之禮。歲計所
隸三舍生升降多寡之數，以爲學官之殿最賞罰。

是則司業爲祭酒之貳，工作至繁重也。《咸淳臨安志》卷十一〈行在所錄〉「〈學
校〉」載有長樂劉季裴記、餘杭虞似良書之〈監學官題名〉一文，可與《宋史》
相發明，其文曰：

乾道二年夏四月，〈監學官題名〉成。始題名也，兩學俱隸於監，祭
酒秩四品，司業六品，常擇威重有行實者爲之掌，凡監學之教令與
其政治，其屬博士，專掌鼓篋孫業之事，國之公卿、大夫、士子之
子弟與夫四方之選士學焉。正、錄佐博士以施教典，稽其功緒，糾
其德行，考其才藝，書其如法者，識其不如法者，以達於博士；博
士以聞於祭酒、司業，而升黜之，故均謂之學官。監有丞，以治簿
書、令、財賦。其次有簿，凡監之小事聽焉。此其大略也。今夫有
職必有事，由國子監而上，秩高而選精，則職事愈繁。故語職優事
簡，往往必反學官。學官無他吏責，惟專以傳道授業，論古今成敗，
考諸儒同異爲事，群居侃侃，如在洙泗，此固可樂也。季裴職在東
膠，敢志其所始。太學成於紹興十三年，武學成於二十六年，凡任
祭酒者八人，司業二十人，國子、太學、武學，博士合四十有六人、
丞十有八人，簿十六人，正、錄、武學諭五十四人。先是筦書庫，
爲者凡十人，今不復置，皆以年月先後爲之序，庶來者得以次列云。

至振孫任職國子監，其具體情況，《咸淳臨安志》卷八〈行在所錄〉「〈諸
監〉」條云：

國子監在紀家橋。紹興三年六月奉詔即駐蹕所在，學置監，仍置博
士二員，以太學生隨駕者三十六人爲監生。十三年，臨安守臣王晚
請即錢塘縣西岳飛宅造國子監。從之。繪魯國圖，東西爲丞、簿位，
後爲書庫官位，中爲堂，繪〈三禮圖〉於壁，用至道故事也。餘見《續
修太學志》。

同書卷十一〈行在所錄・學校〉「〈太學〉」條又云：

太學在前洋街，理宗皇帝御書二字爲扁。紹興十二年，詔禮部討論
太學養士法，仍令臨安府權於府學，措置增廣，遂置祭酒、司業、
博士、正、錄，定養士額。十三年六月，臨安守臣王晚即岳飛宅建
學成，互見〈國子監〉。詔禮部侍郎兼直學士院王賞爲〈記〉。今不存，賞《集》

中亦逸。晚又括民間冒占白地錢爲養士費,給監學生綾紙、監帖。十四年,司業高閎等請車駕臨幸,詔從之。遂以三月己巳祇謁先聖,止輦大成殿門外。禮畢,御敦化堂,命高閎講《易·泰卦》,賜諸王席於廡下,啜茶而退。遂幸養正、持正二齋,學官、生員恩數各有差。越六日,內出御製御書〈宣聖贊〉,命揭置大成殿。二十五年,又製〈七十二賢贊〉,親札付臨安府刻石。孝宗皇帝以淳熙四年十月乙亥,寧宗皇帝以嘉泰三年正月戊戌臨幸紹興禮。淳祐元年正月,理宗皇帝將視學,首降御筆陞周敦頤等五臣從祀,而削王安石,曰:「朕惟孔子之道,自孟軻後不得其傳。至我朝周敦頤、張載、程顥,真見力踐,深探聖域,千載絕學,始有指歸。中興以來,又得朱熹,精思明辨,表裏渾融,使《中庸》、《大學》、《語》、《孟》之書,本末洞徹,孔子之道益以大明於世。朕每觀五臣論著,啓沃良多。今視學有日,宜令學宮列諸從祀,以示朕崇獎儒先之意。」又曰:「王安石謂天變不足畏,祖宗不足法,人言不足信。此三語爲萬世之罪人,豈宜崇祀孔子廟庭,合與削去,於正人心,息邪說,關係不小,令國子監日下施行。」迺以戊申行禮,頒御製〈伏羲以下道統十三贊〉,宣示諸生。七年三月,御書朱熹〈白鹿洞規〉以賜。

觀上所載,固知南宋之國子監,乃紹興十三年就錢塘縣西岳飛宅建造而成,高宗、孝宗、寧宗、理宗均曾臨幸及視學其間。理宗陞周敦頤等五臣從祀孔廟,而削去王安石,並斥責安石爲萬世罪人。是故振孫亦甚惡安石,《解題》中多抨擊安石爲政之不善。至振孫之學乃淵源伊、洛,且服膺朱熹。淳祐七年(1247)三月,理宗御書朱熹〈白鹿洞規〉以賜太學,其時振孫仍在司業之任也。

淳祐五年六月,徐元杰暴亡,或疑爲史嵩之毒死之,振孫曾有疏,乞朝廷爲之伸冤。《癸辛雜識》別集下「〈嵩之起復〉」條載其事,曰:

嵩之起復也,匠監徐元杰攻之甚力,遂除起居舍人、國子祭酒,仍攝行西掖,未幾暴亡。或以爲嵩之毒之而死,俾其妻申省,以爲口鼻拆裂,血流而腹脹,色變青黑,兩臂皆起黑泡,面如斗大,其形似鬼,欲乞朝廷主盟與之伸冤。侍御鄭寀率臺諫共爲一疏,少司成陳振孫、察官江萬里並有疏,遂將醫官人從廚子置獄,令鄭寀督之,竟不得其情,止以十數革斷遣而已。徐霖上書力詆寀不能明此

獄之冤。不報，竟去。宷奏疏乞留霖。亦不報。先是侍御史劉漢弼
盡掃嵩之之黨，至此亦以暴疾亡，或者亦謂嵩之有力，然皆無實跡
也。朝廷遂各賜田五頃，楮幣五千貫，以旌其直。黃濤之試館職也，
對策歷數史嵩之之惡，至是除宗正少卿，於封疏乃言元杰止是中暑
之證，非中毒也。於是僉議攻之，而元杰之子直諒投匭扣閽，力辨
此說，濤遂被劾云。

案：《宋史》卷四百二十四〈列傳〉第一百八十三〈徐元杰〉云：

先，元杰未死之一日，方謁左丞相范鍾歸，又折簡察院劉應起，將
以翼日奏事。是夕，俄熱大作，詰朝不能造朝，夜煩愈甚，指爪忽
裂以死。朝紳及三學諸生往弔，相顧駭泣。訃聞，帝震悼曰：「徐
元杰前日方侍立，不聞有疾，何死之遽耶？」亟遣中使問狀，賵贈
銀絹二百計。已而太學諸生伏闕懇其為中毒，且曰：「昔小人有傾
君子者，不過使之自死於蠻煙瘴雨之鄉。今蠻煙瘴雨不在嶺海，而
在陛下之朝廷。望奮發睿斷，大明典刑。」於是三學諸生相繼叩閽
訟冤，臺諫交疏論奏，監學官亦合辭聞於朝。二子直諒、直方乞以
恤典充賞格。有旨付臨安府逮醫者孫志寧及常所給使鞫治。既又改
理寺，詔殿中侍御史鄭寀董之，且募告者賞緡錢十萬，官初品。大
理寺正黃濤謂伏暑證，二子乞斬濤謝先臣。然獄迄無成，海內人士
傷之，帝悼念不已，賜官田五百畝、緡錢五千，給其家。賜諡忠愍。

案：《宋史‧徐元杰傳》所載，與《癸辛雜識》〈嵩之起復〉條相同，而又可互
為補充。元杰曾任右司郎官、國子祭酒，則其適為振孫上司矣；且元杰又曾代
理宗撰〈陳振孫授國子司業制〉，是其與振孫私交不惟甚篤摯，而對其德學亦知
之甚審也。如〈制〉中言「爾振孫研精經術，有古典刑，揚歷滋深，靖退自若，
予環郎省，位未稱德」云云，雖為〈制〉中語，亦足見元杰對振孫學行有較深
之認知；或除國子司業，亦元杰所推薦也。元杰一旦暴亡，誼在至交，份為屬
員，振孫固當上疏論奏，有所申訴，所惜振孫之〈疏〉已佚，不可得而讀矣。

今人趙鐵寒嘗撰〈宋代的太學〉一文，載《大陸雜誌》第七卷第四、五、
六期。文中有云：

至教職員官品俸給，概括如下：祭酒從四品，月俸四十五千，又職
錢分「行」、「守」、「試」三等，三十五千、三十二千、二十八千；

> 司業正六品，月俸三十五千，職錢三等，三十二千、三十千、二十
> 八千；博士從八品，月俸二十千，職錢三等，十八千、十七千、十
> 六千；正、錄、諭正九品，月俸十八千，職錢三等，十八千、十七
> 千、十六千。

據此，則知司業官為正六品，月俸連首等之職錢亦不過六十七千，所惜趙氏此文未注明資料來源，姑逐錄之，以備參考。

最後擬略考元杰所撰〈制〉中「陟樂正以貳司成」一句用典。案此句典出《禮記》卷六〈文王世子〉，篇中有曰：

> 語曰：樂正司業，父師司成，一有元良，萬國以貞。世子之謂也。

「司成」即祭酒。〈制〉中「貳司成」，即指司業一職，指為祭酒之副貳。又〈制〉中「罔俾陽城韓愈專美有唐」一句，則以退之與振孫比況，似稍欠精審。蓋《舊》、《新唐書》均載韓愈任國子博士，而振孫乃國子司業，職級殊不相同。

第十一節　致仕與去世

《湖錄》云：

> 淳祐九年，以□原闕。部侍郎致仕，家居修《吳興志》，討摭舊事頗
> 詳，未幾卒。

陸心源《宋史翼》卷二十九〈列傳〉第二十九〈文苑〉四〈陳振孫〉云：

> 以某部侍郎《野語》九。除寶章閣待制致仕，贈光祿大夫。《劉後村大全集·
> 外制》。

案：《四庫全書總目》卷八十五〈史部〉四十一〈目錄類〉一「《直齋書錄解題》二十二卷」條云：

> 考周密《癸辛雜識》莆田陽氏子婦一條，稱陳伯玉振孫時以倅攝郡；
> 又，陳周士一條，稱周士，直齋侍郎振孫之長子。則振孫始仕州郡，
> 終官侍郎，不止浙西提舉，鶚蓋考之未詳也。

是《四庫全書總目》亦謂振孫以侍郎致仕。余又考見《齊東野語》卷十五「〈張氏十詠圖〉」條亦稱「直齋陳振孫貳卿」，而卷十七「〈朱唐交奏本末〉」條又稱「陳伯玉貳卿」；另袁桷《清容居士集》卷四十六「〈跋定武禊帖〉」條稱「霅溪陳侍郎振孫伯玉」。貳卿即侍郎，是則《湖錄》謂以□部侍郎致仕，固無疑矣。

侍郎一職，《文獻通考》卷五十一〈職官考〉五「〈侍郎〉」條云：

> 宋制，侍郎掌貳令之職，參議大政，授所宣詔旨而奉行之。官制恆
> 以尚書右僕射兼，又別置侍郎以代參知政事。建炎初，復改侍郎爲
> 參政。

是宋代侍郎職任及沿革乃如此。

《湖錄》以淳祐九年爲振孫致仕之年，微有所誤，余已於本章第一節處考出振孫致仕在淳祐十年，茲不贅。振孫致仕鄉居，其修輯《吳興人物志》情狀，《齊東野語》卷十五「〈張氏十詠圖〉」條記之，其辭曰：

> 先世舊藏〈吳興張氏十詠圖〉一卷，乃張子野圖其父維平生詩，有
> 十首也。其一〈太守馬太卿會六老於南園〉，云：「賢侯美化行南國，
> 華髮欣欣奏宴娛。政績已聞同水薤，恩輝遂喜及桑榆。休言耳外榮
> 名好。但恐人間此會無。他日定知傳好事，丹青寧羨〈洛中圖〉。」
> 其二〈庭鶴〉，云：「戢翼盤桓傍小庭，不無清夜夢煙汀。靜翹月色
> 一團素，閑啄苔錢數點青。終日稻粱聊自足，滿前雞鶩漫相形。已
> 隨秋意歸詩筆，更與幽樓上畫屏。」其三〈蝴蝶花〉，云：「雪朵中
> 間蓓蕾齊，驟聞尤覺繡工遲。品高多說瓊花似，曲妙該將玉笛吹。
> 散舞不休零晚樹，團飛無定撼風枝。漆園如有須爲夢，若在藍田種
> 更宜。」其四〈孤帆〉，云：「江心雲破處，遙見去帆孤。浪闊疑升
> 漢，風高若泛湖。依微過遠嶼，彷彿落荒蕪。莫問乘舟客，利名同
> 一途。」其五〈宿清江小舍〉，破損，僅存一句云：「菰葉青青綠荇
> 齊。」其六〈歸燕〉，云：「社燕秋歸何處鄉，群雛齊老稻青黃。猶
> 能時暫棲庭樹，漸覺稀疏度苑牆。已任風庭下簾幕，卻隨煙艇過瀟
> 湘。前春認得安巢所，應免差池揀杏樑。」其七〈聞砧〉，云：「遙
> 野空林砧杵聲，淺沙棲雁自相鳴。西風送響暝色靜，久客感秋愁思
> 生。何處征人移塞帳，即時新月落江城。不知今夜搗衣曲，欲寫秋
> 閨多少情。」其八〈宿後陳莊〉，云：「臘凍初開苕水清，煙村遠郭
> 漫吟行。灘頭斜日鳧鷖隊，枕上西風鼓角聲。一棹寒燈隨夜釣，滿
> 犁膏雨趁春耕。誰言五福仍須富，九十年餘樂太平。」其九〈送丁
> 遜秀才赴舉〉，云：「鵬去天池鳳翼隨，風雲高處約先飛。青袍賜宴
> 出關近，帶取瓊林春色歸。」其十〈貧女〉，云：「萬簇掠鬢布裁衣，
> 水鑑雖明亦嬾窺。數畝秋禾滿家食，一機官帛幾梭絲。物爲貴寶天

應與，花有秋香春不知。多少年來豪族女，總教時樣畫蛾眉。」孫覺莘老序之云：「富貴而壽考者，人情之所甚慕；貧賤而夭短者，人情之所甚哀。然有得於此者，必遺於彼。故寧處康強之貧、壽考之賤，不願多藏而病憂、顯榮而夭短也。贈尚書刑部侍郎張公諱維，吳興人。少年學書，貧不能卒業，去而躬耕以為養。善教其子，至於有成。平居好詩，以吟詠自娛。浮游閭里，上下於谿湖山谷之間，遇物發興，率然成章，不事彫琢之巧、采繪之華，而雅意自得。徜徉閑肆，往往與異時處士能詩者為輩。蓋非無憂於中，無求於世，其言不能若是也。公不出仕，而以子封至正四品，亦可謂貴；不治職，而受祿養而以終其身，亦可謂富；行年九十有一，可謂壽考。夫享人情之所甚慕，而違其所哀，無憂無求，而見之吟詠，則其自得而無怨懟之辭，蕭然而有沈澹之思，其亦宜哉！公卒十八年，公子尚書都官郎中先亦致仕家居，取公平生所自愛詩十首，寫之縑素，號〈十詠圖〉，傳示子孫，而以序見屬。余既愛侍郎之壽、都官之孝，為之序而不辭。都官字子野，蓋其年八十有二云。」此事不詳於郡志，而張維之名亦不顯，故人少知者。曾直齋陳振孫貳卿方修《吳興志》，討摭舊事，見之大喜，遂傳其圖，且詳考顛末，為之跋云：「慶曆六年，吳興郡守宴六老於南園，酒酣賦詩，安定胡先生瑗教授湖學，為序其事。六人者，工部侍郎郎簡年七十九，司封員外郎范說年八十六，衛尉寺丞張維年九十一，俱致仕。劉維慶年九十二，周守中年九十五，吳琰年七十二，皆有子弟列爵於朝。劉，殿中丞述之仲父；周，大理丞頌之父；吳，大理丞知幾之父也。詩及序刻石園中，園廢，石亦不存。其事見《圖經》及《安定言行錄》。余嘗考之，郎簡，杭人也，或嘗寓於湖。范說，治平三年進士，同學究出身。周頌，天聖八年進士。劉、吳盛族，述與知幾皆有名蹟可見，獨張維無所考。近周明叔史君得古畫三幅，號〈十詠圖〉者，乃維所作詩也。首篇即南園宴集所賦，孫覺莘老序之，其略云云。於是始知維為子野之父也。時熙寧五年，歲在壬子，逆數而上八十二年，子野之生當在淳化辛卯，其父享年九十有一，正當為守。會六老之年，實慶曆丙戌。逆數而上九十一年，則周世宗顯德丙辰也。後四年宋興，自是日趨太平極盛之世，及於熙寧、元豐，再更甲子矣。子野於其間擢儒科，登膴仕，為時聞

人，贈其父官四品，仍父子皆耄期，流風雅韻，使人遐想慨慕不能已，
可謂吾鄉衣冠之盛事矣。世固知有子野，而不知有其父也。自慶曆丙
戌後十八年，子野爲〈十詠圖〉，當治平甲辰；又後八年，孫莘老爲
太守，爲之作〈序〉，當熙寧壬子；又後一百七十七年，當淳祐己酉，
其〈圖〉爲好古博雅君子所得。會余方緝《吳興人物志》，見之如獲
拱璧，因細考而詳錄之，庶幾不朽於世。其詩亦清麗閒雅，如『灘頭
斜日鳬鷖隊，枕上西風鼓角聲』，又『花有秋香春不知』，皆佳句也。
子野之墓在卞山多寶寺，今其後影響不存矣。此〈圖〉之獲，豈不幸
哉！本朝有兩張先，皆字子野。其一博州人，天聖三年進士，歐陽公
爲作〈墓志〉；其一天聖八年進士，則吾州人也。二人名姓字偶皆同，
而又適同時，不可不知也。」且賦詩云：「平生聞說張三影，〈十詠〉
誰知有乃翁。逢世昇平百年久，與齡者艾一家同。名賢敍述文章好，
勝事流傳繪素工。遐想盛時生恨晚，怳如身在畫圖中。」南園故址在
今南門內，牟存叟端平所居是也。其地尚爲張氏物，先君爲經營得之。
存叟大喜，亦嘗賦五絕句，其一云：「買家喜傍水晶宮，正是南園故
址中。我欲築堂名『六老』，追還慶曆太平風。」蓋紀實也。余家又
偶藏子野詩一帙，名《安六集》，舊京本也。鄉守楊嗣翁見之，因取
刻之郡齋。適二事皆出余家，似與子野父子有緣耳。

案：《齊東野語》此條，不惟記及振孫致仕鄉居修輯《吳興人物志》情事，更難
得者則爲載及振孫〈張氏十詠圖跋〉及詩。至振孫遐想慨慕北宋昇平盛世之情
懷，於跋語及所賦詩中亦足以覘之。振孫晚年居吳興，其地山水風光韶美，園
林第宅之盛，每載見文人筆墨與詩人詠歎中，故不止牟存叟所賦之五絕句也。

明董斯張《吳興備志》卷十五「〈園第〉」條云：

吳興山水清遠，城據其會，狀其景者曰水晶宮，曰水雲鄉，曰極樂
國。城之內，觸處見山，觸處可以引溪流，故凡爲園圃，必景物幽
雅；雖近市，如在雲岩江村，所以爲貴也。唐開成中，白蘋洲有三
園；錢氏時，清源門內有芳菲園；國朝寶元中，定安門內有南園；
今廢爲庾廩矣，居宅矣，招提矣。園之亭館，自白蘋外，俱不可見。
鄉老、寓公多爲芳圃，亭宇相望，沼沚旁聯，花木蓊茂，遊者爭眩，
物固不能兩盛也。談〈志〉。

《湖州府志》卷九十三〈雜綴〉一亦載：

吳興謂之水晶宮，不載《圖經》。刺史楊漢公〈九月十五日夜絕句〉
云：「江南地暖少南風，九月炎涼正得中。溪上玉樓樓上月，清光合
作水晶宮。」後來林子中聞滕元發得湖州，以詩賀。何洵真邦彥云：
「清風樓下兩溪春，三十餘年一夢新。欲識玉皇香案吏，水晶宮主
謫仙人。」因爲故事。《豹隱記談》。

觀是，則吳興風光韶秀，園宅華美，固甚宜於致仕豹隱者所偃居也。

劉克莊《後村大全集》卷七十五〈外制〉有〈故通奉大夫寶章閣待制致
仕陳振孫贈光祿大夫〉云：

疏傅賢哉，方遂揮金之樂；魏公逝矣，可勝亡鑑之悲。於以飾終，
爲之攬涕。具官某，其文秋濤瑞錦，其姿古柏寒松。早號醇儒，得
淵源於伊洛；晚稱名從，欲輩行於乾淳。若鳳儀麟獲而來，以鱺舞
狐嗥而去。生芻一束，莫挽於退心；寶帶萬釘，少旌於耆德。尚期
難老，胡不憖遺？噫！德比陳太丘，素負海內之望；官如顏光祿，
用爲宰上之題。可。

觀此，則振孫以通奉大夫、寶章閣待制致仕也，是前引《湖錄》及《宋史翼》
僅謂振孫以某部侍郎、除寶章閣待制致仕均有所脫遺。

考通奉大夫一職，乃屬文散官。《文獻通考》卷六十四〈文散官〉「〈光祿
大夫以下〉」條云：

通奉大夫，古無此階，宋大觀新置。

是此官階始置於徽宗大觀年間矣。

至寶章閣待制一職，同書卷五十四〈職官考〉八云：

寶章閣，學士、直學士、待制。寶慶二年置。藏寧宗御製，置學士等官。

則寶章閣待制一職，乃理宗寶慶二年始置，其上猶有學士、直學士也。

振孫卒後，封贈光祿大夫。考《文獻通考》卷六十四〈文散官〉「〈光祿
大夫以下〉」條云：

宋元豐更官制，以金紫光祿大夫換吏部尚書，銀青光祿大夫換五部
尚書，時宰相王珪任禮部侍郎同平章事，上以珪久不進官，因改官制，乃特授銀青光祿大
夫。光祿大夫換尚書左右丞。

觀是，則所封贈振孫者，蓋相等於尚書左右丞耳。

劉克莊代理宗所撰〈制〉，對振孫推崇備至，惟用典頗多，固有闡說之必要。
此〈制〉中「疏傅」二句，典出《漢書》卷七十一〈列傳〉第四十一〈疏廣〉。

案：〈疏廣傳〉載：疏廣，字仲翁，東海蘭陵人。少好學，明《春秋》，徵為博士，大中大夫。地節三年，立皇太子，廣為太傅，兄子受為少傅。在位五年，廣謂受曰：「官成名立，如此不去，懼有後悔。」乃上疏乞骸骨，帝皆許之，加賜黃金二十斤，皇太子贈以五十斤，公卿大夫故人邑子設祖道，送行者車數百輛，道路觀者皆賢之。既歸鄉里，散金與諸故舊，召鄉父老歡。不治田宅，或勸為子孫計者。廣曰：「賢而多財，則損其志；愚而多財，則益其過。且夫富者，眾人之怨也；吾既亡以教化子孫，不欲益其過者而生怨。又此金者，聖主所以惠養老臣也，故樂與鄉黨宗族共饗其賜，已盡吾餘日，不亦可乎！」宗人悅服，以壽終。此即「疏博賢哉，方遂揮金之樂」典源也。振孫致仕後，其作為殆近疏廣乎？至「魏公」二句，則典出《舊唐書》卷七十一〈列傳〉第二十一及《新唐書》卷九十七〈列傳〉第十二〈魏徵〉。案：〈魏徵傳〉載：魏徵字玄成，鉅鹿曲城人。好讀書，多所通涉。隋亂，詭為道士。初從李密，入京見高祖，自請安輯山東，乃擢祕書丞。太宗時拜諫議大夫，每犯顏敢諫，雖帝怒甚，神色自若，帝亦為之霽威，嘗曰：「人言徵舉動疏慢，我但見其嫵媚。」進左光祿大夫，封鄭國公。徵自以不世遇，乃展盡底蘊，前後二百餘疏，無不剴切當帝心。拜太子太師，以疾卒官。帝後臨朝歎曰：「以銅為鑑，可正衣冠；以古為鑑，可知興替；以人為鑑，可明得失。朕嘗保此三鑑，內防己過。今魏徵逝，一鑑亡矣。」此乃「魏公逝矣，可勝亡鑑之悲」典源也。振孫仕國子司業日，徐元杰暴亡，有疏乞為伸冤，或指此事，其餘未之聞。「德比陳太丘」二句，典出《後漢書》卷六十二〈列傳〉第五十二〈陳寔〉。案〈陳寔傳〉，余已載之第二章第一節中，不意劉後村竟以直齋之遠祖，比況振孫，蓋祖孫二人皆以德業負海內之望耶！後村此〈制〉又有「官如顏光祿」之句，典出《宋書》卷七十三〈列傳〉第三十三及〈南史〉卷三十四〈列傳〉第二十四〈顏延之〉。案：延之字延年，琅邪人。少孤貧，好讀書，文章之美，冠絕當時，與謝靈運齊名，江左稱顏謝。宋初為太子舍人，歷始安、永嘉兩郡太守、祕書監、光祿勳、太常。世祖登祚，以為金紫光祿大夫。孝建三年卒，年七十三。追贈散騎常侍、特進金紫光祿大夫如故，諡曰憲子。考劉宋時設金紫光祿大夫一職，位至優崇。《文獻通考》卷六十四〈職官考〉十八「〈光祿大夫以下〉」條云：

> 及晉受命，置左右光祿大夫，假金章紫綬，而光祿大夫如故。加金章紫綬，並與卿同進賢，兩梁冠、黑介幘，五時朝服，佩水蒼玉，並祿賜班位、吏卒，皆與特進同，復以為優崇之制。而諸公遜位，不復加

之。其以爲加官者，唯假章綬，祿賜班位而已，不別給車服、吏卒也。
或更拜上公，或以本封食公祿。其諸卿尹、中朝大官年老致仕及內外
之職加此者，前後甚眾。由是或因得開府，或進加金章紫綬，又復以
爲禮贈之官。本已有卿官者，不復重給，其餘皆假。其假銀章青綬者，
位在金紫將軍下、諸卿上。泰始中，唯太子詹事楊珧加給事中、光祿
大夫。加兵之制，諸所供給，依三品將軍。晉宣帝子、平原王幹，拜光祿大夫，
加侍中，特假金章紫綬，班次三司。其餘自如舊制，終武、惠、孝懷三世。食俸
日三斛。太康二年，始給春絹五百疋、綿百斤。惠帝元康元年，始給菜田
六頃、田騶六人，置主簿、功曹、史門、亭長、門下、書佐各一人。宋氏因之。

讀此條，當悉「官如顏光祿，用爲宰上之題」之出處。振孫贈光祿大夫，故與
顏延之相比況也。至此〈制〉中有「早號醇儒，得淵源於伊洛；晚稱名從，欲
輩行於乾淳」諸語，前二句較易懂。「早號醇儒」者，洪咨夔《平齋文集》卷十
八〈軍器監簿陳振孫除諸王宮大小學教授制〉之「爾靜而不競，簡而不華，可
謂端愨矣。振振麟定，以爾爲之師，觀榘度於步武之間，挹芳潤於言論之頃。
而成童既冠，莫非大雅，麗澤講習之功，將有考於此」；及徐元杰《楳埜集》卷
七〈陳振孫授國子司業制〉之「爾振孫研精經術，有古典刑，揚歷滋深，靖退
自若，予環郎省，位未稱德，朕心慨焉。陟樂正以貳司成，僉論茲允。尚祗厥
職，罔俾陽城韓愈專美有唐」；皆足爲此句注解，蓋以醇儒譽振孫。至「得淵源
於伊洛」者，蓋振孫之外曾祖父周行己，早從伊川程子游，傳其餘緒，乃開永
嘉學派；振孫之學，眞得淵源於伊洛矣。「晚稱名從，欲輩行於乾淳」者，乾、
淳，即乾道、淳熙也，皆宋孝宗年號。閩學之朱熹，其爲官任職，著書立說，
發揚道學，皆在孝宗乾、淳間。振孫平生服膺朱子，《解題》卷三〈孝經類〉云：

> 《孝經刊誤》一卷，朱熹撰。抱遺經於千載之後，而能卓然悟疑辨
> 惑，非豪傑特起獨立之士，何以及此？後學所不敢傚尤，而亦不敢
> 擬議也。

同書同卷〈語孟類〉云：

> 《論語集注》十卷、《孟子集注》十四卷，朱熹撰。大略本程氏學，
> 通取注疏古今諸儒之說，間復斷以己見。晦翁生平講解，此爲第一，
> 所謂毫髮無遺憾者矣。

又同書卷十五〈楚辭類〉云：

> 《楚辭集注》八卷、〈辨證〉二卷，侍講建安朱熹元晦撰。以王氏、

洪氏注或迂滯而遠於事情，或迫切而害於義理，遂別爲之注。其訓
詁文義之外，有當考訂者，則見於〈辨證〉，所以祛前注之蔽陋，而
發明屈子微意於千載之下，忠魂義魄，頓有生氣。其於〈九歌〉、〈九
章〉，尤爲明白痛快。至謂《山海經》、《淮南子》殆因〈天問〉而著
書，說者反取二書以證〈天問〉，可謂高世絕識，毫髮無遺恨者矣。
公爲此《注》，在慶元退歸之時，〈序〉文所謂「放臣棄子、怨妻去
婦」，蓋有感而託者也。其生平於《六經》皆有訓傳，而其殫見洽聞，
發露不盡者，萃見於此書。嗚呼偉矣！其篇第視舊本益賈誼二賦；
而去〈諫〉、〈歎〉、〈懷〉、〈思〉。屈子所著二十五篇爲《離騷》，而
宋玉以下則曰《續離騷》。其言「〈七諫〉以下，辭意平緩，意不深
切，如無所疾痛而強爲呻吟者」，尤名言也。

讀此數條，足證直齋對朱子推崇備至。考《宋史》卷四百三十〈列傳〉第一
百八十九〈道學〉四載朱氏門人有黃榦、李燔、張洽、陳淳、李方子、黃灝
等，「晚稱名從，欲輩行於乾淳」二語，蓋謂振孫私淑朱子，與黃榦等人堪爲
輩行。是則後村此〈制〉，於振孫亦殊推譽有加矣。

振孫卒歲，陳樂素之考證，以爲在景定二年或三年春。〈直齋書錄解題作
者陳振孫〉三「〈年歷〉」條云：

> 劉克莊《後村大全集》卷七五所載〈故通奉大夫寶章閣待制致仕陳振
> 孫贈光祿大夫制〉，居〈外制〉之末，〈參知政事何夢然封贈三代〉之
> 後。據《宋史·宰輔表》，何夢然以景定二年（1261）十二月除參政；
> 又據《後村集》附林希逸所撰〈行狀〉，則後村以景定二年辛酉八月
> 再兼中書，三年壬戌三月除權工部尚書，陞兼侍讀；直齋蓋卒年於景
> 定二年或三年春，而必不在三年三月以後也。以嘉定中始仕，至景定
> 之卒，其間四十餘年，縱使未壯已仕，直齋壽亦當七十以上矣。

其後，樂素另撰〈略論陳振孫直齋書錄解題〉，其文一「〈解題作者〉」條於振
孫卒歲則頗有異說。其文曰：

> 陳振孫的生卒年不詳。但劉克莊《後村大全集》卷七五，有〈故通
> 奉大夫寶章閣待制致仕陳振孫贈光祿大夫制〉，列在〈參知政事何夢
> 然封贈三代制〉之後；何夢然是理宗景定二年（1261）十二月除參
> 政的；(《宋史·宰輔表》)而劉克莊則在景定二年八月再兼中書舍人，
> 三年三月除工部侍郎升兼侍讀(《後村集》附林希逸撰〈行狀〉)。由

此推知，陳振孫是卒於景定二、三年之間。他初仕大概在寧宗嘉定
元年（1208），當溧水縣縣學教授，寫過一篇〈華勝寺碑記〉（見光
緒《溧水縣志》）。假定初仕時是三十歲左右的人，那麼，到景定二
年（1261），他已經是八十歲以上的人了。

案：今檢《後村先生大全集》卷之七十五〈外制〉所收之文，計為：〈中大夫
參知政事兼太子賓客何夢然封贈三代〉、〈太傅左丞相兼樞密使兼太子少師魯
國公賈似道贈高祖高祖母〉、〈端明殿學士朝奉郎簽書樞密院事兼太子賓客孫
附鳳贈三代〉、〈資政殿大學士中大夫提舉臨安府洞霄宮林存郊恩贈父母妻〉、
〈資政殿學士通奉大夫提舉臨安府洞霄宮馬天驥初除贈父母妻〉、〈資政殿學
士中大夫知溫州林存可依前資政殿學士知溫州長樂郡開國侯加食三百戶〉、
〈寶章閣直學士大中大夫提舉佑神觀王克謙可依前寶章閣直學士提舉佑神觀
會稽縣開國男加食邑三百戶〉、〈寶章閣學士通奉大夫致仕顏□仲可依前寶章
閣學士致仕龍溪郡開國侯加食邑三百戶〉、〈資政殿學士中大夫新改差知寧建
府林存除資政殿大學士提舉臨安府洞霄宮〉、〈王克謙除寶章閣學士提舉佑神
觀〉、〈楊瑱除權戶部侍郎〉、〈楊瑱除右文殿修撰知寧國府〉、〈陳顯伯除端明
殿學士提舉佑神觀〉、〈陳顯伯贈銀青光祿大夫〉、〈寶謨閣直學士正奉大夫提
舉江州太平興國宮袁商依前寶謨閣直學士轉宣奉大夫致仕〉、〈袁商贈特進〉、
〈故通議大夫右文殿修撰致仕戚士遜贈宣奉大夫〉、〈故朝議大夫新除權戶部
侍郎致仕鄭雄飛贈通議大夫〉，而〈故通奉大夫寶章閣待制致仕陳振孫贈光祿
大夫〉一篇，確列於〈外制〉之末。又《後村先生大全集》卷之一百九十四
〈行述〉載林希逸撰〈宋修史侍讀工部尚書龍圖閣學士正議大夫致仕莆田縣
開國伯食邑九百戶贈銀青光祿大夫後村先生劉公行狀〉則云：

> 景定（元年）庚申，……公方奏疏引年。六月，除秘書監令。……
> 八月，除起居郎，再辭，不允。九月，兼權中書舍人，公猶在道。
> 十一月，……除兵部侍郎，兼中書舍人，兼直學士院。……十二月，
> 兼史館同修撰。……（二年）辛酉，……三月，兼侍讀。四月，以
> 病辭。西掖詔，從之。俄除兵部侍郎。八月，再兼中書。是歲乞引
> 年者再。……（三年）壬戌三月，除權工部尚書，陞兼侍讀。

據是，則後村景定元年九月兼權中書舍人，十一月除兵部侍郎兼中書舍人；
二年八月再兼中書；三年三月，除權工部尚書，陞兼侍讀。是其撰作〈外制〉
諸文字，最早不得超過景定元年九月，而最遲不得後於景定三年三月。又考

《宋史》卷四十五〈本紀〉第四十五〈理宗〉五載：

　　（景定二年）十二月……甲午，以……何夢然參知政事兼太子賓客。

是則《後村先生大全集・外制》之第一篇〈中大夫參知政事兼太子賓客何夢然封贈三代〉應作於景定二年十二月。

　　同書同卷〈理宗〉五又載：

　　　　（景定）三年春正月……庚午，賜賈似道宅於集芳園，給緡錢百萬，

　　　　就建家廟。

則〈太傅左丞相兼樞密使兼太子少師魯國公賈似道贈高祖高祖母〉制應作於景定三年正月。

　　同書同卷〈理宗〉五又載：

　　　　（景定三年）三月乙丑，以孫附鳳爲端明殿學士、簽書樞密院事兼

　　　　太子賓客。

則〈端明殿學士朝奉郎簽書樞密院事兼太子賓客孫附鳳贈三代〉制，應作於景定三年三月。

　　〈故通奉大夫寶章閣待制致仕陳振孫贈光祿大夫〉既置於〈外制〉之末，則其作年最早亦在景定三年壬戌（1262）三月之時，蓋其後後村則除權工部尚書、陞兼侍讀矣。是則振孫之卒歲亦必在此年三月左右。由是觀之，樂素前後二度考證，或謂「直齋蓋卒於景定二年或三年春，而必不在三年三月以後」，或謂「陳振孫是卒於景定二、三年之間」，猶豫莫能決，則其所考訂，固未可視爲精確者矣。

　　綜上所考，振孫致仕在理宗淳祐十年庚戌（1250），時年七十；其卒歲在景定三年壬戌（1262）三月左右，春秋八十有二。由是而上溯，則振孫生年，當爲宋孝宗淳熙八年辛丑（1181）也。

　　然《宋代書錄》（A Sung Bibilography）一書〈書目〉（K.Bibliographies）類「《直齋書錄解題》」條載及振孫生卒年云：

　　　　Chih-chai shu-lu chieh-t'i 直齋書錄解題，22ch.（'Catalogue of books

　　　　with explanatory notices of Chih Studio'）by Ch'en Chen-sun 陳振孫

　　　　（T.Po-yü 伯于，H.Chih-chai 直齋），ca.1190-after1249

案：《宋代書錄》以（1190），即宋光宗紹熙元年庚戌爲振孫生歲，而以（1249），即理宗淳祐九年己酉爲其卒年，不惟乏據，且其誤易明。至其翻譯振孫別字爲「伯于」，則屬外行之至，殊不足道也。最令人深感奇異者，厥爲喬衍琯氏，

其所撰《陳振孫學記》，於振孫生卒年一道，竟參考《宋代書錄》略作推移，而不自行考證。其書第一章〈傳略〉云：

> 振孫生年不詳。《宋代書錄‧書目類》「《直齋書錄解題》」條云，約光宗紹熙元年（1190）生，則初仕溧水教授，年方二十一。疑生年當在前此數年。卒年則云在理宗淳祐年（1249）之後。雖未肯定，要俱相去不甚遠。而潘銘燊〈宋代私家藏書考〉，乃削去疑辭，又不言其所據，則未可從。使振孫未強而仕，享壽逾七十矣。

觀是則不惟喬氏所考有誤，而潘銘燊〈宋代私家藏書考〉有關振孫生卒年之考訂，亦絕不可據矣。〔註9〕

附：陳振孫生卒年新考

　　陳振孫，字伯玉，號直齋，南宋著名目錄學家。有關振孫之生卒年，自宋迄清似無人考及之者。宋人劉克莊《後村大全集》卷七十五〈外制‧故通奉大夫寶章閣待制致仕陳振孫贈光祿大夫〉曰：

> 疏傳賢哉，方遂揮金之樂；魏公逝矣，可勝亡鑑之悲。於以飾終，為之攬涕。具官某，其文秋濤瑞錦，其姿古柏寒松。早號醇儒，得淵源於伊、洛；晚稱名從，欲葷行於乾、淳。若鳳儀麟獲而來，以鱔舞狐嗥而去。生芻一束，莫挽於遄心；寶帶萬釘，少旌於耆德。尚期難老，故不愁遺？噫！德比陳太丘，素負海內之望；官如顏光祿，用為宰上之題。可。

此文作年在宋理宗景定三年壬戌（1262）三月，是則振孫卒歲亦必在此年，拙著《陳振孫之生平及其著述研究》曾詳考之，〔註10〕茲不贅。

〔註 9〕　潘文載見香港中文大學崇基學院所編之《華國》第六期。潘文文末有〈參考及徵引書目〉（按作者之年代排列），其「〈陳振孫〉」條云：「陳振孫（1190～1249）《直齋書錄解題》清光緒九年（1883）重刊本。」是潘氏言直齋之生卒年，亦誤據《宋代書錄》也。

〔註10〕　拙著《陳振孫之生平及其著述研究》第三章〈陳振孫之仕履與行誼〉第十一節〈致仕與去世〉載：「後村景定元年九月兼權中書舍人，十一月除兵部侍郎兼中書舍人；二年八月再兼中書；三年三月，除權工部尚書，陞兼侍讀。是其撰作〈外制〉諸文字，最早不應超過景定元年九月，而最遲不應後於景定三年三月。又考《宋史》卷四十五〈本紀〉第四十五〈理宗〉五載：『（景定二年）十二月……甲午，以……何夢然參知政事兼太子賓客。』是則〈外制〉之第一篇〈中大夫參知政事兼太子賓客何夢然贈三代〉必作於景定二年十二月。同書同卷〈理宗〉

民國以還，撰文考訂或述及振孫生卒年者有多家，其中最早者厥為陳樂素先生。陳氏於民國 35 年 11 月 20 日發表〈直齋書錄解題作者陳振孫〉，刊載上海《大公報・文史周刊》第六期上。該文「〈年歷〉」條下載：

> 劉克莊《後村大全集》卷七五所載〈故通奉大夫寶章閣待制致仕陳振孫贈光祿大夫制〉，居〈外制〉之末，〈參知政事何夢然封贈三代〉之後。據《宋史・宰輔表》，何夢然以景定二年（1261）十二月除參政；又據《後村集》附林希逸所撰〈行狀〉，則後村以景定二年辛酉八月再兼中書，三年壬戌三月除權工部尚書，陞兼侍讀；直齋蓋卒於景定二年或三年春，而必不在三年三月以後也。以嘉定中始任，至景定之卒，其間四十餘年，縱使未壯已任，直齋壽亦當七十以上矣。

是陳氏以振孫卒於景定二年或三年春，其壽當七十以上。

民國 72 年 8 月，陳氏另撰〈略論陳振孫直齋書錄解題〉一文，發表於《中國史研究》1984 年第二期，其中論及振孫卒年則有異說。陳氏曰：

> 陳振孫的生卒年不詳。但劉克莊《後村大全集》卷七五，有〈故通奉大夫寶章閣待制致仕陳振孫贈光祿大夫制〉，列在〈參知政事何夢然封贈三代制〉之後；何夢然是理宗景定二年（公元 1261）十二月除參政的（《宋史・宰輔表》）；而劉克莊則在景定二年八月再兼中書舍人，三年三月除工部侍郎升兼侍讀（《後村集》附林希逸撰〈行狀〉）。由此推知，陳振孫是卒於景定二、三年之間。他初仕大概在寧宗嘉定元年（公元 1208 年），當溧水縣縣學教授，寫過一篇〈華勝寺碑記〉（見光緒《溧水縣志》）。假定初仕時是三十歲左右的人，那麼，到景定二年（公元 1261 年），他已經是八十歲以上的人了。

是陳氏又改謂振孫壽在八十歲以上。

法人 Yves Hervouet 編《宋代書錄》（Bibliographie des Sung），該書〈書目類〉「《直齋書錄解題》」條亦考及振孫生卒年，其後潘銘燊撰〈宋代私家藏書

五又載：『（景定）三年春正月……庚午，賜賈似道宅於集芳園，給緡錢百萬，就建家廟。』則〈太傅右丞相兼樞密使兼太子少師魯國公賈似道贈高祖祖母〉之制必作於景定三年正月。同書同卷〈理宗〉五又載：『（景定三年）三月乙丑，以孫附鳳為端明殿學士，簽書樞密院事兼太子賓客。』則〈端明殿學士朝奉郎簽書樞密院事兼太子賓客孫附鳳贈三代〉之制，必作於景定三年三月。〈故通奉大夫寶章閣待制致仕陳振孫贈光祿大夫〉一篇既置於〈外制〉之末，即排在前述諸制之後，則其作年最早亦在景定三年壬戌（1262）三月之時。其後後村則除權工部尚書，陞兼侍讀，是則振孫卒歲必亦在此三月左右，固無疑矣。」

考〉即據之。〔註11〕《宋代書錄》云：

> Chih-chai shu-lu chieh-t'i 直齋書解題，22ch. ('Catalogue of books with explanatory notices of the Chih Studio') by Ch'en Chen-sun 陳振孫(T. Po-yu 伯于, H. Chih-chai 直齋), ca. 1990-after 1249.

是《宋代書錄》以約西元 1190 年，即約光宗紹熙元年庚戌爲振孫生年，而以西元 1249 年後，即理宗淳祐九年己酉後爲卒歲。此說不惟乏據，即譯振孫別字爲「伯于」，則更屬錯誤之至，是故其可信度應甚可疑。

台灣國立政治大學喬衍琯教授於民國六十九年六月出版《陳振孫學記》一書，〔註12〕其書第一章〈傳略〉云：

> 振孫生年不詳。《宋代書錄・書目》「《直齋書錄解題》」條云，約 1190 年（光宗紹熙元年）生，則初仕溧水教授，年方二十一。疑生年當在前此數年，卒年則云在 1249 年（理宗淳祐九年）之後。雖未肯定，要俱相去不甚遠。而潘銘燊在〈宋代私家藏書考〉，乃削去疑辭，又不言其所據，則未可從。使振孫未強而仕，享壽逾七十矣。

據是，則喬氏考證振孫生卒年，大抵參照《宋代書錄》而略作推移，至其謂「使振孫未強而仕，享壽逾七十」，則所持論乃依倚陳樂素〈直齋書錄解題作者陳振孫〉一文，喬氏雖未言所據，然陳、喬二氏所考皆誤也。

拙著《陳振孫之生平及其著述研究》，第三章〈陳振孫之仕履與行誼〉第十一節〈致仕與去世〉中亦考及振孫生卒年，所得結論爲：

> 綜上所考，振孫致仕在理宗淳祐十年庚戌（1250），時年七十，其卒歲在景定三年壬戌（1262）三月左右，春秋八十又二。由是而上溯，則振孫之生年，當爲宋孝宗淳熙八年辛丑（1181）也。

然此一結論亦未盡允當。

考張先字子野，北宋仁宗時著名詞家，人稱「張三影」者。張先有〈十詠圖〉，描繪其父張維於吳興南園所作十首詩之種種內容。圖後有陳振孫長跋一篇。〈十詠圖〉，今人徐邦達曾見之。徐氏撰〈北宋張先十詠圖卷〉一文，〔註13〕中有云：

〔註11〕潘文載見香港中文大學崇基學院所編之《華國》第六期。其文文末有〈參考及徵引書目〉，其「陳振孫」條云：「陳振孫（1190～1249）《直齋書錄解題》清光緒九年（1883）重刊本。」是潘氏言振孫之生卒年，乃據《宋代書錄》也。

〔註12〕《陳振孫學記》，民國 69 年 6 月初版，臺北文史哲出版社印行。

〔註13〕見載 1995 年《翰海》秋季拍賣會特刊。

此〈十詠圖〉卷，到清乾隆年間收入內府，著錄在所編《石渠寶笈・續編》重華宮；同時阮元《石渠隨筆》亦記述此圖所畫的內容。1995年秋，原件我在北京見到了它，蓋此亦溥儀自故宮中攜出之物，後輾轉從僞滿長春僞宮流散出來的。

張先之圖爲設色絹本，圖卷後之陳振孫長跋則另紙所寫。振孫〈跋〉文，周密《齊東野語》卷十五〈張先十詠圖〉條曾詳載之，惟闕載文末署年，其署年於考證振孫生卒年至關重要。振孫〈跋〉文所記之署年爲：

　　庚戌七月五日直齋老叟書，時年七十有二。後六年，從明叔借摹，
　　併錄余所跋於卷尾而歸之。丙辰中秋後三日也。

〈跋〉署年左下方鈐「陳氏山房之印」六字，乃篆書陽文方印。考庚戌（1250）乃淳祐十年，據〈跋〉語知是年振孫七十二歲。後六年，即寶祐四年丙辰（1256），是年振孫七十八歲。據此上推，則振孫生於淳熙六年己亥（1179），其卒歲在景定三年壬戌（1262），則春秋八十有四。余前撰有〈陳振孫仕履年表〉，〔註14〕及今觀之，其所繫年多錯誤不足據。茲據新考所得生卒年，另撰新表如下：

中　　曆		西　元	行　事　或　所　仕　官　職	年齡
孝宗	淳熙六年，己亥	1179	振孫生。	1
寧宗	嘉定元年，戊辰	1208	任溧水縣教授，嘉定四年（1211）辛未去官歸。	30
	嘉定六年，癸酉	1213	補紹興府教授。	35
	嘉定十一年，戊寅	1218	任鄞學教官。	40
	嘉定十四年，辛巳	1221	爲南城縣宰。	43
理宗	寶慶三年，丁亥	1227	充興化軍通判。	49
	紹定元年，戊子	1228	除軍器監簿。	50
	端平元年，甲午	1234	除諸王宮大小學教授。	56
	端平三年，丙申	1236	二月初六，以朝散大夫知台州，兼權浙東提舉，常平茶鹽事；八月正除；十月二十八日到任。	58
	嘉熙元年，丁酉	1237	五月，改知嘉興府。	59
	嘉熙三年，己亥	1239	四月十三日前後，改升浙西提舉。	61
	嘉熙四年，庚子	1240	返湖州，向湖守王侑借《易林》從事校勘。	62
	淳祐元年，辛丑	1241	二月，任職郎省。	63

〔註14〕此表多有錯誤不準確處，故從本書中刪除。

淳祐四年，甲辰	1244	秋、冬間，改除國子司業。	66
淳祐十年，庚辰	1250	以某部侍郎、通奉大夫除寶章閣待制致仕，家居雪川，修《吳興人物志》、《吳興氏族志》。	72
景定三年，壬戌	1262	三月間卒，贈光祿大夫。	84

　　綜上所述，有關陳振孫之生卒年，陳、喬諸氏及余前此所考得者均錯誤不足據。茲據振孫〈跋〉語署年推判，確知振孫生年在淳熙六年，又據其歿時在景定三年，則其卒年為八十四歲。余新考得此一結論，殆可成定讞矣。

附：陳振孫〈張先十詠圖跋〉圖錄

第四章　陳振孫之戚友與交游

第一節　陳振孫之親戚

直齋之親戚，首須介紹者厥為周行己。前引《解題》卷十七〈別集類〉中《浮沚先生集》十六卷、《後集》三卷條，及卷十八〈別集類〉下「《濟溪老人遺藁》一卷」條，均載直齋祖父為行己女壻，其祖妣為行己第三女，是則行己乃直齋外曾祖矣。

行己事蹟，朱熹《伊洛淵源錄》卷十四「〈周恭叔〉」條載：

> 周恭叔，名行己，永嘉人。《遺書》第十七卷，或云乃其所記也。祁寬記和靖語云：「恭叔自太學早年登科，未三十，見伊川，持身嚴苦，塊坐一室，未嘗窺牖。幼議母黨之女，登科後，其女雙瞽，遂娶焉，愛過常人。伊川曰：『頤未三十時，亦做不得此事。』然其進銳其退速，每歎惜之。嘗酒席有所屬，既而密告人曰：『勿令尹彥明知。』又曰：『知又何妨，此不害義理。』伊川歸，和靖偶及之。伊川云：『此禽獸不若也，豈得不害義理。』又曰：『父母遺體以偶賤倡，可乎？』」上蔡謝公亦言：「恭叔不是擺脫得開，只為立不住便放了。」胡文定公亦云：「人須是於一切世味淡薄方好，不要有富貴相。周恭叔才高識明，初年甚好，後來只緣累太重，若把得定，儘長進在。」

《宋元學案》卷三十二〈周許諸儒學案・程呂門人〉「〈正字周浮沚先生行己〉」條亦載：

> 周行己，字恭叔，永嘉人。學者稱為浮沚先生。少而風儀秀整，語

音如鐘，十行並下。游太學，時新經之說方盛，而先生獨之西京，從伊川游，持身艱苦，塊然一室，未嘗窺牗，嘗作〈顏子不貳過論〉，曰：「過不必大，毫末萌於心，而天地爲之應；悟不必久，斯須著於心，而天下歸其仁。」伊川亦稱之。呂與叔時在同門，先生亦師事之。豐清敏公爲司業，一日騶從闖於堂下，先生上書規之，清敏爲巽謝焉。時兩賢之成元祐進士，求監洛中水南糴場，以便從學。……崇寧中，官至太學博士，願分教鄉里，以便養親，許之。尋教授齊州。大觀三年，侍御史毛□劾先生師事程氏，卑汙苟賤，無所不爲。遂罷歸，築浮沚書院以講學。宣和中，除秘書省正字，卒於郓。所著有《周博士集》三十卷，梓材案：陳直齋《書錄解題》：「《浮沚先生集》十六卷、《後集》三卷云。」先生所居謝池坊，有浮沚書院。　雲濠案：《周博士集》三十卷，本之《萬曆溫州府志》。考《宋史‧藝文志》稱《周行己集》十九卷，正合前後兩集之數，《溫志》蓋傳訛也。《永樂大典》本《浮沚集》八卷，見《四庫書目》。予從《永樂大典》得見之，其文蓋學東坡者。先生以偶墮狖邪之故，遂爲謝、尹諸公所譏。然考其晚年所造，似已爲不遠之復，未可以一節抹殺之。晦翁謂先生學問靠不得者，恐太過也。永嘉諸先生從伊川者，其學多無傳，獨先生尚有緒言。南渡之後，鄭景望私淑之，遂以重光。故水心謂永嘉之學，睍千載之已絕，退而自求，克兢省以禦物欲者，周作於前，鄭承於後。然則先生之功不可沒也。

觀《伊洛淵源錄》及《宋元學案》所記，則周恭叔生平及學術可見一斑。《宋元學案》又載〈浮沚語〉曰：

先生教人爲學，當自格物始。格物者，窮理之謂也。欲窮理，直須思始得。思之有悟處始可，不然，所學者恐有限。

是周恭叔爲學，重格物窮理，學思並用，且求思而每有悟處。

《宋元學案》又附錄周行己〈浮沚記〉，其〈記〉曰：

予，浮雲其仕，泛然出，油然歸。有名無位，凡民如也；有鄉無居，逆旅如也。僦室浮光山之下，古西射堂之遺址。叢然小洲，繚以勺水。予視吾生若漚，起滅不常；若萍，去留無止。於是名之曰浮沚。其西爲閣，名曰漚閣。其東爲軒，名曰萍軒。其北爲室，名曰桴室。窒者，室也，室吾心之陰幽不善也。其南引舟而渡，名曰筏渡。渡者，度也，度一切陽明之善也。是吾居也，因水而爲洲，因洲而爲

室，因室而爲名，因名而爲義，皆浮義也。故吾不獨浮其仕，又且
浮其居；不獨浮其居，又且浮其生。生有之而何得，無之而何失。
古之有道者，貧而樂，窮而通，豈謂是與？非曰能之，願學焉。
讀此〈記〉，則恭叔爲人浮生死，輕去就，其旨趣殆可覘矣。

恭叔著作，《解題》載《浮沚先生集》十六卷、《後集》三卷。清乾隆間，
《四庫全書》館臣曾就《永樂大典》以蒐羅排次，僅得八卷。《四庫全書總目》
卷一百五十五〈集部〉八〈別集類〉八載：

> 《浮沚集》八卷，宋周行己撰。行己字恭叔，永嘉人。元祐六年進
> 士，官至秘書省正字，出知樂清縣。陳振孫《書錄解題》稱其爲太
> 學博士，以親老歸，教授其鄉，再入爲館職，復出作縣，鄉人至今
> 稱周博士，蓋相沿稱其初授之官也。振孫載《浮沚先生集》十六卷、
> 《後集》三卷，《宋史·藝文志》載《周行己集》十九卷，正合前後
> 兩集之數。而又別出《周博士集》十卷，已相牴牾。《萬曆溫州府志》
> 又稱《行己集》凡三十卷，更參錯不符。考振孫之祖母，即行己之
> 第三女，振孫所記當必不誤，《宋史》及《溫州志》均傳訛也。行己
> 早從伊川程子游，傳其緒論，實開永嘉學。《浮》之〈先集〉中有〈上
> 宰相書〉云：「少慕存心養性之說，於周孔佛老無所求，而未嘗有
> 意於進取。」又有〈上祭酒書〉云：「十五學屬文，十七補太學諸生，
> 學科舉；又二年，讀書益見道理，於是學古人之修德立行。」云云。
> 觀所自敘，其生平學問梗概可以略見。則發爲文章，明白淳實，粹
> 然爲儒者之言，固有由也。且行己之學雖出程氏，而與曾鞏、黃庭
> 堅、晁說之、秦觀、李之儀、左譽諸人，皆相倡和。《集》中〈寄魯
> 直學士〉一詩，稱「當今文伯眉陽蘇，新詞的爍垂明珠」，於蘇軾亦
> 極傾倒，絕不立洛蜀門户之見，故耳濡目染，詩文亦皆嫺雅有法，
> 尤講學家所難能矣。《集》久失傳，今從《永樂大典》所載，蒐羅排
> 比，共得八卷，較之原編，十幾得五，尚足其見大凡也。

是《四庫全書總目》於恭叔之評價雖頗高，然亦持平之論也。恭叔另有《易
講義》一書，近人宋慈抱《兩浙著述考·經術考·易類》載：

> 《易講義》，宋永嘉周行己撰。行己，字恭叔，元祐六年進士。官居
> 秘書省正字，事蹟具《宋史》本傳。孫詒讓《溫州經籍志》云：「《易
> 講義》，宋以來書目未著錄，其〈敘〉見《永樂大典·浮沚集》四卷

二〈經解〉內，有『仁者見之謂之仁，智者見之謂之智，百姓日用
而不知，故君子之道鮮矣。』一篇，疑即《講義》逸文也。」原書
佚。

案：慈抱謂行己事蹟具見《宋史》本傳，其實誤也。行己，《宋史》無傳；《宋
史翼》卷之二十三，始有行己傳，惟取材《宋元學案》，無異文。行己《易講
義》已佚，然其〈序〉仍見《四庫全書》本《浮沚集》卷四，乃〈序〉類第
一篇，此即孫詒讓《溫州經籍志》謂「其〈叙〉見《永樂大典‧浮沚集》四
卷二〈經解〉內」者也。〈易講義序〉頗見恭叔研治《易》學旨趣，姑迻錄之
如下：

　　《易》之為書，伏羲始作八卦，文王因而重之，孔子繫之以辭，於
　是卦、爻、彖、象之義備，而天地萬物之情見。聖人之憂天下來世
　其至矣，先天下而開其物，後天下而成其務。是故，極其數以定天
　下之象，著其象以定天下之吉凶；六十四卦、三百八十四爻，皆所
　以順性命之理，盡變化之道也。散而在野，則有萬殊；統之在道，
　則無二致。所以易有太極，是生兩儀。太極者，道也；兩儀者，陰
　陽也。陰陽，一道也；太極，無極也。萬物之生，負陰而抱陽，莫
　不有太極，莫不有兩儀，絪縕交感，變化無窮。形則受其生，神則
　發其知，情偽出焉，萬緒起焉。易之所以定吉凶、生大業也。故易
　者，陰陽之道也；卦者，陰陽之物也；爻者，陰陽之動也。卦雖不
　同，所同者奇耦；爻雖不同，所同者九六；是以六十四卦，互為其
　體；三百八十四爻，互為其用。遠在八荒之外，近在一身之中，暫
　於瞬息，微於動靜，莫不有卦之象焉，莫不有爻之義焉。至哉易乎！
　其道至大而無所繫，其用至神而無不存，時固未始有一，而卦亦未
　始有定。象事固未有窮，而爻亦未始有定位。以一時而索卦，則拘
　而無變，非易也；以一事而明爻，則室而不通，非易也；知所謂卦、
　爻、彖、象之義，而不知謂卦、爻、彖、象之用，亦未為知易也。
　由是得之，於精神之動、心術之運，與天地同其德，與日月合其明，
　與四時合其序，與鬼神合其吉凶，然後可以謂之知易也。雖然，易
　之有卦，易之已然者也；卦之有爻、卦之已見者也。已形已見者，
　可以言知；未形未見者，不可以名求，則所謂易者果何如哉？此學
　者所以當知也。

案：直齋之尊翁以治《易》見稱於時，李迎送之以詩，即有「籍甚人言《易》
已東」之句；周密《志雅堂雜鈔》卷下則謂直齋所著書有《易解》、《繫辭錄》；
頗疑直齋喬梓之《易》學，皆上承周行己者也。惜三人之《易》學著作，大
多散佚，而三者相因相承之跡，今已無從稽考矣。

恭叔除《易講義》外，尚有《禮記講義》一書，其書今亦散佚。〈禮記講
義序〉亦載《浮沚集》卷四中，茲亦迻錄之，以見行己《禮記》學之一斑。
其〈序〉曰：

> 《禮經》三百，威儀三千，皆出於性，非詭貌飾情也。鄙夫野人卒
> 然加敬，逡巡遜卻而不敢受。三尺童子拱而趨市，暴夫悍卒莫敢狎
> 焉。彼非素習於數，與邀譽於人而然也；蓋其所有於性，感物而出
> 者如此。天尊地卑，禮固立矣；類聚群分，禮固行矣。人者，位乎
> 天地之間，立於萬世之上，天地與吾同體也，萬物與吾同氣也。尊
> 卑分類，不設而彰，聖人循此，制爲冠、昏、喪、祭、朝、聘、鄉
> 射之禮，以行君臣、父子、兄弟、夫妻、朋友之義。其形而下者，
> 見於飲食、器服之用；其形而上者，極於無聲無臭之微。眾人勉之，
> 賢人行之，聖人由之。故所以行其身，與其家，與其國，與其天下
> 者，禮治則治，禮亂則亂，禮存則存，禮亡則亡，上自古始，下逮
> 五季，質文不同，罔不由是。然而世有損益，惟周爲備；是以夫子
> 嘗曰：「郁郁乎文哉！吾從周。」逮其弊也，忠信之薄，而情文之繁。
> 林放有禮本之問，而孔子欲先進之從；蓋所以矯正反弊也。然豈禮
> 之過哉？爲禮者之過也。秦氏焚滅典籍，三代禮文大壞。漢興購書，
> 《禮記》四十九篇雜出諸儒傳記，不能悉得聖人之旨。考其文義，
> 時有牴牾。然而其文繁，其義博，學者觀之，如適大都之肆，珍珠
> 器帛，隨其所取；如遊阿房之宮，千門萬戶，隨其所入。博而約之，
> 亦可弗畔。蓋其說也，其粗在應對進退之間，而精在道德性命之要，
> 始於童幼之習，而卒於聖人之歸。惟達古道者，然後知其言，然後
> 能得其理。然則禮之所以爲禮，其則不遠矣。昔者顏子之所以從事，
> 不出於視聽言動之間，而鄉黨之記孔子，多在於動容周旋之際，此
> 學者所當致疑以思，致思以達也。

讀是〈序〉，則知恭叔固亦精於《禮》學者，其於禮之體用，言之允矣。

恭叔亦善詩，《浮沚集》卷八載其五言古詩三十五首、七言古詩十一首；

卷九載其五言律詩三十五首、五言排律二首、七言律詩二十一首、五言絕句五首、七言絕句三十五首，合共一百四十四首，可云贍富矣。厲鶚《宋詩紀事》卷三十二錄其〈絕境亭〉一首云：

> 雲橫絕塵境，峻嵂若繩削。群山列培塿，眾星分脈絡。下瞰萬瓦居，縹緲見樓閣。松風發天籟，泠然眾音作。晶晶天宇清，塵襟一澄廓。
>
> 《東甌詩集》。

此詩境界開闊，頗見詩人襟度，太白、坡仙之儔也。《宋詩紀事》僅錄一首，嘗鼎一臠，知餘味矣。

　　直齋之親戚，其次須道及者乃李迎。據《解題》卷十八〈別集類〉下「《濟溪老人遺藁》一卷」條所載，迎字彥將，亦周行己婿，與直齋大父為襟袂。是則迎實直齋之姨祖父，而直齋父乃迎之甥也。迎，《宋史》無傳。惟周必大《平園續稿》卷三十五有〈朝奉大夫李君迎墓表慶元三年〉，則載彥將生平甚詳。〈墓表〉曰：

> 河陽濟源多名族顯宦，張氏、李氏，實相甲乙，通婚姻。南渡後，祖母秦國張夫人，每與李氏子弟篤敘親好。予於其間敬愛兩人，曰隨，字可大，廉介謹飭，治縣有聲，而其族弟諱迎，字彥將，行安節和，恬於進取，予尤重之。可大沒已五十年，彥將下世亦二紀，念之不忘也。彥將之子數求予表先墓，乃追紀開見，而考信〈行狀〉之說如左：
>
> 李氏冑出唐宗室汜水王，本朝有諱感者，以儒學起家。至君曾祖章，繼擢進士第，以太常少卿致仕，贈少師。祖百朋，中奉大夫致仕，贈少傅。父弼儒，右中奉大夫，直祕閣致仕，贈少師。姚氏、曹氏、趙氏，秦、魏、楚國夫人。君，姚出也。欽宗登極，祕閣為兩浙轉運副使，君以捧表，恩補將仕郎。調婺州都稅院發運使，檄應辦王德軍錢糧循從仕郎。故相趙忠簡公鎮豫章，辟知靖安縣，又從金陵行留守，為準備差遣，歷溫州軍事推官。程邁、梁汝嘉、閭邱昕，號吏師，皆以侍從出守，事多委君。程當歲莫移閩帥，留至正月，以薦章授君，乃解印。有錄事參軍，老而貧，已授代，為嬖吏所持；君械繫掠治，吏叩頭服罪，同僚咨美。舉員應格，改右宣教郎，知臨安府。錢塘縣歲旱，留運河水溉民田，會金國使至，漕臣諭君撤壩通舟，君固請留其半。漕怒，捃摭無所得，至用前政陳炳

科皇城磚事劾君失政，坐是罷。起知湖州歸安縣，外艱不赴；知婺州金華縣，提轄行在雜買務雜賣場。郊恩，賜銀緋，求外補，充福建安撫主管機宜文字；再爲提點鑄錢司主管文字。乾道初，代還。時相洪文惠公與君有舊，君資歷當爲二千石，纔得通判臨安府，朝市浩穰，非所好也。乞易明州。浙東總管曾覿以代邸恩，數薦進人才，其門如市。知君京洛故家，屈意願交，尋召還，人謂必有裏言。君適秩滿，即袖牒從太守丐保明奉祠，竟主管台州崇道觀。歸寓湖州新市鎮蕭寺中，手抄聖賢治心養性之要，時時賦詩自樂，類成百篇。舊藏畫像惟肖，淳熙改元之六月，自題贊百餘言，其略曰：「三仕三已，應緣而止。一邱一壑，倦遊而歸。耳目口鼻，畫史或得其彷彿。至於超然物外，彼亦安知其端倪也耶！」俄遇微疾，沐浴端坐而逝，是歲九月丁未也。予始悟自贊之意云，享年七十有二。明年正月己酉，葬於湖州烏程縣三碑鄉金山原秘閣墓之左。以子升朝，累贈中奉大夫，妻令人周氏，永嘉名士周行己恭叔之女。恭叔官京師，與秘閣善。君未弱冠，風度凝遠，能文辭，善談論，故以女歸之。後君十一年，年八十三而卒，附君以葬。四子，結，故朝奉大夫，尚書度支員外郎，總領四川財賦、軍馬、錢糧；綜，早世；絨，故從政郎，平江府司法參軍；綺，今爲從政郎，新泰州如皋縣令。女二人，宣教郎王光達，朝散大夫、新知眞州事張顏，其婿也。孫男七人：大成，新池州青陽縣尉；大雅，新寧國府太平縣主簿；大均，新高郵軍興化縣尉；皆迪功郎。次大有、大鼐、大亮、大倫。孫女七人。初秘閣之沒，君二子尚受遺澤。其一遜弟之子，人服其義。君潔淨通敏，有可用之才，知己方在朝，輒違而去之。長子持節近甸，人以爲榮，君泊如也。惟榮辱得喪，未嘗屑屑胸次，故其終，神識湛然，可以窺所蘊矣。今諸子惟如皋在，即求表君之墓者。

〈行狀〉，蓋眞州之文也。慶元三年閏六月日具位，周某述。

讀必大此〈墓表〉，則知彥將卒於宋孝宗淳熙元年甲午（1174）九月，享年七十有二。由是上推，固生於宋徽宗崇寧二年癸未（1103）。據余所考，直齋生歲在淳熙六年己亥（1179），[註1] 則直齋固未得見其姨祖父之逝矣。

　　李迎著作，僅有《濟溪老人遺藁》一卷，惜已散佚，無能訪其蹤跡矣。

〔註 1〕參見第三章附〈陳振孫生卒年新考〉。

其詩亦不經見，《宋詩紀事》卷六十載有佚句一，即《解題》所錄「籍甚人言《易》已東」也。

迎長子結，《宋史》亦無傳。結與直齋之父爲表親，即直齋表伯叔也。結之生平，董斯張《吳興備志》卷十三〈竿禕徵〉載之，曰：

> 李結，字元明，河陽人，迎子也。慕元次山之風，因以次山自號。卜築雪上，扁舟貪緣葦間，鷗來相從，百轉不止，名爲漁社。後以尚書郎奉使全蜀，凡六十一郡之官吏、數十萬之將士，莫不欽受約束。仍念舊社不置，繪〈漁社圖〉，周必大序之。

案：苗增《圖繪寶鑑補遺》亦載：

> 李次山，工山林人物。

是次山固擅丹青者。惟所繪之圖，全名應爲〈雪溪漁社圖〉。至必大爲〈漁社圖〉所撰者乃跋，非序也，《吳興備志》誤之矣。必大之跋見《文忠集》卷十八〈題跋〉，曰〈跋李次山雪溪漁社圖〉，其文云：

> 唐元結字次山，嘗家樊上，與眾漁者爲鄰，帶笒箈而歌欸乃，自號聱叟。今河陽李君名元，字次山，卜築雪溪，又號漁社，其善學柳下惠者耶？始乾道間，予官中都，君以先世之契，數携此〈圖〉求跋。自念身遊東華塵土中，欲爲西塞溪山下語，難矣！屬者奉祠歸廬陵，所居在東城隅，去江無五十步，洲名白鷺，橫陳其前，日以扁舟緣葦間，鷗來相從，百轉而不止。雖未敢竊比張志和，亦庶幾乎元次山矣。而君方以尚書郎奉使全蜀，凡六十一郡之官吏、數十萬之將士，莫不斂板受約束，銜枚聽號令。猶念舊社不置，萬里遺書，與〈圖〉偕來，督踐前約。予欲遽數忘機之樂，則君權任如此，顧豈招隱時耶？須君他日奏記〈甘泉〉，厭直承明，尚寄聲於我，當有以告君，今未可也，姑題卷軸歸之。紹熙元年三月三日，適逢丁巳，清原野夫周某。

周益公此〈跋〉寫成於紹熙元年庚戌（1190），而〈漁社圖〉則繪就於乾道間（1169），上距益公撰〈跋〉之時已二十餘年矣。惟益公此〈跋〉亦有微誤，蓋次山名結，前引益公所撰〈朝奉大夫李君迎墓表〉已言及之；且結弟名綜、名紱、名綺，字皆從「糸」，絕無結獨名元之理。《吳興備志》所撰李結小傳，頗據益公此〈跋〉，亦謂李結字元明，自號次山。疑此〈跋〉原亦作「李君名結」，今作「元」者，乃《四庫全書》館臣筆誤，或受結「字元明」所影響耶？

李結〈漁社圖〉，今藏美國紐約大都會博物館。饒宗頤教授近撰〈李結雪溪漁社圖及其題跋有關問題研究〉一文，於國立故宮博物院舉辦「中國藝術文物討論會」上宣讀，文長不備錄，〔註2〕僅錄其〈提要〉云：

> 此論文目的，在指出畫蹟研究，有時經與文獻結合，方能解決問題，李結（次山）〈雪溪漁社圖〉，即其一重要例證。本〈圖〉卷有范成大、洪邁、周必大、尤袤、王藺、趙雄、閻蒼舒諸巨公題跋，對李次山與此〈圖〉關係，提供許多研究線索。諸題跋只有周必大一篇全文，載錄於其文集，惟《四庫全書》本鈔寫多訛，以至引出李結另有一名「李元」之錯誤推斷。其它跋文可以補訂文獻記錄者尚多，如《全宋詞》小傳，經本文比勘，即漏洞百出。
>
> 宋代蘇軾、黃山谷詞，多涉及漁父，與張志和結不解緣，山谷所謂「漁父家風」是也。故以「漁父」爲文學藝術作品主題，在宋代尤普遍，上自朝廷，以至方外皆然，蔚爲風氣。故李結此〈圖〉，以雪溪漁社爲描寫重點，乃此一風氣下之產物。
>
> 董其昌以此〈圖〉加之王詵，實不可據，依閻蒼舒〈跋〉，此卷前應有閻氏榜書「西塞」等七大字，今不可見，知屢經裝裱，亦非原貌矣。
>
> 此卷因題跋之多，特富文獻學之價值，其重要性較之繪畫藝術更爲凸出，本文即著重這一方面之探討。

案：饒教授鴻文此一〈提要〉謂「《四庫全書》本鈔寫多訛，以至引出李結另有一名『李元』之錯誤推斷」，所言與鄙論暗合；又謂「以『漁父』爲文學藝術作品主題」，在宋代「蔚爲風氣」，「李結此〈圖〉，以雪溪漁社爲描寫重點，乃此一風氣下之產物」，闡述至當，確能揭示宋代文學藝術發展之現象。

至李結之政績，則見范成象〈崑山縣重修學記〉所載，該〈記〉云：

> 皇朝在祖宗時，郡國得置學宮。弟子員選賢以教者，舉天下纔五十有三所，而蘇居其一焉。崑山實爲蘇之邑，其承休尚矣。縣有學，在西門之內，雍熙中，太宗皇帝所書「大成寶章」、「雲漢昭回」扁榜，峨然也。然並海之俗易趨利，業儒者寡。異時以學入仕者，越

〔註 2〕國立故宮博物院爲慶祝中華民國建國 80 週年，於民國 80 年 7 月 21 日至 24 日舉辦「中國藝術文物討論會」，邀請國內外學者分書畫、器物兩組發表論文，並進行討論。饒文列爲書畫組第五篇。

數十年，時一慰寂寥耳！齊魯之變不同，風土之宜異也。粵自化龍
南渡，乾旋坤轉，萬靈駿奔，海若波立，蕩壅決塞，百川順理。由
是，此邦潮汐流通，溝澮交會，學之向背，二水殆有灘渙之美焉。
自茲文物之興勃然，士爭以儒學自奮，接屋連牆，絃誦如市，隨計
公車，束書橋門，率數倍他邑。奉常賜第連大，比不乏人。近歲尤
輩出，歲時閭里，盍簪至環席，皆前進士，昔所無有也。以篤近漸
嫩，力半而功倍也。學更數政，弗問弗遑，日圮月摧，風雨弗支。
乾道改元，河陽李侯為邦之二年也，蒐慝剔弊，無廢不興，疏源導
利，專務以惠愛恤隱，雖遇大旱，其民弗疵。邑且治，喟然謂同列
曰：「百里，古子男之國也，命之政教以是出，所以助王化，使民向
方者，豈屑屑吏能宜稱哉！況吾屬奉制書，此道固先勸相矣。如之
何弗敬？」會有浮屠氏以貨殖敗，其所自豐者非法，官籍之，貲以
緡續，田以頃計。侯乃請郡，願以貲治廢田為供。太守吏部沈公，
方以儒雅潤色為治，嘉侯之意，亟言上而從之。侯躬揆度，鳩工指
授，斧斤圬墁，趨事紛舉。經營於良月之初，朔一再告，而閎宇崇
成。門闕沈如，廊廡蠡如，殿陛有序，飛甍翼如。橫經肄業，有堂
有舍，像設儼列，器陳合儀，凡所尊崇，規模具備。乃會邑縉紳，
逢掖釋菜於先聖先師，禮成弗怨，萬目交聳，猗歟盛哉！斯文之壯
觀也，成象依仁里居，獲與崇觀。侯以記歲月請於不腆之文，既辭
弗獲。竊謂古者四民，一耕而三食之，張口勞食焉，而無愧食功也；
士獨無為食之，不惟無愧，又加敬焉，豈不有大功乎？孟子曰：「無
君子莫治野人，無野人莫養君子。」俾三人者共作，於其食易易，
繫君子為之本，士之功顧不大矣哉！亦有非古之民而食人之食，其
人已病矣，又從而漁獵之。如木之有蠹，枝葉未害，未必先撥為治
者，常謹視而別去之。今李侯別其蠹而培其本，是真知所以為治者
矣。本固矣，則英華之發又將增。是邑文物之光，不止誇衣冠之盛
於疇昔而已矣，宜有魁壘豪傑之士，出於其前聞人，一二鉅公以功
名德業焜燿宇宙者，今而後或見之，毋怠其所自。邑人皆曰：「昔子
產不毀鄉校，三年，人猶誦之。今李侯之惠吾邦也如是，吾之誦之，
奚侯三年。」李侯聞之，以為不然。一日晨入，揖諸生而進之曰：「昔
無廬，今大廈居；昔無以為養，今有儲。願諸君朝于斯，夕于斯，

議于斯，誦于斯，所以居爾業而謀而躬也。議于斯，此余之所樂聞
也；誦于斯，以俟後之來者。」君子以李侯爲知言云。故余喜而併
書之。李侯名結，字次山。左朝奉郎、提舉荊湖南路常平茶鹽公事、
吳郡范成象撰。〔註3〕

讀此〈記〉，次山之有功於邦邑教化，固可知悉矣。《禮記‧學記》云：

發慮憲，求善良，足以謏聞，不足以動眾。就賢體遠，足以動眾，
未足以化民。君子如欲化民成俗，其必由學乎！

次山知政教足以化民成俗，故身體力行之，由是而建校培材，成績固彪炳若
是。

綜上所述，李迎、李結父子生平學術，及其爲宦政績與心性修爲，可見
一斑。結既爲直齋表伯叔，則結之弟綜、紱、綺三人，亦同屬直齋表伯叔矣；
而結之妹二人，則直齋之表姑；妹夫王光達、張顏，則直齋表姑丈；結之子
姪大成、大雅、大均、大有、大鼐、大亮、大倫七人，則直齋表兄弟；結之
女姪七人，則直齋之表姊妹。惜上述諸人事蹟，今亦無法考其詳矣。

直齋母系一族之親戚，據上引《解題》卷十七〈別集類〉「《丁永州集》
三卷」條，則知直齋母姓李氏，乃嘗任樂清令李素字見素之孫女；素妻乃知
永州丁注女，注字葆光，《解題》謂其「元豐中余中榜進士」，則有微誤。查
檢明人朱希召《宋歷科狀元錄》卷之四〈神宗朝〉條載：

熙寧六年癸丑狀元余中　省元邵剛
三月庚戌親策進士余中等四百人。

余中，字正道，宜興人。熙寧五年偕兄貫試禮部，中預選而貫黜。
因薦兄請自黜，有司雖不許，士論嘉之。次年廷對第一。紹聖初，
使虜還。奏河朔城隍隳圮，乞從密院行下葺治，以戒不虞。宣、靖
間，金人長驅，城守多不固，議者始思其言。官國子直講，至知湖
州府致仕。是歲宜興一郡，余中魁大廷，邵剛魁南宮，邵材魁開封。
於是稱多士矣。

觀此，是丁注乃中神宗熙寧六年癸丑（1073）余中榜進士，非元豐也，直齋
亦有失檢矣。

丁注女既適李素，則素爲注之佳婿；注爲直齋母之外曾祖父，而李素夫
婦則爲直齋外曾祖父母也。直齋外曾祖父母，其生平事蹟，可知者甚少；反

〔註3〕范文載明錢穀編《吳都文粹續集》卷五〈學校〉。

而丁注，則可考者較多。今試略徵史料，考述丁永州宦績及其著述如下：

厲鶚《宋詩紀事》卷二十五「〈丁注〉」條載：

注字葆光，吳興人。熙寧六年進士。知永州。有《丁永州集》。

昌彼得等所編《宋人傳記資料索引》記載則較詳，其「〈丁注〉」條云：

丁注，字葆光，歸安人。熙寧六年余中榜進士，累官知永州。喜為歌詞。有《丁永州集》三卷，不傳。

案：歸安乃屬吳興。注喜為歌詞，直齋《解題》已言及之，惜多不傳。《全宋詞》僅收其〈無悶〉一闋，《解題》提及之另一首〈慶清朝〉，今亦散佚無存。茲將〈無悶〉一詞錄之如下：

風急還收，雲凍又開，海闊無人翦水。算六出工夫，怎教容易。剛被郢歌楚舞，鎮獨向、尊前誇輕細。想謝庭詩詠，梁園賦賞，未成歡計。　天意。是則是。便下得控持，柳梢梅蕊。又爭奈、看看漸回春意。好趁東君未覺，預先把、園林都裝綴。看是處、玉樹瓊枝，勝却萬紅千翠。《陽春白雪》卷一。

此詞《解題》有小題，作「催雪」，甚切詞意，可補《全宋詞》所未及。至此詞用典精妙，頗能融化詞意，殊非平鈍者所能作也。

丁注亦能詩，《宋詩紀事》卷二十五錄〈永慶寺二覽亭〉一首，曰：

插迴飛簷聳，凌虛疊砌危。四天欄下揖，萬象掌中窺。目力不到處，雲谷無盡時。塵塵看勝事，憑欄幾人知。《赤城志》。

全詩境界開闊，吐屬不凡，風格近青蓮、坡仙，亦豪放之儔也。

直齋有妹，妹夫王栐，字叔永，《解題》卷十六〈別集類〉上《白集年譜》一卷條載其守忠州時曾以此《譜》錄寄直齋。王栐，《宋史》無傳，《宋史翼》亦未載其事蹟。故博贍如陳樂素、喬衍琯諸氏，於叔永行事，殊少知聞。其實叔永著有《燕翼詒謀錄》，《四庫全書總目》卷五十一〈史部〉七〈雜史類〉收有此書，〈總目〉云：

《燕翼詒謀錄》五卷，宋王栐撰。栐字叔永，自署稱晉陽人，寓居山陰，號求志老叟。其名氏不概見於他書，今考書中有紀紹興庚戌仲父軒山公以知樞密院兼參知政事一條，庚戌為紹興元年，核之《宋史》，是年五月甲午，王綯知樞密院。是栐當為綯之猶子。綯，《宋史》無傳，據徐自明《宰輔編年錄》載：「綯，無為軍人。」是書第三卷中所述無為軍建置特詳，可以為證。其稱晉陽者，蓋舉祖貫而

言。書中又有「余曩仕山陽」，知其嘗官淮北，而所居何職，則已不
可考矣。其書大旨以宋至南渡而後典章放失，祖宗之良法美政俱廢
格不行，而變爲一切苟且之治，故採成憲之可爲世守者，上起建隆，
下迄嘉祐，凡一百六十條，並詳及其興革得失之由，以著爲鑑戒，
蓋亦〈魚藻〉之義。〈自序〉謂悉考之國史、實錄、寶訓、聖政等書，
凡稗官小說，悉棄不取。今觀其臚陳故實，如絲聯繩貫，本末粲然，
誠雜史中之最有典據者也。

讀《四庫全書總目》此篇，則知叔永祖籍晉陽，寓居山陰，曾仕山陽，嘗著
《燕翼詒謀錄》五卷。其仲父繭，號軒山，無爲軍人，紹興元年辛亥（1131）
五月甲午知樞密院，後兼參知政事。惟據《解題》，又知叔永嘗守忠州，與直
齋爲郎舅，而《四庫全書總目》竟未之及，亦可謂失之眉睫矣。叔永《燕翼
詒謀錄》有〈自序〉，其〈自序〉云：

> 仰惟太祖皇帝肇造區夏，宏規遠略，傳之萬世。太宗皇帝、眞宗皇
> 帝、仁宗皇帝嗣守丕基，善繼善述，凡所更張設施，無非忠厚，故
> 深仁龐澤，固結人心，牢不可解；雖中更新法，多所更易。其後封
> 豕長蛇，薦食上國，而民以身殉國，有死無貳，至有城破比肩，拱
> 手就戮，無一降者。其培植涵養，深根蒂固，豈一朝一夕之故哉！
> 昔漢祖入關之初，約法三章；唐宗甫得天下，定租庸調；而漢四百
> 年、唐三百年基業，實本於此。然漢祖歿而呂氏用事，唐宗亡而武
> 氏革命。孝文繼立，能紹先志；景帝刻薄，則又反是。玄宗討亂，
> 復以肇亂，其眠皇朝列聖相繼，卒而廣聲者，萬萬不侔矣。人皆知
> 罪熙、豐以來用事之臣，而不原祖宗立國之本旨。苟非規摹宏遠，
> 德澤深厚，則其交驗尚不能如漢、唐之季世，何以再肇中興之基。
> 夷考建隆迄於嘉祐，良法美意，燦然且具陳。治平以後，此意泯矣。
> 今備述於後，與識者商榷之，以稽世變云。寶慶丁亥孟冬既望，求
> 志老叟、晉陽王栐叔永書於山陰寓居求志堂中。

> 稗官小說所載國朝典故，多相矛盾。故李公伯和質以國史爲《典故辨
> 疑》一書，凡諸家所載，無一非妄，幾於可以盡廢。今余所述，無非
> 考之國史、實錄、寶訓、聖政等書，凡稗官小說，悉棄不取，蓋以前
> 人爲戒也。凡我同志，譏其妄論則可，以爲繆誤則不可矣。苟有以警
> 教之，則又幸也。中澣日再書。

是叔永撰此書，乃盡棄稗官之說，而全遵國史、實錄，故〈總目〉推譽之爲「雜史中之最有典據者」，信非誣矣。讀此〈序〉，又知叔永編撰此書之意，蓋欲將祖宗立國、治國之良法美意，燦然具陳，俾能與有識者商榷而稽世變，則其著書之用心，甚良苦也。此書之〈序〉，署年爲「寶慶丁亥孟冬既望」，則書寫成於宋理宗寶慶三年丁亥（1227）十月十五日後。此年，直齋正充興化軍通判也。〔註4〕

綜上所述，余所考得直齋之親戚凡廿九人，計外曾祖周行己、姨祖李迎、姨祖母周氏、表伯叔李結、李綜、李紱、李綺、表姑二人、表姑丈王光達、張顏、表兄弟李大成、李大維、李大均、李大有、李大鼎、李大亮、李大倫、表姊妹七人、外高祖丁注、外曾祖李素、外曾祖母丁氏、妹夫王栐，亦云眾矣。

第二節　陳振孫官場中之同僚

直齋友朋，約分三類。其一爲官場中同僚，蓋直齋仕宦數十年，故是類友朋亦頗多；其二爲學術上友人，顧以直齋畢生沈潛書海，訪書爲樂，所交者多爲當代藏書家。是類友朋，於《解題》及其他著述中亦可考得不少。直齋交游中，亦有方外人士，如溧水縣華勝寺主僧宗應等是。上述各類友朋，其生平事蹟，或有未能詳考者，蓋資料不足故也。茲仍就檢拾所得，略考直齋官場同僚生平事蹟如下：

直齋出仕宦，最早爲溧水縣教授，據《溧水縣志》卷五〈官師表〉，考出其時任縣令者乃湯涗，任縣尉者乃傅泰清。案：湯涗乃湯鵬舉之孫，生平無可考。《宋人傳記資料索引》載：

> 湯鵬舉，字致遠，金壇人。登政和八年進士第，授分寧簿，調晉陵丞，擢知當塗，累官轉運副使。秦檜死，朝廷懲言路壅塞之弊，召鵬舉爲殿中侍御史，請黜檜姻黨，而釋趙鼎子汾及李孟堅、王之奇等，累官御史中丞，知樞密院事。乾道初卒，年七十八。

據是，則知涗亦金壇人，乃名臣之後。至傅泰清，則無可考，僅據《溧水縣志》，知其爲孟州濟源人，由進士擢任縣尉。湯、傅二人官職皆高於直齋，固直齋之上司矣。〔註5〕

〔註 4〕參見第三章第五節。
〔註 5〕參見第三章第一節。

　　直齋任職紹興府學教授時，其時先後知越州軍州事者有留恭、葉籈、王補之三人，知紹興府者有趙彥俕、吳恪二人，另有不知姓名之教官一人。考留恭，張淏《會稽續志》卷二「〈安撫題名〉」載其宦歷云：

　　留恭以朝奉大夫、直寶謨閣知。嘉定三年六月二十二日到任，至嘉定五年四月十七日宮觀。

是留恭任越州安撫不足二年。《宋人傳記資料索引》有留恭小傳，云：

　　留恭，字伯禮，晉江人，正長子。通判廣州，秩滿，民疏惠愛請留。後提舉浙西常平，全活境內饑民三十六萬餘人。除帥紹興，號稱循吏。改帥廣東，猺寇竊發，捕降其豪首，四十四峒悉平。終建寧知府。

案：留伯禮提舉浙西常平在寧宗嘉定二年己巳（1209），其全活境內饑民事，劉宰《漫塘集》卷二十〈記〉有〈嘉定己巳金壇粥局記〉，記事甚詳。其文曰：

　　嘉定己巳秋，天子以畿內旱蝗出膚，使尚書郎留公董西道常平事。建臺王月，移縣發義倉米二百石，助邑士之收養遺棄孩稺者。兩月，續米如前，閭巷讙呼，以爲幼者被賜，則壯者可知；私居小惠，猶翼其成，則荒政大者，蓋不謁而獲也。是歲也，盜起於夏秋，而息於冬，民死飢疾雖所在有之，而之死靡他，知上之人有以恤我也。先是，邑士張君汝永、侯君琦語新桐川湯使君曰：「旱甚矣！而穀滋貴。時方盛夏，民不勝飢，冬春將若之何？」乃相與謀糾合同志，用大觀洮湖陳氏及紹興張君之祖八行故事，爲粥以食餓者。而涂饑之餘，中產以上皆掣肘於公私，雖僅有倡者，亦寡於和。既力弗裕，則雖欲收養孩稺之遺棄者，凡老者、疾者、與孩稺之不能去母者，雖甚不忍，皆謝未遑。比常平使者符下，而旁郡、旁邑亦有喜爲助者，乃克次第收前之遺而併食之。繼以來者之眾，來日之長，懼弗克終。會有以其事白郡太守，守給米三百石；郡博士勇於義者，亦推養士之餘贍之，而用以不乏。及江淮制置使給平江府米二百石，則已後矣。事始於其年十月朔，而終於明年三月晦。經始之日，孩稺數不盈十，後以漸增。閱月登三百，乃十有二月，合老者、疾者、婦人之襁負者踰千人；比月末倍之；開歲，少壯者咸集，則又倍之。間以陰晴異候，增損不齊，其極也日不過四千，概以大觀所紀成數，僅增五之一。始置局於縣之東偏廣仁廢庵，中於嶽祠，終於慈雲寺。爲其隘也，就食者先稺，次婦人，後男子。俾先後以時，出入相待。

爲其擁也，孩稚之居養者，朝暮給食；非居養而來者，日不再給，爲其難於繼也。居養之人聽從去來，疾病者異其寢處。至自旁邑與遠鄉者，結屋以待之，而不限其必入；裏糧以歸之，而不阻其後來。慮積久而疾疫薰染也最。凡用之數，米以石，凡九百六十有二；錢以緡，凡二千二十有二，而用糴米者過半；薪以束，大者三千九百，小者一萬四千二百。葦蓆以藉地，障風雨，及葬不幸死者，凡三千四百六十。食器三百，循環給食，中間隨失隨補，凡一千三百九十，皆有奇。草薦、紙衾與花費，瑣瑣不載。掌其事，布金寺王僧祖傳、茅山道民石元朴。石以私計歸，祖傳實始終之。左右之者，張君昂、徐君椿，而主張經畫，入寺之初，則鄧君允文也。是舉也，微常平使者無以成其始；微郡太守、郡博士無以成其終；故疏其凡有助者於石，而於三者加詳焉，使來者有考。

劉宰此〈記〉所載「董西道常平事」之留公，即伯禮。是伯禮於嘉定二年己巳秋，以尚書郎提舉浙西常平，全活饑民有功，乃於嘉定三年庚午六月，以朝奉大夫、直寶謨閣出知越州安撫。其時直齋適任府學教授，則伯禮固直齋長官矣。

至葉篯，其宦歷亦略有可考者，《會稽續志》卷二〈提刑題名〉曰：

葉篯，嘉定八年六月二十一日以朝請大夫賜紫金魚袋到任。嘉定九年正月一日除直秘閣，知紹興府。

又〈安撫題名〉曰：

葉篯，以朝請大夫、兩浙東路提點刑獄公事、除直秘閣知。嘉定九年二月十一日到任，當年十一月六日罷。

葉篯既於嘉定八年乙亥（1215）任越州提刑，九年丙子（1216）又知紹興府，則亦直齋紹興教授任內上司矣。

王補之，《宋人傳記資料索引》載其生平至爲簡略，僅曰：

王補之，嘉泰四年奉祠，遷秘閣修撰，嘉定十年除知紹興。

其實王補之事蹟可增補者殊多。考元人潛說友《咸淳臨安志》卷四十八載：

（嘉泰）四年甲子，王補之以奉直大夫、試太府卿、淮西總領被召。十二月二十五日依舊太府卿兼知。

是嘉泰四年，補之所任職頗多，不僅奉祠一事也。

《會稽續志》卷二「〈安撫題名〉」條載：

王補之，以中奉大夫、知婺州、復秘閣修撰知。嘉定十年三月六日
　　到任，十二年三月二十二日除右文修撰，提舉建康府崇禧觀。

是補之任越州安撫前，曾知婺州，復秘閣修撰。其在會稽爲宦僅二年，適值
直齋在越爲教授，則亦直齋長上矣。

　　補之又曾官大理寺，樓鑰《攻媿集》卷三十五〈外制・大理評事王補之
大理寺丞〉云：

敕具官某：爾家傳文法，久任廷評，遂爲同列之首，賢勞著矣，丞
貳之職，命爾遷焉。罪宜惟輕，繫古之訓。移情就法，尚戒于茲。

虞儔《尊白堂集》卷五〈制・王補之除大理少卿制〉亦曰：

朕惟〈王制〉有云：「刑者，侀也，一成而不可變，故君子盡心焉。」
天下之獄，至於大理極矣。苟五聽之不審，三刺之不中，則是使斯
民終於無告而已，朕甚憫焉。以爾心近厚，議法不私，典州則人懷
惠愛，持節則吏畏精明。故擢從樞屬之聯，俾貳棘卿之列。往哉惟
欽，以究所長；朕於用人，惟才是擇。歷階而升，自有近比，爾尚
勉之。

讀此，則知補之曾任職大理寺，由評事而寺丞，而少卿，惜文獻不足，一時
仍無法考出其居官年月矣。

　　趙彥俟，曾知紹興府，亦直齋長上也。彥俟，《宋史》卷二百四十七〈列
傳〉第六〈宗室〉四有傳，故知其事蹟頗詳。其〈傳〉曰：

彥俟字安卿，彭城侯叔褧曾孫也。父公廣，饒州太守。彥俟初調溧
陽尉，邑民潘氏兄弟橫邑中，號「三虎」，畜僮僕數百，邑官莫敢誰
問。彥俟白其守治之，縛潘氏昆弟，正其罪。

改揚州司戶，攝獄掾。有告主藏吏盜錢餘千萬，治之急，吏泣請死。
彥俟察其情，屏人問，則諸吏共貸也，乃許自首免罪，一日而畢。
改平江府推官，攝宜興縣。縣自中興後，預借民明年稅，民挾此得
慢其令。彥俟請禁預借，邑遂易治。

知臨安於潛縣。縣胥往往通臺省吏，得肆其奸。彥俟執其點者，械
送府。臺省吏從中救之，彥俟力爭，竟抵胥罪。浮橋屢以水敗，彥
俟梁以石，民免溺死。陞臨安府通判。

開禧初，知興國軍。歲旱蝗，而軍需益急，屬邑令吳格負上供銀尤多，
彥俟坐累貶秩，格愧謝。彥俟曰：「屬時多艱，宜寬民力以崇根本，

何謝爲？」潰卒據外城爲變，彥俠募能斬捕者賞之。既而各斬首以獻，散其餘黨。

累遷湖南運判。猺人羅孟傳反，累歲不能平。彥俠謂帥臣曰：「猺人雜殺，乃其常情，況主斷不平，是激之使叛也。能遣諜者離其黨與，俾還自相雜，破之易矣。」帥從其計，遂降孟傳。

尋知紹興府。楮價輕，彥俠權以法，民便之。復鹿鳴禮，置興賢莊以資其費。築捍海石塘，亦置莊以備增築。會旱，饑民聚陂湖中，彥俠取死囚，冪首刖足，徇於眾曰：「此劫菱藉者也。」遂散其眾。乃第民高下，損其稅有差，免輸湖籍田米，舉緡錢四十萬以助荒政，民賴以濟。詔改太府少卿、遷顯謨閣、知太平州，調江西轉運使。嘉定十一年卒於官，年六十四。

讀是，固可考知彥俠爲能吏矣。然彥俠究於何時知紹興？則《宋史》無明文。《會稽續志》卷二「〈提刑題名〉」條則載：

趙彥俠以朝散大夫、考功郎中除，嘉定四年十二月十五日到任。次年四月十六日除直秘閣，當年八月之一日除寶謨閣，知紹興府。

是確知彥俠知紹興府，在嘉定五年壬申（1212）八月初一也。至彥俠之置興賢莊事，其詳情亦可得而言。葉適《水心集》卷十有〈紹興府新置二莊記〉，文中詳載其始末，該〈記〉云：

嘉定七年，越州初建二莊於諸暨縣古博嶺。越之西皆海也，水怒防失，冒寶盆隄，白楊市兩縣間蕩爲滄溟。事聞上，遽頒經常，命太守趙公彥俠築堤捍之，起湯灣，迄王家浦。公又益以留州錢千餘萬，役自秋復夏乃畢。越人謝曰：「昔土塘，而今石，宜可久無患。」公愀然曰：「未也。堤之始穴，尺寸爾，慢不省，積歲月，大潰矣。今雖壯好，後將復然，石何能爲？」初，民杜思齊獲罪，家沒入。公請買於安邊所，別藏其租，以備補完，一也。越爲郊畿，而民不勝困，卿相迭守，而治反疏，城堞營署，無不敝缺，聘問燕饗，無不削損。若夫命鄉論秀，合樂以侑之，古今常禮也，然且寂而無聲數十年矣。公又歎曰：「越爲東諸侯，率而簡陋至此，況以貴傲世哉！幸吾在，皆略具，而〈鹿鳴〉歌矣。若異日何？」因思齊之餘，又買諸傅氏，以待三歲之用，二也。余知公者，故以〈記〉來請。嗟夫！政未有不得其本而後成其末也。故捍海之功臣，而害原於小；

舉士之費小，而所關者大。二莊之作，趙公知之矣。非特此也，券
易米而致鏹，三物相流通，不貴糴矣。持券索錢，昏暮無不與。天
下坐會子，犯法相望，不濫罰矣。勤收而儉藏，以貫萬數者四十。
乙亥大旱，舉以救民，不病歲矣，有本之效也，抑又有焉。夫名峰
異嶺，在揚州蓋千百所。獨會稽爲鎮山，越之奇勝峻特，擅於東南
者以山也。其深泉高瀑，百道爭流，昔人浚而爲湖，山之窈窕縈紆，
媚於越中者以湖也。湖今廢矣，公能疏鑿以復漢晉之舊，存王謝遺
跡，則治越之美，可垂無窮。二莊區區，又豈足爲公道哉！雖然，
天子召公歸矣。嘉定八年。

讀葉適此〈記〉，則彥倓置興賢莊，在嘉定七年甲戌（1214），且成效至偉。
此〈記〉之載，足補《宋史》所未及。

至吳恪，〈會稽續志〉作吳格。其書卷二〈安撫題名〉載：

> 吳格，以朝散大夫、直祕閣知，嘉定九年十二月六日到任。次年二
> 月十三日丁母憂。

又載：

> 吳格，以朝散郎、直祕閣知，嘉定十二年九月二十六日到任。次年
> 十月磨勘轉朝請郎。十四年十月五日除直煥章閣、樞密副都承旨。

案：吳恪初知紹興府在嘉定九年十二月六日，乃繼葉篯之任者也，其時直齋
仍在職，固亦直齋上司矣。次年丁母憂、王補之繼之。至嘉定十二年九月二
十六日，恪再到任，則直齋已先一年離去，掌教鄞學矣。〔註6〕

直齋在紹興府任，有一教官每告人以欠京削，周密《齊東野語》卷八〈嘲
覓薦舉〉條曾載其事，此條已載本書第三章第二節中，此處不再援引。此教
官固直齋之同僚，惜未詳曉其姓氏耳。此事直齋且嘗與王深甫言之。深甫爲
誰？竊疑即王補之。倘所疑不誤，則此事當發生於嘉定十年三月至十二年三
月補之知紹興時。

直齋掌教鄞學，約在嘉定十一年至十四年。其時同僚，任明州軍州事者
有俞建、章良朋，任鄞縣令者有李約、顏耆仲、張公弼，任鄞縣主簿者爲呂
康。〔註7〕上述數人之生平、宦歷亦略考如下：

俞建任明州軍州事，在嘉定十三年四月至十四年十月前，繼其位者爲章

〔註6〕參見第三章第二節。

〔註7〕參見第三章第三節。

良朋，此事《寧波府志》卷之十六〈秩官〉上〈知明州軍州事〉條曾載之，則俞建固直齋之長官矣。至俞建離任後，其宦蹟似未能詳考，惟宋人許應龍《東澗集》卷五〈俞建除秘閣修撰致仕制〉則云：

> 引年謝事，必加優禮，國家常典也；矧中外踐更，材德昭著，可無
> 寵渥，以示襃崇？爾譽冠時髦，學通世務。入居班列，正直靖共；
> 出秉節麾，公勤精練。盍趣還於清著，乃求佚於祠庭；方興側席之
> 思，倏覽掛冠之奏。勉從雅志，晉陞論撰之華；愛錫明綸，庸表始
> 終之眷。祗服朕命，益介壽祺。

據此〈制〉，是俞建「材德昭著」、「學通世務」、「正直靖共」、「公勤精練」，固一代之良吏也。至俞建離明州任後，終以秘閣修撰致仕，讀此〈制〉又可知矣。

章良朋知明州軍州事，在嘉定十四年十月，乃以提舉常平攝，《寧波府志》卷之十六〈秩官〉上〈知明州軍州事〉載此事，固亦直齋上司也。良朋，《宋史》、《宋史翼》均無傳，《四十七種宋代傳記綜合引得》與《宋人傳記資料索引》亦無其資料。其宦歷僅於《會稽續志》卷二「〈提刑題名〉」條揭載，曰：

> 章良朋，嘉定十三年十一月初七日以承議郎到任，以磨勘轉朝奉郎。
> 嘉定十四年九月二十八日兼權知慶元府，因該遇進寶赦，特轉朝散
> 郎，以調度兵將捕獲海寇，轉朝請郎。十五年十二月十四日除尚左
> 郎官。

是良朋嘉定十三年以承議郎任越州提刑，十四年則權知慶元府，以捕獲海寇轉朝請郎，十五年除尚左郎官。《會稽續志》所載，乃今僅可考見良朋宦歷矣。

李約任鄞縣縣令，據《寧波府志》卷之十六〈秩官〉上「〈鄞令〉」條所載，乃嘉定十一年六月至十四年八月前，繼其任者即為顏耆仲。李約官位亦在直齋上，惜其生平已無法多考。吳廷燮《南宋制撫年表》卷下載李約於理宗紹定四年辛卯（1231）至五年壬辰（1232）知廣州，其事已離鄞令任後十年矣。

顏耆仲任鄞令，為時甚短。始於嘉定十四年八月，至當年十二月即離職，接其位者為張公弼。《寧波府志》卷之十六〈秩官〉上「〈鄞令〉」條記其事。耆仲，《宋史》無傳，生平及宦歷僅見羅青霄所撰《萬曆重修漳州府志》。羅書卷之十六〈龍溪縣·人物志〉中〈鄉賢〉載：

> 耆仲，字景英，師魯之孫也。以祖遺澤補官，初調福州海口鎮。鎮有

書院闕廩，耆仲始置莊田，製祭服，鎮人生祠之。遷知鄞縣，歷倅臨安府。寶慶二年，始登進士第，除知江陰軍，修學養士，救荒多所全活。召除吏部郎中，歷右司，以直秘閣提舉淮東，兼提刑。陛辭，諭君子小人所以異。謂：「公論所與者為君子，所不與者為小人。」上然之，曰：「卿知守家法，不事詭隨。」因扁所居曰「知守堂」。召除樞密院副都承旨，歷中書門下省檢正諸房文字，復由隆興帥入為太府少卿，力丐祠，提舉武夷山沖佑觀。耆仲雅愛士類，所至以崇學校、獎風誼為先，於鄉曲尤加意焉。嘗買田置桂莊，歲入錢四十五萬餘；及田未墾者，種可百斛。積三歲入，以贍計偕之士，士多德之。子鎮，韶州戶法；鑰，監惠州鹽場；鈇，通仕郎。《嘉靖志》。

據是，則耆仲任鄞縣令前，曾官富州海口鎮；而離鄞縣職後，則調遷臨安府通判也。其後耆仲以直秘閣提舉淮東兼提刑。

洪咨夔《平齋文集》卷第二十二〈外制〉六有〈顏耆仲直秘閣淮東路提舉常平茶鹽兼提點刑獄公事制〉，曰：

敕具官某：江淮財賦之淵，唐所恃以用其國也。朕自親萬務，日討御外理內之術。顧詹在廷，求善治賦者使於淮，迺今得之。爾開亮而敏，精練而實。越在省闈，事有可否，不為詭隨，朕嘉其公爾忘私也。輟泉南之行，授節東出庀政，集事併咨之，而牢盆之課為尤重。本錢給，則亭戶樂其廉；鈔法定，則商賈趨其信；浮鹽室，則官府安其義。從容筭畫，幹東南山海之藏，以濟經費，可不勉歟！可。

是耆仲之提舉淮東，成績卓著，曾蒙理宗褒譽。

袁甫《蒙齋集》卷九〈制‧顏耆仲特轉一官制〉又曰：

敕具官某：鹽筴之利博矣！幹旋通變，不專興利，而美意行焉，獨不在人乎？爾將指東淮，以鹺為職。懲俗吏之朘民膏也，度越拘攣，弛利子下；而國課自豐，誠有足大者。進爾一秩，豈徒以治辨見褒哉！體國愛民之意，固將風示四方，以為護養元氣者勸也。懋哉！對揚休命。

是耆仲又有因功而進秩事也。

其後，耆仲除樞密院副都承旨。《蒙齋集》卷八〈制‧顏耆仲除樞密副都承旨制〉曰：

敕具官某：國朝用人之法，任丞郎卿監者，出而宣勞外服；以符節
策勳者，入而羽儀朝著。等而上之，必歷河北轉運，乃爲三司使。
蓋迭更內外，涉歷多則知識明也。爾天才卓犖，無施不可。昔爲宰
掾，旋命觀風發庚，瞻餽淮壖，以最聞矣。朕念邊事方殷，樞筦求
助，引以自近，宣導密旨，出入之間，庶幾我祖宗用人之遺意焉。
夫王者之於天下，譬猶一堂之上也。軍情民隱，朕之所欲知者。進
而告爾后，退而贊廟謨。稱職如此，則予一人以懌。

綜上所述，耆仲一生官運甚亨通，政績亦彪炳。〈制〉稱其「天才卓犖，無施
不可」，蓋不遠於事實。

至繼耆仲任鄞令者，則爲張公弼。《寧波府志》卷之十六〈秩官〉上「〈鄞
令〉」條載公弼嘉定十四年十二月到任，其時直齋仍未離去，是公弼亦直齋上
司也。所惜有關公弼生平仕履，除此條外，其餘無可考矣。

元人袁桷《延祐四明志》卷十三〈學校考〉上「〈鄞縣儒學〉」條載：嘉
定十三年，呂康年任鄞縣主簿。〔註8〕則康年官位適在直齋之上。考康年乃呂
祖謙猶子，《宋元學案》卷五十一載：

呂康年，成公猶子。諸講學子孫，惟呂氏未墜。先生甲戌廷對，眞
文忠公欲置之狀頭，同列以其言中書之務，多觸時政，固爭不從，
遂自甲置乙。文忠太息，爲之開雕。補　梓材謹案：嘉定七年甲戌，距成公之
卒淳熙八年辛丑已三十四年，則先生蓋受學大愚者。

案：此條所言之成公即呂祖謙，眞文忠即眞德秀。康年廷對之年在寧宗嘉定
七年甲戌（1214），倘康年至嘉定十三年庚辰（1220），仍僅任主簿之職，則
其官運亦不甚亨通也。據王梓材案語，康年蓋受學於大愚者。大愚即呂祖儉，
祖謙弟也。《宋史》卷四百五十五〈列傳〉第二百一十四〈忠義〉十有傳，文
長不錄。茲錄《宋人傳記資料索引》所載之小傳，曰：

呂祖儉（？～1196），字子約，號大愚，金華人，祖謙弟。受業祖謙
如諸生。監明州倉，將上，會祖謙卒，乞終朞喪。寧宗即位，除太
府丞。韓侂胄用事，趙汝愚罷相，祖儉上封事極論，安置韶州。在
謫所，讀書窮理，賣藥以自給。每出，必草履徒步，爲瑜嶺之備。
遇赦，量移高安。慶元二年卒。嘉熙初，諡忠，有《大愚集》。

〈小傳〉載祖儉忠國敬兄，不畏權相，雖遭貶謫，而怡然自得。《宋史》置之

〈忠義〉傳，固宜然也。康年亦祖儉猶子，既受學於祖儉，日夕親炙其言教身教，則所得者，豈淺小哉！

直齋離鄞縣教授任，即爲南城宰。南城初爲江南西路建武軍治，後改建昌軍治。直齋宰南城，約在嘉定十四年辛巳（1221），至寶慶二年丙戌（1226）。所惜者，其時同僚爲誰，通檢《江西通志》卷一百三十一〈宦績錄〉十〈建昌府〉「〈宋〉」條，均無所考，殊可惋也。〔註9〕

宰南城後，直齋即充興化軍通判。周密《齊東野語》卷八〈義絕合離〉條載直齋爲楊氏子與婦翻案，殊不以軍判官姚珤所判爲然。〔註10〕考姚珤，《宋史》無傳，《宋人傳記資料索引》載：

> 姚珤，字貴叔，南劍州順昌人。治詩賦，登嘉定四年進士。端平元
> 年除秘書丞，進直秘閣，知建寧府，兼漕全閩。

竊意貴叔自嘉定四年辛未（1211）成進士，初除某職，至嘉定七年甲戌（1214），即調升興化軍軍事判官，《興化府莆田縣志》卷七〈職官志‧文職官‧判官〉條，與《福建通志》卷九十四〈宋職官‧興化軍軍事判官〉條所載正如此。〔註11〕貴叔任軍事判官以迄紹定二年己丑（1229）程必東蒞職前，則其除國子監丞必在此年之前。《平齋集》卷十七〈制‧趙蘷除大理寺丞陶木司農寺丞趙崇嵒太府寺丞姚珤國子監丞賈似道軍器監丞制〉曰：

> 敕具官某等：漢宣帝勵精求治，綜覈名實，以練群臣。黜陟有序，
> 眾職修理。上下無苟且之意，迄濟中興，朕甚慕之。爾蘷，世業之
> 華，器能精敏。爾木，儒林之望，議論堅明。爾崇嵒，公族之彥，
> 材諝通暢。爾珤，決科之雋，講習有源。爾似道，克家之美，趣尚
> 不苟。廷尉、太農、太府有丞，胄監、戎監亦有丞，往爲我分治之。
> 丞者，承也，所以承輔其長，使無曠職也。政事、文學、理法之士，
> 繼自今咸稱厥職，則予以懌。可。

此〈制〉乃貴叔曾除國子監丞之證。《宋人傳記資料索引》漏記貴叔除國子監丞事，殊疏略矣。至貴叔之除此職，應與賈似道任軍器監丞同時，似道除監丞約在紹定元年戊子（1228），則貴叔任國子監丞亦當爲此年矣。〔註12〕

〔註 9〕參見第三章第四節。
〔註10〕同註4。
〔註11〕同註4。
〔註12〕參見第三章第六節。

　　貴叔任秘書丞則在端平元年甲午（1234），《平齋文集》卷第十九〈外制〉三有〈國子監丞姚珤除秘書丞制〉，曰：

> 敕具官某：自天聖至嘉祐，進士上之三人，多至公卿，豈惟后稷之穡有相，抑豐芑之仁也。爾以強立之學，輔致遠之器。大廷射策，名在龜列而安平進。朕親政始徠之，丞於冑監，進丞於中秘。盡交瀛州之彥，縱論藏室之書。浩乎沛然，光明秀傑之望，得所封植矣。可。

此〈制〉乃姚貴叔由國子監丞改除秘書丞之證。

　　至貴叔之除直秘閣，《平齋文集》卷第二十三〈外制〉七有〈姚珤除直秘閣權知建寧府制〉，曰：

> 敕具官某：富沙軍情屢搖，頃為甚。官治民廬，半委烈燼，朕念之怛然。故選熟知德意者為守，寓直中秘，以榮其行。爾名在文學之科，而議論鏘發，志氣英邁。丞於麟臺，郎於憲部，與聞廟籌於宥府，聲問口起，詎宜輕去。一方病矣，勉為朕往。廉平以字民，簡靜以馭軍，百廢具舉，而聲色不動，以表列城，是為稱選。可。

讀此〈制〉，則貴叔不惟除直秘閣，且權知建寧府也。

　　至貴叔真除建寧府兼漕全閩，則在端平二年，且治績彪炳焉。劉克莊《後村集》卷二十一〈記·建寧府新建譙樓記〉云：

> 端平二年五月某日，秘書監兼樞密院檢詳姚公，以直秘閣出守建安，兼漕全閩。詔下，士相告語曰：「公初元善類，西府賢掾。去可惜，盍留行乎？」建士之在朝者則曰：「公嘗貳吾州，有恩信，茲行可為中朝惜，可為吾州賀。」乃不果留。時城中遺燼暴骼滿目，市區二十四，存者九，財殫粟竭，物情洶洶不安。公至，明誅賞，辨逆順，而軍紀肅；拊創痍，輯流散，而民氣和；嗇用度，規荒殘，而官府立。明年春，余逐於朝，微服過建，焚室已十具五六。璽書擢公以漕兼守。又明年春，余行役，道焉，則樓堞翬飛，市廛麟集，所謂二十四區者皆復，不獨公廨也。余歎曰：「君相真知人哉！建人真知公哉！」既見公，握手相勞苦。公曰：「州略如舊觀，然吾力疲而顛白矣。凡土木之役，不可殫紀。譙樓最鉅，緡錢一萬一百四十一，楮帛二萬九百九十四，其費也；起乙未仲秋，迄丙申季夏，其歲月也。吾子筆之。」建寧自南渡劇盜范葉美兵之後，更列聖涵濡休息，

名公卿拊摩積纍，其軍府殷實，井邑繁雄，貫於七聚。一旦小失牧
馭，蕩爲煙埃。夫聚力所成，壞於一夫之手，顧諉數於天，可乎？
暮月之頃，還彼百年之後，勿歸功於人，可乎？昔者，周大夫閔故
都之毀，其詩曰：「彼黍離離。」傷之也。又曰：「悠悠蒼天，此何
人哉！」尤之也。原禍亂之始，而呼天以尤之，其怨之者深矣！魯
僖復周公之宇，國人頌之曰：「魯侯之功。」美之也。又曰：「天錫
公純嘏，眉壽保魯。」祝之也。美興復之功，而祝其純嘏，又祝其
眉壽，其德之者深矣！厭亂而思治，情也；惡壞而喜成，亦情也。
拯建人之厄，措諸完簞，百世之恩也。敍建人之情，刻於金石，千
載之傳也。公，順昌人，名瑑，字貴叔，掄魁勝流，立朝有德有言，
不以吏幹顯。余所記，特公學問之粗者爾。

是貴叔確有功於建寧，生死人而肉白骨矣！

至貴叔於建寧府之成材造士，亦居功甚偉，其於端平三年丙申（1236）
且有重建明倫堂之舉，劉克莊亦記其事。《後村集》卷二十一〈記‧建寧府
學重建明倫堂記〉載曰：

建學宏壯視國庠。端平乙未四年辛未之變，燔官寺幾盡，而學幸存，
獨明倫堂毀焉。姚公瑑來爲尹漕，先教而後政，緩辭而急學，相攸
於冬。明年仲秋，堂成，以餘材新師弟子之居，屬余記之。昔者，
唐虞三代教人之法，具存於經。契之所敷，箕子之所陳，莫不以倫
爲首。三綱同然之理，五常固有之善。同然者均賦於天，固有者無
待於人。而古人汲汲於明是理者，何哉？蓋理與欲對，善對利對；
理不勝欲，善不勝利。固然者有時而相遠，固有者有時而不存矣。
嗚呼！固不可以不講矣。故夫人有聖有愚，理未嘗偏；倫有常有變，
人鮮能盡。參、皙、夷、齊，常也；舜、申生，變也。常易處，變
難處。申生不以親之甍而隳其恭，舜不以弟之傲而廢其友。處變而
不失其厚，倫之不容釋如此。匹夫匹婦，愚也；周孔，聖也。愚者
能之，聖或不能焉。周公世媿於仁智，夫子謂未能事君父，修至於
聖，而不忘自儆，倫之難盡如此。《六經》，載此者也；君師，倡此
者也；禮樂刑政，扶此者也；學校，講此者也。有所講，則有所明
矣。公之致美於是堂，豈爲學者角詞藝、謀利祿之地哉！群居肄習，
篤守力行。今日之竭力於親，異日之盡節於君者也；今日之修於家，

異日之措於天下者也；今日之稱於宗族鄉黨，異日之行於蠻貊者也。

成材造士，是斯堂始；斯堂之新，是姚公始。不可以不記。

綜上所述，是知貴叔知建寧府兼漕全閩時，其所建樹之功與善，較之任興化軍軍事判官日，更有足多者。

直齋充興化軍通判，其時同僚除姚珤外，尚有陳韡、王克恭、林公慶、周果、王顯世諸人。〔註13〕考陳韡，《興化府莆田縣志》卷七〈職官志・文職官〉「〈知軍〉」條載其於寶慶三年知興化府，不數日即移劍州，然亦直齋之上司矣。陳韡，《宋史》卷四百一十九〈列傳〉第一百七十八及《宋元學案》卷五十五均有傳，文長不錄。僅錄《宋人傳記資料索引》所載陳韡小傳：

> 陳韡（1180～1261），字子華，號抑齋，侯官人，孔碩子。與弟韍從葉適學，登開禧元年進士。貫涉開淮閫，辟爲司幹官。劉琸用韡策，遂有堂門之捷。紹定初，盜起閩中，以韡爲招捕使，汀境皆平。再平衢寇，又破贛寇陳三槍，斬之。累拜參知政事，以寶謨閣學士出爲沿江制置使，兼知建康府，提舉佑神觀致仕。景定二年六月卒，年八十二，諡忠肅。

觀是，則知子華功業亦至偉鉅。王克恭，今據《興化府莆田縣志》卷七〈職官志・文職官〉「〈知軍〉」條，僅知其爲南安人，寶慶三年以工部郎官爲知軍，固亦直齋長官矣，惜餘事均無可考。林公慶，《興化府莆田縣志》卷七〈職官志・文職官〉「〈宋莆田縣縣丞〉」條載其於寶慶二年出任此職，同書同卷〈職官志・文職官〉「〈興化縣知縣事〉」條又載公慶曾權充知縣，其餘亦無聞。周果，《興化府莆田縣志》卷七〈職官志・文職官〉「〈興化縣知縣事〉」條載其於寶慶元年出任興化縣知縣，離職後，改林公慶權知。

至王顯世，《福建通志》卷九十四〈宋職官〉「〈興化軍錄事參軍〉」條稱其紹定間任，有宦績。《宋人傳記資料索引》有顯世小傳，所載較詳，曰：

> 王顯世，字子亦，南安人。爲興化錄參，理宗時改秩知寧都縣。顯世博覽群書，兼工詩，有《容安稿》。

案：《宋詩紀事》卷七十一載子亦〈烏駐道中〉詩，云：

> 蹲鴟用事謝黃獨，木奴弄色陵烏禪。落日人行桑柘裏，西風雁過稻粱時。故山秋晚正如此，游子天寒何所之。一笑沙禽忽驚去，水邊的皪早橫枝。《詩家鼎臠》。

〔註13〕同註4。

此律善用典，寄意遙深，《容安稿》今不可見，即此一首，亦可爲子亦工詩之
證。

綜上所述，直齋任興化軍通判在寶慶三年（1227）至紹定元年（1228），
其時陳韡、王克恭任知軍，皆直齋之上司；姚瑒任判官，林公慶爲縣丞，周
果爲知縣，王顯世爲錄參，則均爲直齋屬官矣。

直齋除軍器監簿，在紹定元年離興化軍通判任後，迄端平元年（1234）
改除諸王宮大小學教授前，前後達六、七年之久。其時任軍器監者爲謝采伯，
先後出任軍器監丞者有賈似道與杜範，三人皆直齋之長官。〔註14〕茲略考三
人事蹟如後。

謝采伯，《宋史》無傳。〈宋人傳記資料索引〉載其小傳曰：

> 謝采伯，字元若，台州臨安人，深甫子。嘉泰二年進士，歷知廣德
> 軍，湖州監六部門，大理寺丞，進大理寺正。寶慶元年知嚴州，有
> 惠政，性淡榮利。所著《密齋筆記》，援據史傳，足以考鏡得失。

案：采伯知嚴州，方仁榮、鄭瑶合撰《景定嚴州續志》卷二「〈知州題名〉」
條載：

> 謝采伯，朝議大夫，寶慶元年十月初八到任，寶慶二年二月初六日
> 宮觀。先是爲通判州事，是正守陵祠位。在位有惠政。

據是，則采伯實以通判而晉升嚴州知州。所惜者前引小傳於采伯嚴州知州任
後宦歷則付闕如，實有補遺之必要。考洪咨夔《平齋文集》卷第十七〈外制〉
一有〈度支郎中謝采伯除軍器監制〉，此〈制〉已載本書第三章第六節中，不
再贅引。據此〈制〉，則知采伯任宮觀後或改任度支郎中，至其除軍器監時，
則直齋任監簿也。

采伯後又由軍器監換授蘄州防禦使，吳泳《鶴林集》卷八〈外制·謝采
伯換授蘄州防禦使提舉佑神觀免奉朝請制 〉曰：

> 敕：東漢后族，不過九卿。國朝戚里，不除侍從。雖服文雅，必換
> 武資，蓋公法也。具官某：履行孝謹，稟資溫純，出王謝之故家，
> 爲鄧陰之尊屬，而不有貴胄，蔚然儒風。進〈女誡〉以奉坤儀，緝
> 聖謨而禆乙覽。肆予嘉嘆，示以優恩。擢從戎監之班，對授兵防之
> 任。非特私於名器，亦庸寵乎才良。益茂先猷，以俟甄擢。可。

案：〈制〉中之「戎監」即軍器監，「兵防之任」即指任蘄州防禦使也。

〔註14〕同註12。

惟其後又改授州觀察使，《鶴林集》同卷〈外制〉有〈謝采伯授州觀察使仍舊提舉佑神觀免奉朝請制〉曰：

> 敕：朕維先王建國，親諸侯何分異姓，伯舅加勞賜一級，當有殊恩，矧伊近戚之尊，豈愛懋官之寵。具官某：器懷競爽，儒雅扶輪。雖胄出相閥，而不以相閥自高；雖姻連掖庭，而不以掖庭致貴。每說學於縉紳之圍，曾爭名於俊造之場。固曰汝能，當爲朕屈。昔野王以德顯，尚難陪與於列卿；而樊侯以經名，不過徒封於東國。爰覽攄章之上，既知故穴之詳。仍啓男邦，進升廉察。毋曰爾身之在外，尚思忠德之輔君。往承之休，以輔予治。可。

所可悉采伯宦歷，僅此而已。

賈似道任軍器監丞，《宋史》本傳乏載。惟《平齋文集》卷第十七〈外制〉一有〈趙蕤除大理寺丞陶木司農寺丞趙崇嵒太府寺丞姚珤國子監丞賈似道軍器監丞制〉，此〈制〉前考述姚珤宦歷時已載錄，則似道曾任軍器監丞殆無疑矣，不意《宋史》亦有未照也。似道生平，詳見《宋史》卷四百七十四〈列傳〉第二百三十三，文長不錄。茲僅錄《宋人傳記資料索引》所載小傳，俾知梗概。

> 賈似道（1213～1275），字師憲，號秋壑，天台人，涉子。少落魄爲游博，不事操行，以蔭補官。理宗時以姊爲貴妃，累拜右丞相，軍漢陽。元兵攻鄂州，似道割地納幣請和，詭以鄂州圍解，表聞。尋入朝，益專政，權傾中外。度宗立，以太師平章軍國事，封魏國公，賜第葛嶺，作半閒堂。吏抱文書就第署，大小朝政，一切決於館客。日與群妾鬬蟋蟀。元兵迫建康，宋軍屢敗，似道單舸奔揚州。德祐元年，陳宜中等交章論劾，調高州團練使，循州安置，爲鄭虎臣所拉殺。年六十三。

觀是，則似道以太師平章國事時，貽誤戎機，其罪禍有足多者。

杜範，《宋史》卷四百七〈列傳〉第一百六十六有傳。據《宋史》本傳，範端平元年改授軍器監丞，蓋繼賈似道而任是職者，固亦直齋上司矣。

《宋人傳記資料索引》載杜範小傳曰：

> 杜範（1182～1245）字成之，一字成己，號立齋，黃巖人。受學於朱熹，嘉定元年進士，轉軍器監丞。入對，言君相之私未去，更新之效未睹。及爲御史，以言事忤時相去職。淳祐間，累拜右丞相，

　　上五事，繼上十二事，盡革舊弊。淳祐五年卒，年六十四，諡清獻。
　　有古律詩歌詞五卷、雜文六卷、奏稿十卷、外制三卷、故事五卷、
　　經筵講義三卷。

案：立齋之除軍器監丞，《平齋文集》卷第十七〈外制〉一及《蒙齋集》卷八
〈制〉均有〈趙汝訥除司農寺丞杜範軍器監丞李以制大理寺簿章勤將作監簿
制〉，內容全同，未悉此〈制〉何以同時收入二家之集？其〈制〉云：

　　敕：具官某等，漢宣帝勵精求治，綜核名實，以練群臣。黜陟有序，
　　眾職修理。上下無苟且之意，迄濟中興，朕甚慕之。爾汝訥秀於公
　　姓，材刃有餘。爾範穎於儒紳，業履甚度。爾以制金玉其質，安雅
　　自將。爾勤弓冶其傳，謹畏自飭。大農戎監有丞，理寺匠監有簿，
　　往爲我分治之。丞以承輔其長，簿以糾正厥違，非特示進擢之榮也。
　　政事、文學、法理之士，繼自今咸稱厥職，則予以懌。可。

立齋之任御史也，《蒙齋集》卷八〈制〉有〈杜範除監察御史制〉，云：

　　敕具官某：朕自更化以來，擢骨鯁之士，布列憲府，斥佞排邪，王
　　道以清。嗚呼！正邪賢佞消長之際，亦可畏哉！〈泰〉之六四曰：「翩
　　翩，不富以其鄰，不介以孚。」察乎此，顧不當爲杜漸防微慮耶！
　　爾清介之操，表於朝著；剴切之論，粲於表篇。善人附焉，憸人懼
　　焉。風憲之任，爾宜當之。其爲朕明目張膽，折姦萌，窒蠹穴，維
　　持國是，俾勿替更化之初。豈惟宗社賴之，亦爾有令聞。

觀此〈制〉，是立齋任職之初，固備受理宗器重也。

　　直齋除諸王宮大小學教授在端平元年甲午（1234），至端平三年丙申
（1236）則改知台州。其任此職，前後三年，惟同僚均無可考。《平齋文集》
卷第十八〈外制〉二有〈軍器監簿陳振孫除諸王宮大小學教授制〉，此〈制〉
爲洪咨夔所撰，則直齋任職臨安宗學時，應有機會與咨夔相識及有所交游，
是咨夔亦直齋官場友朋也。考潛說友《咸淳臨安志》卷六十七〈人物〉八，
及《宋史》卷四百六〈列傳〉第一百六十五均有〈洪咨夔傳〉，並謂咨夔於端
平元年被擢爲中書舍人。檢吳泳《鶴林集》卷六〈外制〉，即有〈洪咨夔授試
中書舍人制〉，云：

　　敕：朕式觀人文，灼見天運。二〈典〉三〈謨〉之書既遠，六〈誓〉
　　七〈誥〉之旨不傳。漢制詔猶有爾雅之風，唐宏詞直類俳優之作。皇
　　宋受命，五星聚奎，天聖、明道其氣渾，熙寧、元祐其詞達。一變西

崑儷語之陋，養成南渡諸賢之英。今復百年，豈無名世。具官某：性
從敏悟，學以博聞。剛大直方，不改山林之操；溫純深潤，能為廊廟
之文。頃司南臺，晉掌西掖。悼大道之久鬱，須嘉言之孔彰。必為章
如〈雲漢〉，而後足以見王者之心；必出令如風雷，而後足以鼓天下
之動。庶幾治古，復見斯今。可。

觀是，則咨夔確曾任中書舍人，其於端平元年任職之初，即奉理宗之命而撰
〈軍器監簿陳振孫除諸王宮大小學教授制〉也。至咨夔生平，《宋人傳記資料
索引》記之曰：

洪咨夔（1176～1236），字舜俞，號平齋，於潛人，鉽子。嘉泰二年
進士，以薦歷成都通判，毀鄧艾祠，更祠諸葛亮。告其民曰：「毋事
仇讎而忘父母。」應詔陳言，父見其疏，曰：「吾能喫茄子飯，汝無
憂。」歷官監察御史，劾罷樞密使薛極，朝綱大振。久之，言不能
悉用，遂乞祠，不許，官至刑部尚書、翰林學士。端平三年卒，年
六十一，諡忠文。有《春秋說》三十卷、《平齋文集》三十二卷、《兩
漢詔令》三十卷。

案：此〈傳〉未載咨夔任中書舍人，亟宜補之。

直齋由諸王宮大小學授改知台州，據張淏《會稽續志》所載乃在端平三
年（1236）二月初六日，以朝散大夫兼權，八月正除，十月二十八日到任；
嘉熙元年五月即改知嘉興府。計由眞除至離任，在職僅九閱月。〔註 15〕直齋
其時屬官，計有曾塤、胡夢炎、趙子寅、張佴、豐雲房、趙善正、諸葛寅、
趙汝淶、潘騤等，茲一併略考諸人宦績如下。

曾塤，《台州府志》卷十一〈職官表〉三載其端平元年知天台縣。《宋史
翼》卷三十一〈忠義〉二載：

曾塤，紹興人。開慶己未為端州錄事參軍，以州命行各縣賑饑民。
值元兵至，被擒；主帥聞其名，誘之以利，不從，且詈之，遂死。
事聞，贈秩，官其一子。《江西通志》。

案：開慶己未，為宋理宗開慶元年（1250），其時塤已為端州錄參，被擒，不
為利誘而卒，亦云壯烈矣。《江西通志》稱「官其一子」，則塤之子或不止一
人。

胡夢炎，《台州府志》卷十一〈職官表〉三載其端平元年（1234）知寧海

縣，並小注「三月到」，其餘無可考。

趙子寅，《台州府志》卷十一〈職官表〉三載其端平二年（1235）知臨海縣，其餘無可考。

張偁，《台州府志》卷十一〈職官表〉三載其端平二年（1235）知仙居縣。案：南宋時有二張偁。周淙《乾道臨安志》卷三載：

> 張偁，紹興二十七年七月十一日，以右朝議大夫、直秘閣、兩浙轉運判官張偁知臨安府。是年十二月，除直敷文閣。二十八年九月，轉右中奉大夫；十一月，除直顯謨閣。二十九年閏六月初九日，除秘閣修撰，知明州。

又羅濬《寶慶四明志》卷一〈郡志〉一載：

> 張偁，右中奉大夫，充秘閣修撰。紹興二十九年七月十一日到任。三十年六月初五日，除提舉台州崇道觀。

惟此張偁乃宋高宗時人，殊非理宗端平二年知仙居縣張偁也。

豐雲房，《台州府志》卷十一〈職官表〉三載其端平三年（1236）知黃巖縣，小注云：

> 以天台主簿權。《康熙志》：「字雲卿，四明人。」

是雲房字雲卿，四明人，以天台主簿權黃巖縣，嘗爲曾塤部下，至端平三年始眞除也。

趙善正，《台州府志》卷十一〈職官表〉三載其端平三年知仙居縣。下亦有小注，云：

> 《萬曆仙居志》系嘉熙二年，今從《康熙府縣志》。

是則《萬曆仙居志》以善正嘉熙二年（1238）知仙居縣，《康熙府縣志》則作端平三年（1236），而《台州府志》則從《康熙府縣志》也。考趙善正或作趙善政。厲鶚《宋詩紀事補遺》卷九十二即作善政，並曰：

> 趙善政，嘉熙二年知仙居縣，太宗七世孫。

又錄其〈南峰山〉一詩云：

> 山上青天山下溪，白雲流水兩相宜。丹成共爾南山老，採採松枝亦療饑。《仙居縣志》。

此詩純用白描，當作於善政知仙居縣時。善政以宗室之後，而有此出塵之想，殊可異也。

諸葛寅，《台州府志》卷十六〈職官表〉八載其端平元年（1234）任仙居

縣丞。案：李清馥《閩中理學淵源考》卷三十三「〈進士諸葛先生寅〉」條云：

> 諸葛寅，直清第五子璋之子，嘉定十六年進士。景炎丁丑，蒲壽庚
> 拒命閉城，寅首倡義，開北門，應張世傑之師，不濟，為壽庚所害，
> 年六十九。三子俱被害，而史綱逸其事，可嘆也。

依是，則諸葛寅祖直清，父璋。寅於寧宗嘉定十六年癸未（1223）中進士，
理宗端平元年甲午（1234）任縣丞，而於端宗景炎二年丁丑（1277）遇害，
年六十九。由是上溯，其出任仙居縣丞時，才二十七耳。

趙汝淶、潘驛二人，據《台州府志》卷十六〈職官表〉八載：趙汝淶，
端平元年（1234）任仙居縣主簿；潘驛，端平二年（1235）任仙居縣尉，其
餘無可考。

直齋知台州，為期雖甚短，惟於端平三年（1236）則承趙必願請求，而
為必願撰〈陳忠肅公祠堂記〉。〔註16〕檢《台州府志》卷九〈職官表〉一，知
於紹定六年（1233）（直齋任職之前三年）必願亦嘗任台州軍州事。是則必願
與直齋固先後同知台州者，故兩人亦應認知者也。考必願，《宋史》卷四百一
十三〈列傳〉第一百七十二有傳，文長不錄。《宋元學案》卷四十六有〈直閣
趙先生必願〉，云：

> 趙必願，字立夫，忠定孫，安撫子，勉齋之徒也。初以恩補承務郎。
> 登進士，知崇安縣，修學政，鄉選善士。授湖廣總所幹辦公事。居
> 父喪，從學於勉齋。服除，知全州，訪立周濂溪後。後知台州，一
> 循大父之政，建陳了翁祠，政教兼舉。累遷至戶部侍郎，同詳定敕
> 令，請立國本。兼給事中，權戶部尚書，抗言全蜀遺燼，靡有孑遺。
> 君臣動色，太平自賀。又以言忤丞相史嵩之，司諫鄭起潛論罷，以
> 寶謨閣直學士奉祠。淳祐五年，起知福州，兼福建安撫使。以平易
> 近民，忠信厚俗。行飲酒禮，旌賢士，獎高年，裁僧寺；尤留意武
> 備，以軍禮見戎帥，申明左翼軍節制事宜，凡四年卒，贈銀青光祿
> 大夫。先生才周器博，心平量廣，又早聞家庭忠孝之訓、師友正士
> 之言，淵源有自，故所立卓然可稱。

案：上述所言之勉齋，即黃榦。讀《宋元學案》此條，不惟深曉必願之宦歷，
即其家學、師承亦可知矣。

直齋任浙東提舉，時為端平三年（1236）八月，至嘉熙元年（1237）五

〔註16〕同註15。〈陳忠肅公祠堂記〉，收入林表民《赤城集》卷八。

月。其時同僚計有黃壯猷、李鳴復、曹豳與潘剛中。〔註17〕茲亦略考各人宦績如下：

黃壯猷，《會稽續志》卷二「〈安撫題名〉」條載壯猷於端平元年（1234）十一月以朝請大夫、金部郎官除直秘閣，知紹興府，十二月十二日到任。端平三年（1236）十一月十五日除尚左郎官。是則端平三年八月至十一月，壯猷與直齋同官浙東矣。考《平齋文集》卷二十一〈外制〉五〈金部郎中黃壯猷除直秘閣權知紹興府兼浙東安撫制〉，曰：

> 敕：具官某，會稽東南鉅鎮，中興百年之馮翊，朕之豐沛也。吏治剛則瓶，柔則坯，故牧守以識體爲良。爾韞姿融明，慮事精密。間者攬轡左淛，政得寬猛之中，朕深知之。輒自望郎出殿帥，閫中秘，寓直擁高牙大纛而東，豈特以華舊部之觀哉！《書》曰：「以厥庶民，暨厥臣，達大家。」又曰：「康濟小民，率自中德。」禮刑政導齊有序，而上下相安於和樂，體斯得矣！重楮幣而輕和買，抑思乃言之踐。可。

觀是，則壯猷爲人固「韞姿融明，慮事精密」者。此〈制〉謂其權知紹興府，則非眞除，與《會稽續志》微異。或初則權知，後則正除，兩者正互補所未及。

李鳴復，《會稽續志》卷二「〈安撫題名〉」條載其嘉熙元年（1237）二月以端明殿學士、朝奉大夫簽書樞密院事，兼參知政事，除資政殿學士，知紹興府，十七日到任。是年六月二十三日召赴行在。八月十六日除參知政事。是則於嘉熙元年二月至五月，鳴復與直齋爲同僚矣。考鳴復，《宋史》卷四百一十九〈列傳〉第一百七十六有傳，其〈傳〉曰：

> 李鳴復，字成叔，瀘州人。嘉定二年進士。歷官權發遣金州兼幹辦安撫司公事。制置使鄭損薦於朝，乞召審察。授司農寺丞，遷駕部員外郎，遷兵部郎中。面對，遷軍器少監、大理少卿，拜侍御史兼侍講。進對，言：「荊襄制臣有當戒者三：曰去私、禁暴、懲怒。」權工部尚書兼權吏部尚書，又權刑部尚書兼給事中，簽書樞密院事。端平三年拜參知政事，以資政殿學士知紹興府。嘉熙元年，復爲參知政事。明年，知樞密院事兼參知政事，加資政殿大學士，賜衣帶、鞍馬。淳祐四年，復爲參知政事。未幾，出知福州、福建安撫使，

尋予祠。監察御史蔡次傳按劾落職，罷宮觀，後卒於嘉興。

案：《宋史》以鳴復端平三年（1236）知紹興府，與《會稽續志》所載相差一年，應以〈會稽續志〉爲得其翔實。

　　曹豳，《會稽續志》卷二「〈提刑題名〉」條載曹豳以浙西提舉除，端平三年二月二十九日到任，十一月十八日召赴行在，除工部郎官，又除國子司業；未行，改除左司諫。是則端平三年八月至十一月間，曹豳與直齋同官浙東。考曹豳，其傳附見《宋史》卷四百一十六〈列傳〉第一百七十五〈曹叔遠〉後，讀此〈傳〉，頗知悉其宦歷與生平。〈傳〉曰：

> 豳字西士，少從錢文子學，登嘉泰二年進士第，授安吉州教授。調重慶府司法參軍，郡守度正欲薦之，豳辭曰：「章司錄母老，請先之。」正敬嘆。改知建昌縣，復故尚書李常山房，建齋舍以處諸生。擢秘書丞兼倉部郎官。出爲浙西提舉常平，面陳和糴折納之散，建虎丘書院以祀尹焞。移浙東提點刑獄，寒食放囚歸祀其先，囚感泣如期至。召爲左司諫，與王萬、郭磊卿、徐清叟俱負直聲，當時號「嘉熙四諫」。上疏言：「立太子、厚倫紀、以弭火災。」又論余天錫、李鳴復之過，迕旨，遷起居郎。進禮部侍郎，不拜。疏七上，進古詩以寓規正。久之，起知福州，再以侍郎召，爲臺臣所沮而止。遂守寶章閣待制致仕，卒諡文恭。子愉老，亦登進士第。

考西士之知建昌縣，曹彥約嘗舉以自代。曹彥約《昌谷集》卷八〈舉曹豳自代狀〉，云：

> 右臣伏睹承議郎、知南康軍建昌縣、主管勸農營田公事曹豳，履行純粹，持論正平，經學講明，乃其素蘊，政術宣弟，見於已試；華實相副，未見其比，使之論思獻納，必有可觀。臣實不如，舉以自代。謹錄奏聞，伏候敕旨。

至西士之建虎丘書院以祀尹焞，劉宰《漫塘集》卷二十三〈平江府虎丘山書院記〉詳載其事曰：

> 秘書丞永嘉曹君提舉常平茶鹽事於浙西，權斂散之宜，而水旱有儲；究阜通之理，而公私有裕；又持受輸之平，而輸者說；申義役之勸，而役者安。既田里晏然，臺無留事。一日，領客登虎丘致敬於先正和靖先生尹公焞祠下，慨然有懷。以爲方紹興五、六年間，中原震蕩，南土未安。內之所急者，帷幄決勝之謀；外之所急者，奔走禦

侮之士。先生惇然一老，漂泊蜀中，猶鳧雁之飛於江湖何算？而我高宗皇帝，一聞侍臣之舉，求之惟恐不及。慮其出之難，既飾宣司具禮以津遣；慮其來之緩，復飭所至加禮以勸行。金遞絡繹於中塗，膚使肅迎於候館。修門未入，而列之經筵；講席未溫，而陞之禁從。禮貌之隆，冠絕當代。我高宗之意，夫豈徒哉？二老歸而周興，四皓來而漢定。天命人心之去留，固有非知力所能與者。異時經筵密勿，志意交孚。危微精一之旨，既有以續堯舜禹湯文武六七聖人之傳；緝熙光明之學，又有以垂我宋聖子神孫億萬斯年之式。皇乎休哉！初先生退自經筵，來館於此，猶榜曰「三畏齋」，其持敬不倦如此。嘉定中，郡守陳君荋，始因郡人黃士毅等請，即三畏齋之舊，繪像建祠。君以為貌像之有嚴，雖足慰典刑之仰，而佩衿之益遠，寧能無城闕之嗟？擬計積累之贏，略倣先朝四書院之制，並祠築室，以舍學者。買田收穀以食之，而儲和靖與其師若友之書於中，庶履其地，必思其人；誦其書，必求其旨。事方權輿，而知府事真寧張君嗣古、提典刑獄前使者浚儀趙汝襚、後使者南豐曾君穎秀復從旁從臾之，且各捐資以助。由是材不靳直，工不靳備，指期而成，不愆於素。繼自今，朋簪日盍，戶履日滿。有學聚問辨之益，無孤陋寡聞之弊。斯文未喪，於此有觀焉。既成，而屬余以記。余方病吳人迷於佛而不知反，以為曹君此舉，上而光昭我高宗皇帝聖德之大，下而迓續我和靖先生道統之傳；而所以美教化，移風俗，稱其為部使者，又於是乎在，故不辭而為之書。君諱豳，今官朝奉郎；余為漫塘叟劉某。時端平乙未八月中澣。

案：〈記〉末所署之端平乙未，即端平二年（1235）也。西士之為左司諫，有直聲。劉克莊於《後村大全集》卷一百四十四〈曹公神道碑〉亦推譽之，云：

余嘗謂本朝名諍臣多矣。惟天聖之孔、范，慶曆之歐、蔡，熙寧之呂、劉，建中之鄭、陳，至今猶有生氣，非以其能言也，以其能言人所不能言也。由端、嘉至淳祐，如洪舜俞、王去非、杜成己、徐直翁、李元善、方德潤、唐伯玉及公；此八君子，言論風光暴白於世，豈非以江表之玉振，續中朝之金聲歟！

後村稱西士為「以江表之玉振」，「續中朝之金聲」，亦可謂推崇備至矣。

潘剛中，《會稽續志》卷二「〈提刑題名〉」條載其以太府寺丞除提刑，

嘉熙元年（1237）三月三日到任。二年（1238）閏四月二十三日召赴行在，除侍右郎官。是則剛中與直齋於嘉熙元年三月至五月同官浙東。同書卷二「〈安撫題名〉」條又云：

> 潘剛中，嘉熙元年十月十九日以朝議大夫、浙東提刑暫權，十二月磨勘轉中奉大夫。二年閏四年十三日交割與趙大資。

是則剛中由提刑而權安撫，繼而磨勘轉中奉大夫；至其除侍右郎官，則於嘉熙二年閏四月二十三日赴行在後矣。

直齋知嘉興府，始於嘉熙元年（1237）五月，以迄嘉熙三年（1239）。其時部屬，據《嘉興府志》卷三十六、卷三十七、卷四十〈官師表〉載：任判官者爲林輝、任主簿者乃黃逢時、鮑郎場鹽監爲周應㫤、趙希槻，澉浦鎮稅監爲曾群。〔註18〕諸人生平，今已不可考矣。《浙江通志》卷一百十五〈職官〉五載其時任兩浙總管幹轄司爲楊應龍、陳源、任兩浙兵馬都監爲王霆、王安節。〔註19〕楊應龍事蹟不可考。今僅考陳源、王霆、王安節三人生平於下。

陳源，宋代有二陳源。《宋史》卷四百六十九〈列傳〉第二百二十八〈宦者〉四有〈陳源〉。惟此宦者陳源，絕非任兩浙總管幹轄司之陳源。《宋人傳記資料索引》有宦者〈陳源〉小傳，曰：

> 陳源，淳熙中提舉德壽宮，頗有寵。光宗時，除入內侍押班，帝以疾不朝重華宮，源與內侍楊舜卿、林億年數有間言。寧宗即位，命三人俱事光宗於泰安宮，御史章穎論其離間君親，詔貶源婺州死。

是則宦者陳源乃孝、光、寧間人，而直齋部屬陳源乃理宗時人。惟任兩浙總管幹轄之陳源，生平已無法曉悉矣。

王霆，《宋人傳記資料索引》載其小傳曰：

> 王霆，字定叟，東陽人。嘉定四年中絕倫異等科，累官沿江制置副使。理宗即位，出知濠州、光州，戰守有功，再知高郵軍。撰〈沿江籌邊志〉一篇，上之，尋知壽昌，改蘄州。嘗訓其子弟曰：「窮理盡性，學之本也。」又嘗曰：「士大夫當以世從道，不當以道從世。」有《玉溪集》。

《宋史》卷四百八〈列傳〉第一百六十七亦有〈王霆〉，中載霆充兩浙兵馬都監時事頗詳，其言曰：

理宗即位，特差充浙西副都監，湖州駐箚。時潘甫等起兵，事甫定，霆因綏撫之。鎮江都統趙勝辟爲計議官，時李金寇監城，攻海陵，勝出戍揚州，屬官多憚從行，霆慨然曰：「此豈臣子辭難之日！」至揚子橋，人言賊兵昨日在南門，去將安之？霆竟至南門，以帥憲之命董三城事。勝次第出城接戰，霆必身先士卒，大小十八戰，無一不利。奪賊壕，築土城，焚城門，賊氣爲懾。

是則王霆在浙西副都監任時，有謀有勇，忠貞不貳，殊可佩也。

王安節，《宋史》卷四百五十〈列傳〉第二百九〈忠義〉五有傳，其〈傳〉曰：

王安節，節度使堅之子也。少從真父守合州有功，安節等兄弟五人皆受官。堅爲賈似道所忌，出知和州，鬱鬱而死。

安節至咸淳末爲東南第七副將。德祐初，似道潰師蕪湖，列城皆降，不降者亦棄城遁。時安節駐兵江陵，即走臨安，上疏乞募兵爲捍禦，授閤門祗候、浙西添差兵馬副都監。收兵入平江，合張世傑兵，戰鳳皇港，有功，轉三官。

劉師勇復常州，攻走王良臣，師勇還平江，以安節與張詹守常。已而良臣導大兵攻常，常城素惡，安節等築柵以守，相拒兩月不下。大元丞相伯顏自將攻之，屢遣使招降，亦不下。丞相怒，麾兵破其南門，安節揮雙刀率死士巷戰，臂傷被執。有求其姓名者，安節呼曰：「我王堅子安節也。」降之不得，乃殺之。

案：安節被執不屈，從容就義，《宋史》將其〈傳〉歸之〈忠義〉，宜矣。至安節之任兩浙兵馬都監，與直齋爲同僚，則史無明文，疑即在「少從其父守合州有功，安節等兄弟五人皆受官」時也。其時安節所受官，或即此兵馬都監，惜已無法詳考矣。

直齋於嘉熙三年（1239）除浙西提舉，至淳祐元年（1241）離任。其時以中奉大夫、直敷文閣知平江府，兼浙西兩淮發運副使者爲趙與懃，以奉議郎爲常熟令者爲戴衍，以通直郎爲常熟令者爲趙師簡，〔註20〕師簡生平未能詳考，僅考與懃、戴衍宦績如後。

趙與懃，《宋史》卷四百二十三〈列傳〉第一百八十二有傳，記其生平宦歷甚詳，曰

趙與𥲅，字德淵，太祖十世孫。居湖州。嘉定十三年進士。歷官差
主管官告院，遷將作監主簿，差知嘉興府，遷知大宗正兼權樞密院
檢詳諸房文字，尋爲都官郎官，加直寶章閣、兩浙轉運判官。進煥
章閣、知慶元府，主管沿海制置司公事，拜司農少卿，仍兼知慶元
府兼沿海制置副使。遷浙西提點刑獄，授中書門下省檢正諸房公事，
拜司農卿兼知臨安府，主管浙西安撫司公事，權刑部侍郎兼詳定敕
令官，權兵部侍郎，遷戶部侍郎，權戶部尚書，時暫兼吏部尚書，
尋爲眞，兼戶部尚書，時暫兼浙西提舉常平，加端明殿學士、提領
戶部財用，皆依舊兼知臨安府。與執政恩澤，加資政殿大學士。以
觀文殿學士知紹興府、浙東安撫使；知平江府兼淮、浙發運使，時
暫兼權浙西提點刑獄；授沿江制置使，知建康府、江東安撫使、馬
步軍都總管兼行宮留守，節制和州、無爲軍、安慶府三郡屯田使；
時暫兼權揚州、兩淮安撫制置使，改兼知揚州，尋兼知鎮江府，兼
淮東總領，提舉洞霄宮；復爲淮、浙發運使，差知平江府，特轉兩
官致仕。景定元年八月，卒，特贈少師。與𥲅所至，急於財利，幾
於聚斂之臣矣。

考《宋元學案》卷七十四「〈少卿趙節齋與𥲅〉」條載：

趙與𥲅，字德淵，湖州人。嘉定十三年進士，累官至觀文殿學士，
歷知七府。景定元年卒，贈少師。嘗見慈湖而問曰：「某於日用應酬
都無一事，只未知歸宿之地。」慈湖曰：「心之精神，是謂聖。人皆
有是心，心未嘗不聖，何必果求歸宿？求歸宿，乃起意反害道。」
德淵奉教終身。

案：此處所稱之慈湖乃楊簡。此條後並有〈附錄〉云：

德淵知平湖，嘉熙四年大饑，分場設粥，以寓公方萬里爲長者，請
董其役，全活者數萬人。寶祐三年再守，修舉學校，行飲射禮。尹
臨安十三年，城中見口計，日食文思院米三千石。嘗籍北關米船，
每日四千石入城則米價減，二千石則價貴，適入三千石則價平，無
不中者。乃於鹽橋置平糴倉二十有八，歲儲浙西米六十萬石，皆精
鑿，視米價貴，輒平糴之。竟十三年中，民食其惠。

《宋元學案》載德淵事蹟，足補《宋史》所未及。竊意史稱德淵「急於財利，
幾於聚斂之臣」。然觀其知平湖時，歲饑，全活人口數萬；又置平糴倉，平糴

米價，十三年中，民食其惠。即此二事而論，亦可謂爲民之循吏，君之良臣矣。「聚斂」之責，奚足道哉！

戴衍，《宋史翼》卷三十一〈列傳〉第三十一〈忠義〉二有其傳。〈傳〉云：

> 戴衍，字崇禮，兗州人。嘉定丁丑進士。嘉熙元年十月，以奉議郎知常熟縣事。茸學宮，廣黌舍，說二戴《禮》於講堂，聽者恨得之晚。邑城卑濠淺，因舊修濬，屹然金湯；開河築隄，水旱有備。邑人朱子器應募爲兵，衍奇之，勉以學，卒爲儒者；高士鍾璇、王澹，人無識者，衍言於范大成，薦之朝；所拔士印應飛、徐曾三、趙時貴、張士元、楊麟伯，皆爲名公卿。在任三年，遷提轄左藏庫，尋以薦爲屯田員外郎。奉詔視師江淮，至高郵，遇元兵。前鋒以槊刺衍，衍脫朝冠擊之，張目大罵，遂遇害。閱四十年，衍子綬來爲王太常萬壻，奉衍骸骨，葬於虞。曾偉《常熟志》載：「元和縣，孔文貞、戴侯祔祀。」〈二戴祠碑〉。

觀是，則崇禮於常熟任內，卓有建樹，且不失知人之明。其遇害前，張目罵元兵，庶幾與於忠義之列矣。

直齋離浙西提舉任，曾任職尚書省郎官，蓋在淳祐元年（1241）至四年（1244）之間，[註21] 同時僚屬無可考。其除國子司業，則在淳祐四年（1244）秋冬間，以迄淳祐十年（1250）致仕前。考除元杰《楳埜集》卷七有〈陳振孫授國子司業制〉，則元杰與直齋固此時之友朋矣，《宋史》卷四百二十四〈列傳〉第一百八十三有元杰傳，文長不錄，錄《宋人傳記資料索引》所載小傳，云：

> 徐元杰（1194～1245），字仁伯，一字子祥，號梅野，上饒人。紹定五年進士，知南劍州，以理化誨，闔境感悅。遷將作監，兼崇政殿說書，時史嵩之遭親喪起復，元杰極論其不可，命遂寢。入講多舉鑑戒，語切宮壼，帝每從容訪天下事。淳祐五年六月輪對，忽暴疾煩熱爪裂死，年五十二。臺諫及三學合詞愬其中毒，有詔窮治，無驗，獄迄不成。帝悼念不已，賜諡忠愍。有《楳埜集》。

觀是，則仁伯固忠貞君國，不幸竟以暴疾死。劉克莊撰有〈祭徐仁伯文〉，見《後村先生大全集》卷一百三十七，其文曰：

> 嗚呼！楚龔之死，已瀕臺耄。有一老父，踵門來弔。比之膏薰，天

[註21] 參見第三章第十節。

年不保。余謂老父，蓋未聞道。百年一瞬，矢激電掃。伯始葷人，
寧不華皓。以彼爲壽，則此宜夭。惟公大節，如揭兩曜。計維危晜，
功則存趙，國人驚嗟，天子震悼。我不識公，書札傾倒。道出通德，
巷寂戶悄。故閣誰試，新阡誰表。聊持束芻，覆此清甌。烏乎哀哉！

案：仁伯沒時，直齋適任少司成，與江萬里就此事均有疏，其間牽涉人物，
除史嵩之外，尚有鄭寀、徐霖、劉漢弼、黃濤、徐直諒等人，此事周密《癸
辛雜識》別集下〈嵩之起復〉條記之頗詳，〔註22〕今亦將江萬里等人事蹟略
考如下：

江萬里，《宋史》卷四百一十八〈列傳〉第一百七十七有傳。《宋人傳記
資料索引》載其小傳曰：

> 江萬里（1198～1274）字子遠，號古心，都昌人。少神雋，有鋒穎，
> 由鄉舉入太學，有文聲。度宗廟累官至左丞相，以峭直爲賈似道所
> 惡，加特進予祠。萬里鑿池芝山後圃，扁其亭曰「止水」。咸淳十年，
> 元兵至，赴水死，年七十七。贈太師，諡文忠。

史嵩之，《宋史》卷四百一十四〈列傳〉第一百七十三有傳。《宋人傳記
資料索引》載其小傳曰：

> 史嵩之字子由，一字子申，鄞人，彌忠子。嘉定十三年進士。紹定
> 間遷刑部侍郎。端平初出師，與淮閫協謀掎角，嵩之力陳非計。後
> 師潰，帝悔不用嵩之言。累進右丞相兼樞密使，淳祐間封永國公。
> 遭父喪起復，爲公論所不容，閒居十三年。寶祐四年八月卒，諡忠
> 簡，改諡莊肅，德祐初奪諡。

鄭寀，《宋史》卷四百二十〈列傳〉第一百七十九有傳。《宋人傳記資料
索引》載其小傳曰：

> 鄭寀（1188～1249），字載伯，福安人。紹定二年第進士。歷秘書省
> 校書郎，累官殿中侍御史、左諫議大夫，劾罷臺諫之不才者，又疏
> 請慎重名器。淳祐中拜端明殿學士，同簽書樞密院，爲言者論罷。
> 九年卒，年六十二，有《北山遺稿》。

徐霖，《宋史》卷四百二十五〈列傳〉第一百八十四有傳。《宋人傳記資
料索引》載其小傳曰：

> 徐霖（1215～1262），字景說，號徑畈，衢州西安人。年十三，有志

〔註22〕同註21。周密《癸辛雜識》此條，載見第三章第十節，不贅引。

聖道，焚所作文，研精《六經》之奧。淳祐四年試禮部第一，理宗
謂貢舉官曰：「第一名得人。」時宰相史嵩之植黨顓國，霖入官，首
發其姦，見者吐舌。累官祕書省著作郎，忌者日思中傷，乞補外，
知撫州、衡州。景定三年知汀州。明年卒，年四十八。

劉漢弼，《宋史》卷四百六〈列傳〉第一百六十五有傳。《宋人傳記資料
索引》載其小傳曰：

劉漢弼，字正甫，上虞人。嘉定九年進士，擢監察御史。宰相史嵩
之引用私人，布列要地，漢弼首疏劾之。即引去，既復以左司諫召，
除侍御史，密奏宜聽嵩之終喪，言皆劘切。官至戶部侍郎。卒諡忠。

黃濤，《宋史》無傳。《宋人傳記資料索引》載其小傳曰：

黃濤，字退之，一字源長，福州永福人。治《春秋》，登紹定二年黃
朴榜進士。歷太學博士、祕書郎，添差通判常州，遷祕書丞。遷司
農少卿、淮東提舉，終直寶閣，知吉州。

徐直諒乃元杰子，其事蹟附見《宋史・徐元杰傳》之末，曰：

二子直諒、直方乞以恤典充賞格。有旨付臨安府逮醫者孫志寧及常
所給使鞫治。既又改理寺，詔殿中侍御史鄭寀董之，且募告者賞緡
錢十萬，官初品。大理寺正黃濤謂伏暑證，二子乞斬濤謝先臣。然
獄迄無成，海內人士傷之，帝悼念不已，賜官田五百畝、緡錢五千，
給其家。賜諡忠愍。

觀直諒、直方兄弟乞斬黃濤一事，元杰可謂有子矣！

其實，徐元杰之暴亡，程公許亦嘗亟奏，命有司置獄鞫勘，務使得實。
是則公許與直齋固同志而同僚矣。《宋史》卷四百一十五〈列傳〉第一百七十
四有傳，〈傳〉中載其事曰：

右史徐元杰暴亡，司諫謝方叔、御史劉應起言，不報。公許亟奏曰：
「正月，侍御史劉漢弼死。四月，右丞相杜範死。六月，右史徐元
杰死。漢弼之死固可疑，範之死，人言已籍籍；然漢弼類風淫末疾，
範亦尪弱多病，諉曰天命，猶可也。元杰氣體魁碩，神采嚴毅，議
論英發，甫聞謁告，奄至暴亡，口鼻四體變異之狀，使人爲之雪涕
不已。六館諸生叩閽籲告，陛下始命有司置獄鞫勘，謂當於朝紳中
選公正明決、無所顧忌者專莅其事，盡情研究，務使得實。集議朝
堂，分列首從，必誅無赦。」疏入，不報。物論沸騰，臨安尹趙與

蕙奏乞置獄天府，帝從之。公許繳奏：「與蕙乃嵩之死黨，乞改送大
理寺，命臺臣董之。」詔殿中侍御史鄭寀，寀回懦首鼠，事竟不白，
然公論莫不偉公許。

讀此〈傳〉，可知周密《癸辛雜識》所記徐元杰暴亡，諸臣上奏求鞫勘，其間
猶缺程公許一役也。《宋人傳記資料索引》有公許小傳，今亦迻錄於下，以見
公許爲人及宦歷之一斑。

程公許，字季與，一字希穎，號滄州，眉山人，寓烏程，《宋史》作
宣化人。嘉定四年進士，累官權刑部尚書，卒諡文簡。公許立朝剛
正，沖澹寡欲，爲文才氣磅礴，著述皆散佚，存者有《滄州塵缶編》
十四卷。

綜上所述，直齋由嘉定元年（1208）始任溧水縣教授，以迄淳祐十年
（1250），以某部侍郎、通奉大夫、寶章閣待制致仕。四十三之間，其在宦場
中結識同僚友好，計爲：湯詵、傅泰清、留恭、葉簽、王補之、趙彥倓、吳
恪、教官某、俞建、章良朋、李約、顏耆仲、張公弼、呂康年、姚珫、陳韡、
王克恭、林公慶、周果、王顯世、謝采伯、賈似道、杜範、洪咨夔、曾塤、
胡夢炎、趙子寅、張俌、豐雲房、趙善正、諸葛寅、趙汝淶、潘騤、趙必願、
黃壯猷、李鳴復、曹豳、潘剛中、林輝、黃逢時、周應新、趙希槼、曾群、
楊應龍、陳源、王霆、王安節、趙與蕙、戴衍、趙師簡、徐元杰、江萬里、
史嵩之、鄭寀、徐霖、劉漢弼、黃濤、徐直諒、程公許等，凡五十九人。今
可考者，僅如上述而已。

第三節　陳振孫學術上之友朋

直齋一生好學不倦，嗜書如命，故游宦之際，乃隨處訪書，結交藏書家、
刊書者及書林益友。今觀《直齋書錄解題》及其他著述中，固不乏其尋書訪
友及學術活動之眞實記錄。茲謹爬梳相關資料，考述與直齋學術活動至相關
切之友朋如次。

直齋學術上之友朋，可考者十數人。其最早者厥爲任鄞縣學時之薛師雍。
《解題》卷五〈典故類〉載：

《長樂財賦志》十六卷，知漳州長樂何萬一之撰。往在鄞學，訪同
官薛師雍子然，几案間有書一編，大略述三山一郡財計，而累朝詔

令申明沿革甚詳。其書雖爲一郡設，於天下實相通。問所從得，薛
曰：「外舅陳止齋修《圖經》，欲以爲〈財賦〉一門，後卷帙多，不
果入。」因借錄之，書無標目，以意命之曰《三山財計本末》。

觀是，則師雍，字子然，與直齋同官，蓋亦任鄞學教授矣。《宋史》、《宋史
翼》均無師雍傳，其生平無法詳考。《解題》此條既載師雍稱陳止齋爲「外
舅」，則必止齋之壻也。考止齋即陳傳良，《宋史》卷四百三十四〈列傳〉第
一百九十三〈儒林〉四有傳，《宋人傳記資料索引》亦載其小傳云：

> 陳傳良（1137～1203），字君舉，號止齋，溫州瑞安人。少爲文自成
> 一家，後師事鄭伯熊、薛季宣，傳永嘉之學。乾道八年登進士甲科，
> 累遷起居舍人。時光宗以疾不朝重華宮，傳良抗疏忠懇，至引帝裾。
> 不聽，掛冠徑行。寧宗即位，召爲中書舍人，兼侍讀，直學士院。
> 嘉泰初，知泉州，進寶謨閣待制致仕。嘉泰三年卒，年六十七，諡
> 文節。有《詩解詁》、《周禮說》、《春秋後傳》、《左氏章旨》、《歷代
> 兵制》、《永嘉八面鋒》、《止齋論祖》、《止齋文集》等書。

師雍爲止齋壻，《止齋文集》卷之五十二附載蔡幼學所撰〈宋故寶謨閣待制致
仕贈通議大夫陳公行狀〉云：

> 公諱傳良，字君舉，姓陳氏。……女七人：長適迪功郎、新光化軍司
> 理參軍潘子順，先卒；次適從政郎、福州連江縣丞薛師雍；次適迪功
> 郎、新處州儒學教授林子熙；次適迪功郎、新福州連江縣尉徐沖；次
> 適進士張紹；次適進士張疇；次未行。……嘉定元年十一月日，學生、
> 朝議大夫、試尚書吏部侍郎、兼侍講、兼直學士院蔡幼學狀。

觀是，則師雍確爲止齋次女壻，嘉定元年戊辰（1208）前即以從政郎任福州
連江縣丞，而至嘉定十一年戊寅（1218）前後，則與直齋同官鄞縣教授。蔡
幼學所撰〈陳公行狀〉又云：

> 宗正少卿鄭公百熊、大理正薛公季宣，皆以經學行義聞於天下，公
> 每見二公，必孜孜求益，脩弟子之禮。一日，與薛公語，恍然若有
> 所失，乃獨潛心《易》、《論語》二書，求古聖賢所以窮理盡性之要，
> 近思深探，弗造其極致，弗措也。既而，薛公客晉陵，公往從之。
> 薛公與公語合，喜甚，益相與考論三代秦漢以還興亡否泰之故，與
> 禮樂刑政損益同異之際，蓋於書無所不觀，亦無所不講。經年而後
> 別去。

《宋史》卷四百三十四〈列傳〉第一百九十三〈儒林〉四〈陳傳良〉亦曰：

> 當是時，永嘉鄭伯熊、薛季宣皆以學行聞，而伯熊於古人經制治法，
> 討論尤精，傳良皆師事之，而得季宣之學爲多。

是則止齋固傳薛季宣之學也。季宣，《宋史》卷四百三十四〈列傳〉第一百九十三〈儒林〉四有傳，《宋人傳記資料索引》載其小傳曰：

> 薛季宣（1134～1173），字士龍，一作字士隆，號艮齋，永嘉人，徽
> 言子。年十七，從荊南帥孫汝翼，辟書寫機宜文字，獲事袁漑漑，
> 漑嘗從程頤學，盡以學授之。召爲大理寺主簿，除大理正，出知湖
> 州、改常州，未上卒，時乾道九年七月，年四十。諡文憲。有《書
> 古文訓》、《詩性情說》、《春秋經解指要》、《大學說》、《論語小學約
> 說》、《浪語集》等書。

暨季宣之沒也，止齋既撰〈祭薛常州先生文〉，又撰〈新改差常州薛公行狀〉，〔註23〕稱弟子，自謂追隨季宣久，執禮甚恭。竊疑薛師雍，或爲季宣子侄輩（季宣僅差長止齋三、四歲），故止齋以女妻之，以結秦晉之好。所惜師雍事蹟無法多考，僅爬梳其生平瑣事如上，以稔讀者。

直齋之宰南城，約爲嘉定十四年辛巳（1221），至寶慶三年丁亥（1227），〔註24〕其時所結交之友朋，計爲吳炎、林憲之子及盱江晁氏。直齋每向吳炎等借錄書籍，故此三人亦直齋學術上友儕矣。

直齋借錄書籍於吳炎，《解題》卷十二〈形法類〉載：

> 《龍髓經》一卷、《疑龍經》一卷、《辨龍經》一卷、《龍髓別旨》一
> 卷、《九星祖局圖》一卷、《五星龍祖》一卷、《二十八禽星圖》一
> 卷，以上七種皆無名氏，並前諸家，多吳炎錄以見遺。江西有風水
> 之學，往往人能道之。

案：《解題》此七種書前尙載有《八五經》一卷、《狐首經》一卷、《續葬書》一卷、《地理小口》一卷、《洞林照膽》一卷、《地理口訣》一卷、《楊公遺訣曜金歌》並《三十六象圖》一卷、《神龍鬼砂》一卷、《羅星妙論》一卷、《九星賦》一卷等風水學書籍，或亦屬吳炎見遺矣。

〔註23〕〈祭薛常州先生文〉，收入《止齋文集》卷之四十五；〈新改差常州薛公行狀〉，
收入《止齋文集》卷之五十一。

〔註24〕同註9。

《解題》同卷〈形法類〉又載：

　　《雜相書》一卷，凡二十三種。又有《拾遺》，亦吳晦父所錄。

又《解題》卷十三〈醫書類〉載：

　　《龐氏家藏秘寶方》五卷，蘄水龐安時安常撰。安時以醫名世，所
　　著書傳於世者，惟《傷寒論》而已。此書南城吳炎晦父錄以見遺。

觀是，則吳炎錄以見遺直齋之書頗多，二人交誼篤厚，於斯可見。《解題》似
此之記載尚有二、三條，不備錄。

考吳炎，《宋史》無傳。包恢《敝帚藁略》卷八有〈吳主簿墓誌銘〉一
文，頗見吳炎生平及其為人風範，茲迻錄如下：

　　予友新撫州金溪縣主簿姓吳，諱炎，字晦夫，以淳祐三年壬寅冬十
　　一月二十六日以疾卒於家。予時以台倅易倅臨安，忽得其居之遠近
　　內外各以書訃予。為其學徒者則曰：「無復有此賢師友矣！」為其
　　里人者則曰：「無復有此鄉善士矣！」為其宗族者則曰：「無復有此
　　賢伯叔兄弟矣！」予為之慟而言曰：「世之愛欲生、惡欲死者，其
　　惑之不辨久矣！晦夫之亡，同聲哀之，果何以得此於人哉？蓋其自
　　幼嗜學如嗜飲食，博識前往，而又文思如泉湧，辭藻如春華。有弗
　　問，問則多知；有弗疑，疑則能辨；且不憚勞，為人反覆開明。學
　　文者，運意、用字、造語，悉有法度，可以指授。以是鄉之學者多
　　從之游，每隨其分量，蒙麗澤之益，此在學徒是以有無復賢師友之
　　嘆。其氣貌和平，其詞意婉曲，望而見者，以為君子人也。況其志
　　行修潔，少有可見之身過。與人多美意無惡，況誘人為善，孜孜不
　　懈。人有請，可從者曾無難色，不亦委曲諭之，未始峻拒，人亦不
　　怨，似多可而實有守，此其里人是以有無復善士之悲。其諸父叔在
　　時，莫不愛之，以其循循孝友，和氣藹如也。其後諸父俱亡，兄弟
　　子姪甚眾。晦夫悠然其中，無疾言遽色，不犯尊，不凌卑。會聚則
　　少談世俗細故，多言古今善事，有默寓相勸相規之意。未始與一人
　　作惡，或有不美之爭，必致排解調娛之力。故人無長幼，咸之敬慕，
　　此其宗族是以有無復賢伯叔兄弟之恨。方為兒時，已端重如成人；
　　不好戲弄，不為戲言，獨於義理、文字，乃其所好。初從予先君克
　　翁問學，即切切有志。年十六、七時，俟父兄見朱文公於考亭。文
　　公令講《魯論》首章，喜之，因聽誨論者踰月而後歸。自是一意實

學，而不廢科舉。其所試之文，根於義理，尤極精到。嘉定丁丑補
入太學，每試必冠諸生，計分幾成優校。觀其文者，莫不擊節稱嘆。
端坐存心齋，晝誦夜思，業以爲常。淡然無他好，未嘗妄出爲市井
之游，若不知紛華盛麗之可悅者。或者欲搖動之，屹不可奪，素行
益堅。同舍驚異，始疑而終信，翕然稱之，以爲不可及。晦夫資既
純明，一時海內名世咸獲親炙，多器重之。且或得其心學，或得其
詩文法，究師友之淵源。聞見既博，智慮益明，時在學，推爲博通
之儒。既而遭父喪以歸，居喪盡哀。服除，即厭出，事母盡歡者幾
年。屢免文舉，咸謂一第特其餘事，乃竟累試見屈於有司。嘉熙戊
戌，天子策士南廊，勉就之，以入優等，授金溪簿。待闕未赴，益
嗜未見之書，究未竟之學。凡若學徒者，若里人者，若宗族者，往
來講習，方有餘樂。其所著有《陽山猥稾》若干卷及《日記》，以
自課其所學。其進未已也，而不幸死矣。前數月，盡區處家事，幽
以告之家廟，明以託之親朋，若前知。沒寧而逹者夫！惟其親朋之
所惜者，年纔五十有九，而平生所志所學，不得少試一二。或曰：
昔有不許小程先生學之可用者，後有因其論鹽鈔法，而始知其可
用。晦夫常備論江西鹽販之弊，贛之守臣往往有用其說以戢姦萌
者，人莫知其出於晦夫也。使其少試，豈特能主簿書、使會計當而
已哉！而遽至於斯，亦可哀也夫。曾祖某、祖某、考某、妣錢氏；
娶熊氏，再娶傅氏。二子曰某，二女：長許適某，次在室。某年某
月某日葬某處，其兄玉汝謂知其弟莫若予，欲得銘。予念晦夫少予
歲，總角同學，相知眞莫如予也。聞訃而傷之，倍於常情，豈容不
銘？銘曰：孰爲質玉，色之光兮；孰爲文天，範之芳兮；質既良，
學且強兮；文既彰，行且藏兮；宜高岡，觀鳳之翔兮；何垂耳，困
驥之良兮；以此易年，宜得壽延長兮；何爲中身，遽有此哀傷兮；
獨幸文質學行，存若不亡兮。

讀此〈墓誌銘〉，則揣知直齋與吳炎相交南城之際，或正值晦夫「事母盡歡者
幾年」之時也。《宋元學案補遺》卷七十五「〈吳先生炎〉」條，載：

> 吳炎，字晦夫，絜齋弟子，絜齋字之。《絜齋集》。

案：絜齋即袁燮，字和叔，鄞縣人，登進士第，歷官禮部侍郎、寶文閣直學
士，追諡正獻，學者稱絜齋先生，著有《絜齋集》，凡二十四卷。《集》之卷

七〈吳晦夫字說〉一篇,曰:

> 吳生炎求字於余,余字之曰晦夫。《中庸》曰:「君子之道,闇然而
> 日章;小人之道,的然而日亡。」旨哉斯言!古人為己工夫,至精
> 至密,至深至實,無愧乎此心而已。晦夫其勉之。

觀是,則知吳炎字「晦夫」,乃取乎《中庸》「君子之道,闇然而日章」之義,
乃絜齋先生字之者。直齋《解題》中一再稱之為「晦父」,蓋尊而敬之,故易
「夫」為「父」也。

　　直齋於南城,亦嘗結識林憲之子。憲,字景思,東魯人,有《雪巢小集》
二卷。《解題》卷二十〈詩集類〉下載:

> 《雪巢小集》二卷,東魯林憲景思撰。初寓吳興,從徐度敦立游,
> 後為參政賀允中子忱孫壻,寓臨海。其人高尚,詩清澹,五言四韻
> 古句尤佳,殆逼陶、謝。梁谿尤延之、誠齋楊廷秀皆為之〈序〉,且
> 為〈雪巢賦〉及〈記〉。余為南城,其子游謁至邑,以家集見示,愛
> 而錄之;及守天台,則板行久矣,視所錄本稍多。然其暮年詩似不
> 逮其初,往往以貧為累,不能不衰索也。

是則景思年輩固長於直齋,然景思之子仍於直齋執禮甚恭,「游謁至邑,以家
集見示」,殆以直齋任縣宰故耶?景思之詩,自宋以來,褒譽者大不乏人。
元人韋居安《梅磵詩話》卷中云:

> 鄉人雪巢林憲景思,紹、淳中前輩,後居天台。少從侍郎徐敦立度
> 游,度得句法於魏昌世衍,實後山陳公嫡派也。梁溪尤公延之序其
> 詩,言景思喜哦,初不鍛鍊,而落筆立就,渾然天成,無一語蹈襲,
> 唐人之精於詩者不是過。楊公廷秀亦云景思之詩似唐人。尤、楊二
> 公,少所許可,其論景思詩如出一口,非溢美也。近世二衢鄭景龍
> 編《宋百家詩續選》,摘出「群花飛盡楊花飛,楊花飛盡無可飛」,「天
> 空霜無影」等句,謂其超出詩人準繩之外,亦非虛語。

董斯張《吳興備志》卷十三〈寓公徵〉第七曰:

> 吳興林憲字景思,少從其父宦游天台,因留蕭寓焉。初,賀參政允
> 中奇其才,妻以女孫而不取奩田。貧甚,為詩學韋蘇州。淳熙五年,
> 尤延之為作〈雪巢記〉,又為〈雪巢小集序〉。「柔櫓晚湖上,寒燈深
> 樹中。」「汲井延晚花,推窗數新竹。」延之謂唐人之精者不是過。

《宋史翼》卷三十六〈列傳〉第三十六〈隱逸〉有林憲傳,其〈傳〉亦

云：

> 林憲字景思，吳興人。少從侍郎徐度游，度得句法於魏衍，實後山
> 嫡派也。《梅磵詩話》。卓犖有大志，參政賀子忱奇其才，以孫女妻之。
> 臨終復遺以米數百斛，謝不取。賀既亡，挈其孥居蕭寺，屢瀕於餒
> 而不悔。讀書著文，不改其樂。喜哦詩，落筆立就，渾然天成，一
> 時名流，皆願交之，若徐敦立、芮國器、莫子及、毛平仲，相與莫
> 逆。尤袤〈雪巢小集序〉。楊誠齋、樓攻媿皆稱其詩似唐人。《誠齋集》參《攻
> 媿集》。其人高尚清談，五言四韻古句，殆逼陶、謝。《書錄解題》。淳熙
> 五年，尤袤為作〈雪巢記〉，又為〈雪巢小集序〉。《瀛奎律髓》。

觀上述所載，則景思所撰詩，殊有過人者。《宋詩紀事》卷五十四錄其古、近
體詩凡五首，逐錄如下：

讀陶詩作

> 吾觀淵明詩，了不在言賦。有如泰和氣，周行不停駐。時與春為風，
> 融和物華布。未嘗見用力，萬物榮處處。時與秋為月，浩然無點注。
> 江山滋清絕，宇宙靡纖污。乃知淵明詩，本不在詩故。邂逅吐所有，
> 氣象隨所寓。乞食不為拙，華軒不為慕。歸來不為高，折腰不為沮。
> 羲皇平步超，無懷真雅素。簡談豈能盡，學者謾馳步。獨有無弦琴，
> 明明一斑露。《劉後村詩話》。

梅　　花

> 野梅空山中，正為照人開。如何綠窗底，殊暎帶蒼苔。頗似古君子，
> 無人自不諧。竹徑酒初醒，一信清香來。《全芳備祖》。

寓天台水南

> 香雨暗前山，春雲行遠林。月落雞犬靜，誰聞〈梁父吟〉。巍巍兮高
> 山，泠泠兮好音。誰聞〈梁父吟〉，唯恐山不深。

台州兜率寺

> 春江潑天明，蕭寺踞山塢。荒堦下鳥雀，古木颯風雨。徐行石苔花，
> 徙倚望江渚。日暮山更寒，簷頭鈴自語。
> 寺門瞰南江，江勢浩相嚮。風雲互吞吐，山色豁林莾。潮頭卷飛煙，
> 白雨挾春漲。中夜鵝鶩喧，誰家海船上。以上《赤城詩集》。

案：景思〈讀陶詩作〉一首，真深知淵明者也。至其五言四韻諸詩，亦逼近

陶、謝，直齋《解題》所言，殊不我欺。所惜者有關景思子之資料，今可考得者實尠，除《解題》所載之事外，餘均無可曉悉矣。

直齋宰南城時，亦嘗借錄書籍於旴江晁氏。《解題》卷五〈雜史類〉載：

> 《邠志》三卷，唐殿中侍御史凌準宗一撰。邠軍即朔方軍也。此本從旴江晁氏借錄，其末題曰：「文忠修《唐史》，求此書不獲，今得於忠憲范公之孫伯高。其中尚多誤，當訪求正之。紹興乙丑晁公鄯。」

是其證也。《邠志》一書，書末有晁公鄯紹興乙丑年題識。考晁公鄯乃晁說之從侄，《宋元學案補遺》卷二十二〈晁先生公鄯〉條記其生平云：

> 晁公鄯，景迂從侄。建炎二年，先生隨侍，寓海陵，景迂自儀眞來居，是歲，先生侍二十二叔之姑蘇，景迂誨之云：「吾老大，又晚爲枝江之行，汝歸，不及見矣！汝年少精健，宜勉力讀書。當先讀《五經》，看注疏；讀《三史》，不患不能爲一賦。」又云：「《文忠公集》不可法乎？韓文難入，頭先看《六一》，後《昌黎》，次《太史公》，次《公羊傳》，次《春秋》，此是讀書後先。」遂命於架上取素川紙寫。夜雨不少住，枕上作詩以賜。《景迂先生集·附錄》。

案：景迂即晁說之，《宋元學案》卷二十二有〈景迂學案〉，載其生平及學術成就甚詳，文長不備錄。《宋人傳記資料索引》載其小傳，曰：

> 晁說之（1059～1129），字以道，一字伯以，又字季此。慕司馬光之爲人，自號景迂，清豐人，端彥子。元豐五年進士，蘇軾以著述科薦之。元祐中以黨籍放斥，後終徽猷閣待制。建炎三年卒，年七十一。說之博極群書，善畫山水，工詩，通《六經》，尤精《易傳》。有《儒言》、《晁氏客語》及《景迂生集》二十卷。

案：說之有手足多人，補之、詠之、沖之，皆其兄弟。《宋元學案》卷二十二〈景迂學案〉後，有全祖望案語曰：

> 祖望謹案：昭德晁氏兄弟，大率以文詞游坡、谷間，如補之、詠之、沖之，皆盛有名。獨景迂湛深經術，親得司馬公之傳；又爲康節私淑弟子，其攻新經之學尤不遺餘力。世但知推龜山、了翁，而不知景迂更過之。《宋史》乃爲補之、詠之作傳，而景迂失焉，陋矣！

誠如全謝山所言，景迂《宋史》中無傳；補之、詠之傳，則見之《宋史》卷四百四十四〈列傳〉第二百三〈文苑〉六。今可考知者，晁公休、晁公武爲沖之子；公鄯既爲景迂從侄，倘亦爲沖之子，則與公休、公武爲同胞兄弟；

若為補之、詠之子，則與公休、公武為從兄弟矣。公鄴之識語既撰於紹興十五年乙丑（1145），而直齋為南城宰，則約在嘉定十四年辛巳（1221），兩者相隔凡七十六載，故余頗疑《解題》所指之「盱江晁氏」，應為公鄴兒孫輩，惜其名氏已不可考知矣。

至公鄴之題識，有可議者二事。案題識謂《邵志》三卷「今得於忠憲范公之孫伯高」。考忠憲范公即范雍，《宋史》卷二百八十八〈列傳〉第四十七有傳。惟其〈傳〉明載：雍「卒，贈太子師，諡忠獻」。公鄴題識作「忠憲」，顯誤。此一事也。又案《宋史》雍〈傳〉載：雍子宗傑；宗傑子子奇，字中濟，元祐間以待制致仕，卒，年六十三。子奇子坦，字伯履，政和間以徽猷閣待制卒，年六十二。是則雍之孫乃子奇，非伯高也。子奇既卒於元祐間，設以伯高為其兄弟，亦無由下迄紹興乙丑，伯高猶在人間，蓋兩人年齡相距五、六十年，故可確斷伯高殊非范雍之孫。竊疑伯高確有其人，公鄴亦確曾向伯高借《邵志》，惟伯高或為范坦子，坦政和間卒，年六十二，以年歲論，適可下接伯高。若由是以判，則伯高乃范雍之玄孫，而公鄴仍以「孫」稱之者，或籠統言之，未加細考耳。此二事也。

直齋改充興化軍通判，始於寶慶三年丁亥（1227），而迄於紹定元年戊子（1228），其治事之所則在莆田也。〔註25〕直齋其時所交結友朋，計有鄭寅、莆田劉氏、莆田李氏、鄭翁歸、方氏、林氏及吳氏。

考鄭寅，《宋史》、《宋史翼》均無傳。《宋人傳記資料索引》則有其小傳，小傳曰：

> 鄭寅，字子敬，一作承敬，號肯亭，莆田人，僑子。博習典故，以父蔭補官。歷知吉州，召對，言濟王冤狀，指斥權臣。端平初，召為左司郎中，兼權樞密院副都承旨；又請為濟王立廟，且言三邊無備，宿患未除，宜正綱紀，抑僥倖，裁濫賞，汰冗兵，以張國勢。出知漳州，進直寶章閣。嘉熙元年卒。有《包蒙》、《中興綸言集》。

案：鄭寅任左司郎中，《平齋集》卷十九〈外制〉有〈工部郎中鄭寅除尚左郎官制〉，曰：

> 敕具官某：艮以止為體，能時止則止，然後能時行則行。爾簡粹而通亮，為郡嘗以治理效聞。顧時俗之流，又孰能無變化，懼荃蕙之為茅也。而恬然歸潔，坐玩歲華，待化機之轉移，偕眾正而彙集。

〔註25〕同註4。

其將有行乎？郎選甚高，毋憚於劇。朕方思所以進爾者。可。

觀此〈制〉中「爲郡嘗以治理效聞」一語，蓋指鄭寅知吉州時事。其後寅離吉州任，嘗除工部郎中，繼則除尙左郎官也。

吳泳《鶴林集》卷六〈外制〉有〈鄭寅授左司郎中兼樞密副都丞旨制〉，曰：

> 敕具官某：都司紀綱之地，非習知臺閣故事，不在茲選。朕率是道，以官其人，矧爾父僑，在淳熙間，出入二省。凡先朝之典憲，往哲之言行，燦然開陳，如指諸掌。汝實聞而習之，具在家法。用是命汝董正左曹，寅納密命，亦猶元祐用范純禮之意也。往其欽哉！可。

是寅父鄭僑於孝宗淳熙間亦嘗任斯職，今理宗端平初，寅又被召爲左司郎中兼樞密副都丞旨，是則父子先後皆被授此官矣。

許應龍《東澗集》卷五〈外制〉又有〈鄭寅除直寶章閣致仕制〉，〈制〉曰：

> 大夫七十而致仕，年未及而以疾自陳，當憫其勞，勉從所請，俾遂掛冠之願，爰疏錫命之恩。以爾學廣聞多，意誠心正；屬特立獨行之操，有難進易退之風。屬當政瑟之調，首被鋒車之召。持衡銓選，平允無私。贊畫鈞樞，剛方不屈；暨司藩屏，尤號循良。胡染沉疴，力求謝事。肆加爾職，以賁其歸。勉護生經，益綏休祉。

是鄭寅未及古稀之年，以沉疴謝事，而以除直寶章閣致仕，殊可惋也。

直齋與寅相交往，及向之借錄書籍，《解題》中頗有記載。卷一〈易類〉載：

> 《梁谿易傳》九卷、《外篇》十卷，丞相昭武李綱伯紀撰。案序《內》、《外篇》凡二十三篇。《內篇》訓釋上、下〈經〉，〈繫辭〉、〈說〉、〈序〉、〈雜卦〉，並〈總論〉合十卷；《外篇》〈釋象〉七、〈明變〉一、〈訓辭〉二、〈類占〉一、〈衍數〉二，合有三卷。今《內篇》闕〈總論〉，《外篇》闕〈訓辭〉及〈衍數〉下卷，存者十卷。蓋罷相遷謫時所作。其書未行於世，館閣亦無之。莆田鄭寅子敬從忠定之曾孫得其家藏本，頃倅莆田日，借鄭本傳錄。今考《梁谿集》，紹興十三年所編、其〈訓辭〉二，〈序〉已云有錄無書，則雖其家亦亡逸久矣。豈有其〈序〉而書實未成耶？其書於辭、變、象、占，無不該貫，可謂博矣。

卷五〈詔令類〉亦載：

《中興綸言集》二十八卷，左司郎中莆田鄭寅子敬編。寅，知樞密院僑之子，靖重博洽，藏書數萬卷，於本朝典故尤熟。

同卷〈典故類〉載：

《長樂財賦志》十六卷，知漳州長樂何萬一之撰。往在鄞學，訪同官薛師雍子然，几案間有書一編，大略述三山一郡財計，而累朝詔令中明沿革甚詳。……因借錄之，書無標目，以意命之曰《三山財計本末》。及來莆田，爲鄭寅子敬道之，鄭曰：「家有何一之《長樂財賦志》，豈此耶？」復借觀之，良是。其間亦微有增損，末又有〈安撫司〉一卷，併鈔錄附益爲全書。

卷十四〈雜藝類〉又載：

《打馬圖式》一卷，鄭寅子敬撰。用五十馬。

卷十八〈別集類〉下載：

《周益公集》二百卷、《年譜》一卷、〈附錄〉一卷，丞相益文忠公廬陵周必大子充撰。一字洪道。其家既刊《六一集》，故此集編次一切視其凡目，其間有《奉詔錄》、《親征錄》、《龍飛錄》、《思陵錄》凡十一卷，以其多及時事，託言未刊，人莫之見。鄭子敬守吉，募工人印得之。余在莆田借錄爲全書，然猶漫其數十處。益公自號平園叟。

綜上所錄，可見直齋在莆與鄭寅交往及借錄書籍之一斑。

惟《解題》卷八〈目錄類〉載：

《鄭氏書目》七卷，莆田鄭寅子敬以所藏書爲七錄，曰經，曰史，曰子，曰藝，曰方技，曰文，曰類。寅，知樞密院僑之子，博聞彊記，多識典故。端平初召爲都司，執法守正，出爲漳州以沒。

又卷十四〈音樂類〉小序曰：

劉歆、班固雖以《禮》、《樂》著之〈六藝略〉，要皆非孔氏之舊也，然《三禮》至今行於世，猶是先秦舊傳。而所謂《樂》六家者，影響不復存矣。竇公之〈大司樂章〉既已見於《周禮》，河間獻王之〈樂記〉亦已錄於《小戴》，則古樂已不復有書。而前〈志〉相承，迺取樂府、教坊、琵琶、羯鼓之類，以充〈樂類〉，與聖經並列，不亦悖乎！晚得鄭子敬氏〈書目〉獨不然，其爲說曰：「〈儀注〉、〈編年〉，

各自爲類，不得附於《禮》、《春秋》，則後之樂書，固不得列於〈六
藝〉。」今從之，而著於〈子錄・雜藝〉之前。

觀是，則知直齋離興化軍通判任後，仍與鄭寅常相往還，故不惟可晚得其《鄭
氏書目》，即寅端平後之爲都司，知漳州等，亦知之甚審也。《解題》此二條，
當撰成於鄭寅沒後。

直齋在莆，亦嘗借錄書籍於莆田劉氏。《解題》卷五〈雜史類〉載：

《後魏國典》三十卷，唐太常少卿元行沖撰。行沖以系出拓跋，乃
撰《魏典》三十篇，文約事詳，學者尚之。此本從莆田劉氏借錄，
卷帙多寡不同，歲月首尾不具，殆類鈔節，似非全書。

是其證。清人葉昌熾《藏書紀事時》卷一云：

青蓋傳言入洛陽，文思縑帛變帷囊。惟餘海上無諸地，不共中原燔
靖康。 吳與可權　吳秘　莆李氏　劉氏

案：「燔」，師敗也。讀葉氏此絕後二句，固知靖康之後，南宋偏安一隅，未
經戰火，故如莆田劉氏等仍藏書甚富。直齋與之相交，足供借錄。惜劉氏之
名字與生平仕履，無可考矣。

至直齋借錄書籍於莆田李氏，《解題》中記載頗爲顆頤。《解題》卷六〈禮
注類〉云：

《獨斷》二卷，漢議郎陳留蔡邕伯喈撰。記漢世制度、禮文、車服
及諸帝世次，而兼及前代禮樂。舒、台二郡皆有刻本。向在莆田嘗
錄李氏本，大略與二本同，而上下卷前後錯互，因並存之。

同書卷八〈目錄類〉云：

《藏六堂書目》一卷，莆田李氏云唐江王之後，有家藏誥命。其藏
書自承平時，今浸以散逸矣。

同卷〈地理類〉又載：

《晉陽事蹟雜記》十卷，唐河東節度使李璋纂。〈序〉言四十卷，〈唐
志〉亦同，今刪爲十卷。蓋治平中太原府所刻本也，從莆田李氏借
錄。自南渡以來，關河阻絕，圖志泯亡，得見一二僅存者，猶足以
發傷今思古之歎。然唐并州治晉陽、太原二縣，國初克復，徙治陽
曲，而虛其故城。二縣後皆併省，則唐之故跡，皆不復存矣。

又同卷同類載：

《番禺雜記》一卷，攝南海主簿鄭熊撰。國初人也。莆田借李氏本

錄之。蓋承平時舊書，末有「河南少尹家藏」六字，不知何人也。

《解題》卷十五〈總集類〉載：

> 《集選目錄》二卷，丞相元獻公晏殊集。《中興館閣書目》以爲不知名者，誤也。大略欲續《文選》，故亦及於庾信、何遜、陰鏗諸人；而云唐人文者，亦非也。莆田李氏有此書，凡一百卷。力不暇傳，姑存其目。

又卷十九〈詩集類〉上載：

> 《武元衡集》一卷，唐宰相武元衡伯蒼撰。初用莆田李氏本傳錄，後以石林葉氏本校，益以六首，及李吉甫唱酬六首。川本作二卷。

綜所上記，直齋借錄於莆田李氏之書籍，《解題》所載凡六種，計十七卷，其中《集選》一書，凡一百卷，因「力不暇傳，姑存其目」，乃爲二卷耳。

考莆田李氏，據《解題》卷八〈目錄類〉「《藏六堂書目》一卷」條謂乃「唐江王之後」。江王李元祥爲唐高祖第二十子，《新》、《舊唐書》均有其傳。

《舊唐書》卷六十四〈列傳〉第十四〈高祖二十二子〉載：

> 江王元祥，高祖第二十子也。貞觀五年，封許王。十一年，徙封江王，授蘇州刺史，賜實封八百戶。二十三年，加實封滿千戶。高宗時，又歷金、廓、鄭三州刺史。性貪鄙，多聚金寶，營求無厭，爲人吏所患。時滕王元嬰、蔣王惲、虢王鳳亦稱貪暴，有授得其府官者，以比嶺南惡處，爲之語曰：「寧向儋、崖、振、白，不事江、滕、蔣、虢。」
>
> 元祥體質洪大，腰帶十圍，飲啖亦兼數人。其時韓王元嘉、虢王鳳、魏王泰，狀貌亦偉，不逮於元祥。又眇一目。永隆元年薨，贈司徒、并州大都督，陪葬獻陵，諡曰安。
>
> 子永嘉王暐，永隆中，爲復州刺史。以禽獸其行，賜死於家。
>
> 中興初，元祥子鉅鹿郡公晃子欽嗣江王。景龍四年，加銀青光祿大夫，娶王仁皎女，至千牛將軍，卒。

觀是，則莆田李氏之始祖唐江王元祥，爲人貪鄙，固無足論。其子永嘉王暐，又有禽獸行，則罪更甚焉。鉅鹿郡公晃，事蹟不可知。晃子欽又嗣江王，是初唐時有二江王矣。莆田李氏雖爲唐江王後，家藏誥命，惟自北宋承平之際，即能藏書治學，一改乃祖之頹風，是亦李唐之賢肖子孫矣。所惜借書與直齋過錄之莆田李氏究屬何人？其名字爲何？均不可曉矣。

　　鄭翁歸乃鄭樵子。直齋在莆田與之交往，其事具載於《解題》卷七〈傳記類〉，曰：

　　　　《夾漈家傳》一卷，所著書目附。莆田鄭翁歸述其父樵漁仲事蹟。

　　　　樵死時，翁歸年八歲，安貧不競，頃佐莆郡時猶識之。

案：《夾漈家傳》一書固翁歸所撰，其內容乃述鄭樵事蹟，蓋樵居夾漈山，學者稱夾漈先生，故此書名《夾漈家傳》。考《宋史》卷四百三十六〈列傳〉第一百九十六〈儒林〉六有〈鄭樵傳〉，其〈傳〉曰：

　　　　鄭樵字漁仲，興化軍莆田人。好著書，不爲文章，自負不下劉向、
　　　　揚雄。居夾漈山，謝絕人事。久之，乃游名山大川，搜奇訪古，遇
　　　　藏書家，必借留讀盡乃去。趙鼎、張浚而下皆器之。初爲經旨、禮
　　　　樂、文字、天文、地理、蟲魚、草木、方書之學，皆有論辨，紹興
　　　　十九年上之，詔藏秘府。樵歸，益屬所學，從者二百餘人。

　　　　以侍講王綸、賀允中薦，得召對，因言班固以來歷代爲史之非。帝曰：
　　　　「聞卿名久矣，敷陳古學，自成一家，何相見之晚耶？」授右迪功郎、
　　　　禮兵部架閣。以御史葉義問劾之，改監澤州南嶽廟，給札歸抄所著《通
　　　　志》。書成，入爲樞密院編修官，尋兼攝檢詳諸房文字。請修金正隆
　　　　官制，比附中國秩序，因求入秘書省繙閱書籍。未幾，又坐言者寢其
　　　　事。金人之犯邊也，樵言歲星分在宋，金主將自斃，後果然。高宗幸
　　　　建康，命以《通志》進，會病卒，年五十九，學者稱夾漈先生。

　　　　樵好爲考證倫類之學，成書雖多，大抵博學而寡要。平生甘枯淡，
　　　　樂施與，獨切切於仕進，識者以是少之。

觀是，則翁歸《夾漈家傳》雖不可見，讀《宋史》彷彿知之。《宋史‧鄭樵傳》，必有據《夾漈家傳》而作也。

　　夾漈著作，《解題》所載甚多。如卷二〈書類〉有《書辨訛》七卷，〈詩類〉有《夾漈詩傳》二十卷、《辨妄》六卷，〈禮類〉有《夾漈鄉飲禮》七卷；卷三〈春秋類〉有《夾漈春秋傳》十二卷、《考》一卷、《地名譜》十卷，〈經解類〉有《鄭氏諡法》三卷，〈小學類〉有《注爾雅》三卷、《字始連環》二卷、《論梵書》一卷、《石鼓文考》三卷；卷八〈目錄類〉有《郡書會記》二十六卷、《夾漈書目》一卷、《集古系時錄》十卷、《系地錄》十一卷；及卷十〈雜家類〉有《刊謬正俗跋》八卷。上述諸書，疑爲直齋得自翁歸者也。

　　考《解題》卷七〈傳記類〉「《夾漈家傳》一卷」條所載，謂「樵死時，翁

歸年八歲」。案：夾漈卒於紹興三十二年壬午（1162），此年翁歸八歲。是則下迄寶慶三年丁亥（1227）直齋充興化軍通判時，翁歸已七十三歲，而直齋四十六、七歲，〔註26〕是又直齋雖倅莆郡，似猶應執後輩之禮，上交翁歸也。翁歸爲人，「安貧不競」，既撰《家傳》，又護惜父書，年屆垂暮，仍能不改乃父之道，亦可謂有德有守之君子矣。

直齋在莆，又曾傳錄書籍於方氏、林氏、吳氏，此事見載於周密《齊東野語》卷十二「〈書籍之厄〉」條，該條云：

> 世間凡物未有聚而不散者，而書爲甚。……近年惟直齋陳氏書最多。
> 蓋嘗仕於莆，傳錄夾漈鄭氏、方氏、林氏、吳氏舊書，至五萬一千
> 一百八十餘卷，且仿《讀書志》作解題，極其精詳。近亦散失。

所惜此條未詳及方、林、吳三氏名字，試略考如次：

莆田方氏者，蓋指方漸一家。漸，《宋史》、《宋史翼》均無傳。惟清人李清馥所撰《閩中理學淵源考》卷八則有〈州守方先生漸〉一篇，其文曰：

> 方漸，莆田人。重和元年進士；紹興中判韶州，知梅、湖、南恩，
> 歷官朝散郎。平生清白，無十金之産。所至，挾書自隨，積至數十
> 卷，皆手自纂定。就寢不解衣，林謙之質之，答曰：「夜或有尋討，
> 便不懷安。」爲小屋三間，以藏其書，榜曰「富文」，鄭節仲嘗就讀
> 焉。子林，鄉貢進士；孫其義；曾孫應發。《莆陽縣志》。

讀是篇，則知漸乃徽宗至高宗年間人，不惟勤於讀書，且藏書至富，其藏書處榜曰「富文」。其子林，鄉貢進士，則無可考。今先略考其孫其義事蹟，繼考應發。

方其義，《宋人傳記資料索引》載其小傳曰：

> 方其義（1157～1230），字同甫，莆田人，漸孫。由鄉人試入太學，
> 奉南廊對，中高等。歷英德府貢陽尉，梧、瓊二州戶錄，秩止從事
> 郎，士林爲之嗟惜。事母極孝，事兄尤謹。篤行關、洛書，詩宗陶、
> 謝，文師蘇氏。紹定三年八月卒，年七十四。

據此，其義之卒，猶在直齋爲莆倅寶慶三年後。直齋爲興化軍通判，其時其義年七十一歲，〔註27〕適退隱家居。竊疑直齋亦修後輩之禮待其義，並傳錄

〔註26〕余另撰〈陳振孫生卒年新考〉，考出直齋生年爲宋孝宗淳熙六年己亥（1179），下迄理宗寶慶三年丁亥（1227），直齋應爲四十九歲，特予糾正

〔註27〕據《宋人傳記資料索引》，方其義蓋生於宋高宗紹興二十七年丁丑（1157），

方氏所藏書也。

其義爲人與其宦績，具見《後村先生大全集》卷一百六十一〈墓誌銘〉之〈瓊州戶錄方君〉一文，其文曰：

> 開禧己丑，余補國子生，時鄉先輩二方君猶在學。長君名其義，字同甫，與其族子阜鳴字子默齊名，皆由鄉賦入太學。二君生於丁丑，與余先君齊年，余敬事之。公私試必聯案，爐亭客舍，夜語常達曉，凡故家遺俗逸事、諸老先生舊聞，聽之入人肝脾，長人智識，余終身誦之不忘，非特筆硯間沾丐膏馥而已。然二君文戰輒不成，晚相先後奉南廊對，中高等。子默猶至外郎、君僅歷英德府貢陽尉，梧、瓊二州戶錄，秩止從事郎，士林至今嗟惜。君游江，名公卿爭下榻，嘗館於金壇王氏寔齋閣授業焉。貢陽多盜，君至，群偷竄息，帥聞之曰：「是六館知名士，尚作尉乎？」欲羅致，守固請以自助。梧守方侯直儒，重君老成，郡政必咨。方被劾去，帥使機幕蕭蒙來攝。蕭貴介癡騃，吹求前人事，以迎合上官。君辨其不然，蕭忿甚，帥移君於藤以避之，蕭去乃復。後守劉侯煒叔曰：「戶錄，吾父執，何敢相吏！」公退，琴詩相好如賓好。君秩滿，劉侯移守瓊，請於南銓，以君爲瓊戶錄，曰：「此非所以處，瓊有機宜一員，無以易君。」力挽同載度海，財一月，卒於戶錄官舍，享年七十四，紹定庚寅八月某日也。君事母極孝，貢士歿，諸昆觸口四方，君侍膝下，跬步不離。及補入，太孺人勉君毋歸。君一日心動，挑包徑歸。入門而丁內艱，喪費悉出君。諸昆歸，則墨舍無乏事矣。事兄尤謹，諸侄孤者無以養與不能嫁娶者，皆以身任之，其內行如此。篤好關、洛書，詩宗陶、謝，文師蘇氏。媲黃孺人與二丈夫子阜國、阜吉皆前卒。孫男二人：應紹、應發；應發今爲某官。孫女三人。初阜國有雋才，試常薦占魁亞，危升舍選。余每謂君生兒如此，足慰人意。君頻蹙不語，叩之則曰：「恐華而不實耳！」指阜吉曰：「吾他日得此兒女。」及卒，鯨波萬里外，卒賴阜吉徒步返柩。其初南轅也，應發甫三歲，與母吳拜辭堂下。君指應發謂吳曰：「汝善視之，長必興我家。」君卒，應發甫八歲，奮孤童，擢甲科，立兩朝，爲學官、禮官，皆以論事去。君於子孫壽夭通塞，雖許負、唐舉無以加，余所目睹也。余晚還朝，應發倅建，奉〈家傳〉

直齋任興化軍通判在寶慶三年丁亥（1227），其時其義正七十一歲。

來曰:「知吾祖事者惟子,原刻之宰上。」余諾之,而詞頭上積,未暇也。及懸車還,應發曰:「今可銘乎?」按《方氏譜》,自固始遷游洋之叱石,五世祖廷評遷莆田之輪井。君於贈朝請郎伯用爲曾大父,於朝散郎、南恩守漸爲大父,於鄉貢進士林爲父,母太孺人林氏。初君葬黃氏孺人於廣化寺之姑嶺,卜吉以君命祔。嗟夫!昔銘子默,余年四十三;今銘君,七十九矣。歲月飄忽,耆舊凋謝,可悲也夫。銘曰:「莆青白吏,曰南恩牧。小閣三間,以遺嗣續。夾漈詩之,流傳鄉國。無產十金,有書千軸。至今膾炙,謂之寶錄。君少而孤,晝抄夜讀。里選歌澤宮中鵠,有飄飄氣,無庸庸福。遵海而南,蛻於瘴毒。兩郎玉立,何奪之速。誰主尸之,乃若是酷。吾聞天道,乘除倚伏。是生聞孫,儒級文錄。譬家於田昔今熟,驥來大宛,鸚出幽谷。一封骨髓,百壬頸縮。歸白松楸,銘筆余屬。念昔橋門,重炙耆宿。發藥在耳,清暢在目。今一甲子,再忘穎禿。瞻彼姑嶺,於此埋玉。有碑歸然,覽者必肅。」

觀後村所撰此文,則後村不惟知曉其義爲人與宦績甚審,即其先世與後嗣,亦均了解甚詳悉也。蓋其義生於高宗紹興二十七年丁丑(1157),卒於理宗紹定三年庚寅(1230),享年七十四歲。其始遷祖固,五世祖廷評,曾大父伯用,大父漸,父林,母林氏,妻黃氏。有子二人;阜國、阜吉、孫男二人;應紹、應發;孫女三人。族子則阜鳴。惟《閩中理學淵源考》所據之《莆陽縣志》謂方漸「孫其義,曾孫應發」,證以後村此文,足見其誤。蓋漸曾孫爲阜國、阜吉,應發乃阜吉子,則爲方漸之玄孫也。不意《莆陽縣志》及《閩中理學淵源考》訛謬若此,然不細讀〈瓊州戶錄方君〉一文,亦不知其誤也。

應發乃方漸之玄孫,據上述所考,固無可懷疑者。惟《宋人傳記資料索引》所載小傳,仍以「曾孫」目應發。其〈傳〉曰:

方應發,字君節,莆田人,漸曾孫。淳祐十年進士。累官國子監簿,坐忤時相,去官者再。景炎中,終禮部尚書。宋亡後十年卒,年六十六。應發以文章進身,平居孝友仁恕,恩意藹然,臨事剛果,有奇男子風。

考應發亦曾任國子監丞與秘書郎。《南宋館閣續錄》卷八〈官聯〉二「〈秘書郎〉」條載:

方應發,字君節,貫興化軍,庚戌進士。習詩賦,(景炎)二年七月,

以國子監丞除秘書郎。

綜上二條資料，則應發蓋生於寧宗嘉定十七年甲申（1224），卒於元世祖至元二十六年己丑（1289），享年六十六。理宗淳祐十年庚戌（1249）應發中進士，累官國子監簿；景炎二年辛酉（1261），以國子監丞除秘書郎；三年壬戌（1262），終禮部尚書。計直齋倅甫時（1227），應發年僅四歲，猶為童穉，當未能上交直齋。惟林希逸《竹溪鬳齋十一藁續集》卷十三有〈跋富文方公行狀艾軒作〉云：

> 某少讀艾軒書，知先生所與交者，如方次雲，陳西軒，溪東、溪西二鄭，大著、正字二劉，片文隻字，忘飢渴以求之。幸而得，晝誦夜夢，思見其人。嘗謂莆於是時，人物如此，是皆千百年間見之，士何其盛哉！今北山禮部又以遠祖〈富文公行狀〉寄余曰：「此艾軒先生所作也。」余喜而拜，爇香而誦，則知富文之於老艾，猶為前一輩，老艾初年嘗問學焉。狀公幾二千言，且以門人自稱。先生於人一字豈輕與？又言公識拔溪東、休齋於未知名時，而溪西亦以奇書奧義求質於公，然則富文之於莆，又為諸名人所敬畏者，是為何等人物！惜其文未及見，而遺言卓行僅於〈誌〉、〈狀〉中得之。使此數紙不傳，後來誰復知者。北山方有盛名於世，今既表而出之，富文之名自是顯顯矣。方興之後八世殿中祖，以孫著，表於河東，北山其有焉。

讀希逸此篇，則知方漸之〈行狀〉，乃艾軒作。艾軒者，即林光朝，字謙之，號艾軒，曾受學方漸。與艾軒相交者，文中所言之方次雲即方翥，陳西軒即陳昭度，溪東即鄭厚，溪西即鄭樵。而大著即劉夙，曾除左著作佐郎；正字即劉朔，除正字。休齋即陳知柔，而北山禮部乃方應發也。讀此文亦可推知應發以〈行狀〉寄希逸，時在景炎三年，是年北山始任禮部。至希逸此〈跋〉，則撰成於此年之後也。應發既能以高祖之〈行狀〉求跋於希逸，又能奉〈家傳〉求撰先祖〈墓誌〉於克莊，誠可謂孝敬之表式，人倫之典模，應發真不愧為莆田方氏賢肖子孫矣！

劉克莊《後村先生大全集》卷一百十一〈題跋〉亦有〈桐鄉艾軒所作富文行狀墓誌銘〉，其文曰：

> 余少於桐鄉、艾軒二公之文，單辭隻字，皆記念上口，二公蓋光堯、重華兩朝詞臣，其文貴重於世，不以一字假人。然艾軒狀富文翁，

累千二百六十言；桐鄉銘亦九百言。艾軒受學於富文翁，狀公時方三十餘，猶未脫白，自稱門人，敬之如此。桐鄉輩行在前，理辭亦詳而備。富文翁之賢可知矣！竹溪林君肅翁守莆，訪求艾軒遺文鋟梓，余與有勞，而〈行狀〉乃漏落未入《集》。至公之曾孫君節始得真本，竊意尚有六丁下取未盡者，可以物色也。富文翁生不蒙稽古，力僅止一麾。君節遂奮孤童，擢甲科，入爲瀛州學士，兼掌南宮牋奏；不在身，必在子孫，豈不信然！然以論事去國，大節毋忝爾祖矣。余既銘公之孫錄參之藏，君節示余此軸，墨妙筆精，敬書其後而歸之。

案：克莊〈跋〉中，提及艾軒作〈行狀〉，桐鄉作〈墓誌銘〉，惜二文皆不可得而見矣。桐鄉爲誰？亦不詳其姓氏。〈跋〉文中所道及之君節，即應發也。應發乃方漸之玄孫，克莊撰〈瓊州戶錄方君〉一文時，類能知之；〔註28〕而作此〈跋〉，乃竟有「至公之曾孫君節」一語，是則《莆陽縣志》及《閩中理學淵源考》之相繼沿訛踵謬，蓋有由矣！不意後村臨文之際，猶有所失，其前後矛盾竟如此！

　　君節亦能詩，《竹溪鬳十一藁續集》卷十二〈序〉有〈方君節詩序〉，該〈序〉云：

詩有近體，始於唐，非古也。今人以繩墨矩度求之，故江西長句，紫芝有「詩論」之譏。蓋紫芝於狹見奇，以腴求瘠，每曰：「五言字四十，七言字五十六，使益其一，吾力匱焉。」其法嚴如此。今集中古作絕少，亦尚友選家，摩括極其苦，淘滌極其瑩，雖然渾雄之氣，視昔缺矣！前此我朝諸大家，數律之精，莫如半山，有楊、劉所不及；古之奧，莫如宛陵，有蘇、黃所不及。中興而後，放翁、誠齋兩致意焉。然楊主於興，近李；陸主於雅，近杜。吁！詩於李、杜，聖矣乎！神矣乎！北山趨慕遠而抱負大，吟詠之適古，比律爲多；骨氣見於豐，意態寓於約，不肯寄人籬下，操縱自如。譬之老禪不縛律，譬之粹學不踰矩，造之必愈深，積之必愈富，則楊、陸心印，捨我誰屬哉！北山，莆方氏，名應發。

觀是，則君節好古詩比好律爲多。希逸〈序〉評之，謂骨氣豐，意態約，不

〔註28〕案：方其義爲方漸之孫，〈瓊州戶錄方君〉一文稱方應發爲其義孫，則劉克莊固知應發爲方漸之玄孫矣。此〈跋〉稱應發爲漸之曾孫，其誤甚明。

－186－

縛於律，不踰於矩，造深積富，心印楊、陸，則其成就之超邁時人，固可知矣。

綜上所述，莆田方氏藏書始於方漸，子孫繼之，至其義，直齋適倅莆，修後輩禮，借錄其家所藏舊書，是其義乃直齋學術上之友朋。其義裔孫應發，曾以《家傳》倩劉克莊代撰乃祖〈墓誌〉，孝行足爲一時矜式，余連類略考其人行事，以見有德者必有後也。

莆田林氏，乃指林霆一家。霆，《宋史》卷四百三十六〈列傳〉第一百九十五〈儒林〉六有傳，附見〈鄭樵傳〉後。其〈傳〉曰：

> 同郡林霆，字時隱，擢政和進士第，博學深象數，與樵爲金石交。林光朝嘗師事之。聚書數千卷，皆自校讎，謂子孫曰：「吾爲汝曹獲良產矣。」紹興中，爲敕令所刪定官，力詆秦檜和議之非，即掛冠去，當世高之。

據是，則霆乃徽宗至高宗年間人，與鄭樵爲友，其門人林光朝，字謙之，號艾軒，亦嘗師事方漸者。光朝，《宋史》卷四百三十三〈列傳〉第一百九十二〈儒林〉三有傳，《宋人傳記資料索引》載其小傳曰：

> 林光朝（1114～1178），字謙之，號艾軒，莆田人。專心聖賢踐履之學，動必以禮。南渡後，以伊洛之學倡東南，自光朝始。隆興元年舉進士，累官廣西提點刑獄，移廣東。茶寇薄嶺南，光朝擊敗之。除中書舍人，後知婺州，引疾，提舉興國宮。淳熙五年卒，年六十五，諡文節。有《艾軒集》。

是光朝一代鴻儒，治官有爲有守。林霆聚書既富，故直齋倅莆時，亦嘗借錄於其家也。

霆有從父名沖之，又有從兄郁，兄震。《後村先生大全集》卷九十一〈記〉有〈林氏一門忠義祠記〉。其言曰：

> 林沖之，字和叔，唐殿中侍御史讜後。元符三年進士，累官金部郎，以不能阿當路，滯省寺者十年。出守臨江、南康二郡。靖康初，召爲主客郎中、副中書侍郎。陳過庭使金，所厚者咸勸勿行。沖之曰：「人臣事君，先死以之。此何時而可辭王事邪！」遂行，同被拘執。迨宇文虛中受其命，金人亦以是邀之。沖之奮勵見詞色，金人怒，徙之奉聖州。既而過庭卒，金人逼沖之降，不屈；徙上京，又不屈。置顯州極北沍寒之地，幽佛寺十餘年，以義命自安，病亟，語同難者曰：「沖

之年七十二，持忠入地無恨。所恨者國讎未復耳！」南面一慟而絕。
僧窆之寺隅。洪皓還朝以聞，詔與二子官。子郁，從子震、霆。郁字
襲休，宣和三年進士，解州司刑參軍。州兵以衣賜不均，謀爲變，郁
言於部使者，均之乃定。咸曰：「生我者司刑君也。」再調福建茶司
幹官。靖康初，建州勤王。辛自京師還、求卸甲錢。郡守張勳持不與，
眾悉取庫，兵爲亂，殺轉運使毛奎等。郁聞變，急入諭卒曰：「爾不
見江寧、錢唐事乎？周德輩今皆安在？爾等自父祖隸禁軍，衣食縣
官，國家何負於爾？危急不能立尺寸功，尚不知爲性命計耶！」眾業
已殺轉運官，逕前取郁，郁且罵且叱，至死不絕聲。震字時齋，崇寧
二年進士，累官太常卿，直秘閣，歷知鎮江府。時蔡下王夫人得請賜
地建閣，儲御書，因取民腴田，並有其禾，震俾償之，王憾其事，朝
廷移震守汝州。部使者祝林受中人旨，籍魯山民田五萬頃入御府，民
誘亡命，謀爲變。震遣錄事于譖諭以禍福，因列上其狀。詔部使者履
畝定租。召入，除起居郎，遷秘書少監，卒。霆字時隱，政和五年進
士。太宰余深、侍郎許將皆欲妻以女。霆曰：「若人之女，安能事吾
母？」兩辭之。調烏江丞。縣舊有河，歲久湮蕪，權貴懇爲田，霆斥
而導之，溉田數千頃，歲以大稔。靖康初，從父沖之被命使金，霆三
上書請代往，不報；還里，不復仕。紹興中，秦檜以霆有庠序之舊，
召爲詳定司敕令刪定官。霆見檜曰：「公忍以二帝置萬里外，易一相
位乎？」力辭去。檜死，遷衢州、湖州通判，歸。霆平生未嘗干進，
入仕四十年，歷官五任而已。在南陽時，與趙不羣同僚，有監司逞私
憾，以事囑趙。趙謀於霆，霆曰：「吾人初委質，行己之道，當自此
始，其可以一生名節徇他人乎？」霆博學，深象數，與鄭樵爲金石交，
林光朝嘗師事之。聚書數千卷，皆自校讎，謂子孫曰：「吾爲汝曹獲
良產矣。」人稱忠義林氏。

此〈記〉述莆田林氏一門忠義，其中所載霆事蹟，較之《宋史》尤爲詳備。
是則霆一家不惟以藏書、校書見譽當世，且亦能忠君守節，庶幾不愧「忠義
林氏」之稱也。所惜者，霆之子孫、直齋借錄書籍之林氏後人，其名字均無
可考矣。

　　《齊東野語》載直齋傳錄吳氏舊書，此吳氏，蓋指漳浦吳與。《解題》卷
八〈目錄類〉載：

> 《吳氏書目》一卷，奉議郎漳浦吳與可權家藏。閩中不經兵火，故
> 家文籍多完具，然地溼苦蠹損。

是則〈吳氏書目〉，乃直齋傳錄自吳氏。吳與，《宋史翼》卷十九〈列傳〉第
十九〈循吏〉二有其傳，〈傳〉云：

> 吳與，字可權，福建漳浦人。元豐五年進士，歷端州四會縣令，改
> 饒州餘干，徙學於琵琶洲，後登科者接踵。劉正夫稱其「護士如元
> 氣，決訟如神明」，人以爲不虛。嘗謁提刑使者燕若蒙，論事侃侃不
> 阿。若蒙屬聲曰：「而欲效漢唐令耶？」與曰：「固學之，恨不至耳！」
> 若蒙爲之改容。移知懷安縣，累遷奉議郎。通判潮州時，故人張商
> 英當國，或諷之使見。與毅然曰：「吾遇天覺於放逐中，諄諄勉以忠
> 義，今可呈身求進耶？」竟不往。官終廣南東路提點刑獄。案：《江西
> 通志·名宦》引《餘干志》云：「吳興，大觀初爲御史。」各〈志〉皆失載，附錄備考。生
> 平歷官凡七任，悉以俸餘市書。所藏至三萬餘卷，鄭樵稱海內藏書
> 者四家，以與所藏本爲最善。王邁作〈清漳進士題名記〉，於漳先達
> 器識名節，首稱與及高登。謂：「自國初至今，科目得士二百五十餘
> 人，獨二公所立，光明俊偉，一言一動，可爲千載矜式。」《福建通志》。

是則可權固一代循吏，爲人光明俊偉，器識名節，足爲千載矜式；至其以俸
市書，藏書至三萬多卷，有稱海內，猶餘事耳。前引葉昌熾《藏書紀事詩》
卷一有「惟餘海內無諸地，不共中原燼靖康」二語，所詠與《解題》所言「閩
中不經兵火，故家文籍多完具」同意。昌熾此詩之後，附有案語曰：

> 昌熾案：《少室山房筆叢》引鄭漁仲曰：「《古文尚書音》，唐、宋並
> 無，今出漳州吳氏。又〈漳州吳氏書目〉算術一家有古書，皆四庫
> 三館所無。又《師春》二卷、《甘氏星經》二卷、《漢官典儀》十卷、
> 《京房易鈔》一卷，今世所傳皆出吳氏。」據此則吳氏藏書在夾漈
> 之前矣。又按《閩中地志》載《漳浦吳氏藏書目錄》四卷，與直齋
> 所記一卷不同。

是漳浦吳氏所藏，多世間罕見之書，其可貴固可知也。惟《閩中地志》載《漳
浦吳氏藏書目錄》作四卷，直齋《解題》作一卷，驗之可權藏書多達三萬餘
卷，則其目錄似應作四卷爲是。或者，閩中「地溼苦蠹損」，此區區四卷之《吳
氏藏書書目》，亦竟終飽蠹魚之腹，經百餘年而至直齋傳錄之時，已僅存一卷
耶？是又可哀憫已矣！可權後人，史闕無聞，直齋《解題》亦無載，今固無

法考出矣。

　　直齋於紹定元年戊子（1228）既已離興化軍通判任，而除軍器監簿。〔註29〕
在任期間，所交結之學術界友朋有臨安陳思。陳思纂有《寶刻叢編》，紹定四年
辛卯（1231）小至日，直齋為之序，此〈序〉已載第三章第六節中。陳思，《宋
史》、《宋史翼》均無傳，丁申《武林藏書錄》卷中有「〈小陳道人思〉」一條，
曰：

　　《夢梁錄》：「杭城市肆有名者，橘園亭文籍書房。」《行都記事》：「橘
　　園亭在豐樂橋北，自棚橋直穿即是也。」當時書肆林立，著名者，
　　陳起之後又有陳思。起，自稱道人，世遂稱思為小陳道人。石門顧
　　君修據《宋本群賢小集》重刊，疑思為起之子，稱起之字芸居，思
　　之字續芸，所居睦親坊棚北大街，地亦相近，然終不得其確據。思
　　所著有《寶刻叢編》、《海棠譜》、《書小史》、《書苑英華》、《小字錄》
　　及《兩宋名賢小集》。《小字錄》前有結銜，稱「成忠郎、緝熙殿國
　　史實錄院秘書省搜訪」；又《海棠譜·自序》稱「開慶元年」，則理
　　宗時人也。按：《寶刻叢編》紹定二年鶴山翁序曰：「余無他嗜，惟
　　書癖殆不可醫。臨安陳思多為余收攬。叩其書顛末，輒對如響。一
　　日，以其所稡《寶刻叢編》見寄，且求一言，蓋屢却而請不已，發
　　而視之，地世年行，炳然在目。嗚呼！貫人閱書於肆，而善其事若
　　此，可以為士而不如乎？撫卷太息，書而歸之。」又直齋陳伯玉序
　　云：「都人陳思，貨書於都市，士之好古博雅，蒐遺獵忘，以足其所
　　藏；與夫故家之淪墜不振，出其所藏以求售者，往往交於其肆。且
　　售且價，久而所閱滋多，望之輒能別其真贗。一旦盡取讀書所錄，
　　輯為一編，以今九域京府州縣為本，而繫其名物於左。昔人辨證審
　　定之語，具著之。」又咸淳間，天台謝愈修〈書小史序〉曰：「《書
　　小史》者，陳道人所編。道人趣尚之雅，編類之勤，可謂不苟於用
　　心矣！予識之五十餘年，每刻一部，必先來訪，訂證名帖，飽窺異
　　書，愈久而愈不相忘，亦未易多得也。」《四庫提要》載《兩宋名賢
　　小集》三百八十卷，題宋陳思編，元陳世隆補。所錄宋人詩集，始
　　於楊億，終於潘音，凡一百五十七家，有紹定三年魏了翁〈序〉，與
　　〈寶刻叢編序〉，惟更書名數字，偽託無疑。國朝朱彝尊〈跋〉中，

謂：「是書又稱《江湖集》，於寶慶、紹定間，史彌遠疑有謗己之言，牽連逮捕，思亦不免，詩版遂毀。」案：刊《江湖集》者乃陳起，非陳思。且《江湖集》皆南宋以後之人，而是書起自楊億、宋白，二書迥異，彝尊牽合爲一，紕繆殊甚。然考彝尊《曝書亭集》，有宋高〈菊磵遺稿序〉，中述陳起罹禍之事甚悉，未嘗混及陳思，而《集》中不載此〈跋〉，當由近人依託爲之。又〈跋〉内稱陳世隆爲思從孫，於思所編六十家外，增輯百四十家，稿本散佚。按：世隆字彥高，嘗館嘉禾陶氏，至正間沒於兵。錢大昕〈藝圃搜奇跋〉云：「元末，錢唐陳世隆彥高、天台徐一夔大章，避兵檇李相善。彥高篋中携秘書數十種，檢有副本，悉以贈大章。大章彙而編之，世無刊本。彥高著有《北軒筆記》、《文選補遺》及《宋詩拾遺》二十三卷，其選輯當代詩篇，猶承陳氏遺派，故題曰《拾遺》。」其書今尚有流傳者，朱氏增輯之説，亦難盡信。然贗託者所編之詩，實出棚北大街所刊，宋人遺稿藉以薈萃，木本水源，不得不歸功於思也。

據是，則陳思字續芸，所居乃睦親坊棚北大街。曾任成忠郎、緝熙殿國史實錄院秘書省搜訪，著有《寶刻叢編》、《海棠譜》、《書小史》、《書苑英華》、《小字錄》諸書，其《兩宋名賢小集》一書則屬僞託，《四庫全書總目》辨之詳矣；世隆乃其從孫也。考直齋序《寶刻叢編》在理宗紹定辛卯（1231），續芸自序《海棠譜》在開慶改元（1259），而謝愈修序《書小史》在度宗咸淳丁卯（1267），謝年七十四，則續芸固生活於理宗、度宗之間。又依謝〈序〉所言，愈修撰〈序〉時已相識續芸五十餘年，則謝與續芸年齡應相若。如據是以推判，續芸殆生於光宗紹熙五年甲寅（1194）前後，其倩直齋作〈序〉之年約爲三十七、八歲，略少於直齋十五、六歲。是故，直齋〈序〉自署爲「直齋陳伯玉父」，蓋其時年過知命，亦可稱「父」矣。《解題》著錄續芸所編集之書僅二種，見《解題》卷八〈目錄類〉載：

> 《寶刻叢編》二十卷，臨安書肆陳思者，以諸家集古書錄，用《九域志》京、府、州、縣繫其名物，而昔人辨證審定之語，具著其下，其不詳所在，附末卷。

及卷十四〈雜藝類〉載：

> 《書苑菁華》二十卷，臨安書肆陳思者集。

而續芸所著《海棠譜》、《書小史》、《小字錄》諸書，《解題》均未著錄也。

　　直齋端平三年丙申（1236）知台州兼權浙東提舉，其時所結交之學術友朋，計有臨海李氏及林表民。

　　臨海李氏者，蓋指李庚一家。庚字子長，其所編著之書，《解題》著錄凡二種。《解題》卷十五〈總集類〉載：

> 《天台集》二卷、《別編》一卷、《續集》三卷，初，李庚子長集本朝人詩爲二卷，未行，太守李益孟達得之；又得郡士林師葴所輯前代之作，爲賦二、詩二百，乃以本朝人詩爲《續集》而併刻焉。《別編》則師葴之子表民所補也。

案：《解題》此條所記「林師箴」之名乃誤，應作「林師葴」、「葴」蓋「點」之古字。《四庫全書總目》卷一百八十七〈集部〉四十〈總集類〉二載：

> 《天台前集》三卷、《前集別編》一卷、《續集》三卷、《續集別編》六卷，皆裒集天台題詠。《前集》，宋李庚原本，林師葴等增修，皆錄唐以前詩，成於寧宗嘉定元年戊辰，有郡守宣城李兼序。《前集別編》一卷，則師葴子表民所輯補，及附《拾遺》詩十二首，有陳耆卿〈跋〉及表民〈自記〉，題癸未小至，乃嘉定十六年。《續集》前二卷，亦李庚原本；後一卷則師葴、林登、李次蕃等所彙錄，皆宋初宣、政間人之詩，亦成於嘉定元年。後附《拾遺》詩七首，〈跋〉稱得此於會稽鬻書者十年，今刻之《續集》後，似亦爲表民所題也。《續集別編》，則表民以所得南渡後諸人之詩，及《續集》內闕載者，次第裒次而成。前五卷末有表民〈自跋〉，題「戊申中秋」，乃理宗淳祐八年。後一卷末題「庚戌夏五」，則淳祐十年，蓋父子相繼甄輯，歷四十年而後成書也。庚字子長，爵里無考，惟李兼〈序〉有「李榮出其先公御史所裒文集」語，又有「寓公李公」語，則嘗官御史而流寓天台者也。師葴字詠道，臨海人，嘗官州學學諭。表民字逢吉，與林登、李次蕃仕履均不可考。表民別有《赤城集》，詩文兼載，此《集》則有詩而無文，雖僅方隅之賦詠，而遺集淪亡者，每藉此以幸存百一，足爲考古者採摭之所資，固當與《會稽掇英總集》諸書，並傳不廢矣。

觀是，則《天台前集》及《續集》前二卷，皆李庚所輯，未版行，至李兼守郡始命林師葴諸人增修輯補，並於寧宗嘉定元年戊辰（1208）刊成也。故《集》首有李兼〈序〉，署年爲「嘉定改元重五後一日」，則其書當刊行於是年端午

後也。李兼所撰〈天台集序〉云：

> 州爲一集，在昔有之。近歲東南郡皆有集，凡域內文什，彙次悉備；
> 非特夸好事、資博聞也，於其山川土宇、民風士習，互可考見。然則
> 州集，其地志之遺乎？天台以山名州，自孫興公〈賦〉行江左，迨今
> 千禩，大篇舂容，短章寂寥，未聞省錄之者。予來經年，思會稡爲一
> 編書，顧無其暇。方延諸儒議修圖牒，謂茲尤所先急。一日，州士李
> 榮昆仲出其先公御史所裒文集四帙以爲貺；已而學諭林師蒐又示唐、
> 宋詩三百餘篇；於是摭取前代之作，刪重補佚，而補其未備。爲賦三，
> 詩、歌行合二百，梓而刻之，自餘《續集》傳焉。嗚呼！亦可以爲富
> 矣。不出戶庭而盡睹海山之勝，不費探討而坐獲巾笥之藏，天下之事
> 成於有志，其理固然，未有若是之捷且速也。圖牒雖未亟就，觀此
> 《集》，斯過半矣。嘉定改元重五後一日，宣城李兼序。

讀〈天台集序〉，則李庚確曾官御史，〈序〉中所言李榮昆仲，即其二子也；
至〈序〉又言「所裒文集四帙」，或即指《天台前集》二卷及《續集》二卷。
考《四庫全書總目》謂李庚爵里無考，則所言未諦。陳耆卿《赤城志》卷三
十三〈人物門〉二〈本朝‧仕進‧進士科〉「紹興十五年劉章榜」條載：

> 李庚，臨海人，字子長，歷御史臺主簿、監察御史、兵部郎中，繼
> 奉祠，提舉江東常平，知南劍、撫二州，後知袁州，未上卒。有集
> 號《詅癡符》，樓參政鑰爲之〈序〉。

庚之任兵部郎中，周麟之《海陵集》卷十八〈外制〉有〈李庚除兵部郎官〉，
曰：

> 文昌列曹，雖受察於御史府。然郎官著位，實居六察之右。或自臺而
> 升省，或由省以入臺、二者均謂之遷，惟才無所不可矣！爾器範清穎，
> 士之譽髦，敏於事爲，果達而濟。頃以公薦，序於憲僚。既升三院之
> 聯，彌聳一時之望。輟自峨豸，畀之握蘭，時方弭兵，戎政簡矣。若
> 夫正邦之大法，立武之常經，職在司存，有不可廢。昔之所察，今之
> 所爲。委任不殊，往其懋勉。可。

綜上《赤城志》所載，庚乃臨海人，歷任宦績，固非如《四庫全書總目》所
云「爵里無考」，與「流寓天台」也；其除兵部郎官之〈制〉且見諸《海陵
集》，子嗣則有李榮昆仲。著述另有《詅癡符》，此書直齋《解題》亦著錄之。
惟上述諸點，《四庫全書》館臣均不之知，亦可謂失檢之甚也。《解題》卷十

八〈別集類〉下著錄《詅癡符》曰：

> 《詅癡符》二十卷，御史臨海李庚子長撰。「詅」之義，衒鬻也。市
> 人鬻物於市，誇號之曰「詅」。原註去聲。此三字本出《顏氏家訓》，
> 以譏無才思而流布醜拙者，以名其集，示謙也。庚，乙丑進士，以
> 湯鵬舉薦辟入臺，家藏書甚富。

案：據《赤城志》言，《詅癡符》有樓鑰序，〈序〉見《攻媿集》卷五十二，
其文曰：

> 客有以書一編示余曰：「此赤城李公察院所爲詩文，名曰《詅癡符》。
> 公亡矣，莫曉其名書之意。」余曰：「公於書無不讀，此名殆不苟也。
> 海邦貨魚於市者，夸詡其美，謂之詅魚。雖微物亦然，字書以爲詅，
> 衒賣也。顏黃門之推作《家訓》，曰：『吾見世人至無才思，自謂清
> 華，流布醜拙，亦已眾矣。江南號爲《詅癡符》。』公之意，蓋出於
> 此，特謙辭耳。」公諱庚，子長其字也。少年筆力絕人，始爲長沙
> 尉，一時帥守部使者傾待之，皆以牋翰委。公從容泛應，無不曲當。
> 時余伯父揚州爲漕使，公首以長牋進謁，有曰：「衰懷錯落，有秋風
> 鱸鱠之思；舊學荒涼，無春草池塘之夢。」伯父一見擊賞，延爲賓
> 客，不復以察吏遇之。湯公參政，時帥湖南，後爲中司，遂辟公檢
> 法官，遷六察爲郎而歸。自此三數十年間，僅一再以麾節出級，不
> 得爲文字官，以展究所長，識者恨之。余倅丹丘，始得拜公之門。
> 公方買屋近郊，古木交陰，庭草錯列，若隱士居。聚書數萬卷於樓
> 上，閉門不與人通。老矣，猶沈酣其中，里闆罕識其面。間與人接，
> 雖微賤必與之抗禮。後生有以經史叩請，隨即響答。詩文晚益高，
> 時出一篇，即日傳誦，哀挽之作，尤爲悽惋，眞可以泣鬼神也。公
> 之子澎因求余序其首，余度公所著甚多，猶有遺著，更搜故簏盡出
> 而行於世，以慰其平生筆硯之功，則箕裘可以不墜矣。陳子高克，
> 台人也，詩名已久，而所傳不多。公嘗盡得其遺逸者板行於江右，
> 視舊殆過倍蓰，而子高之詩益顯，公亦將此以望於後人乎？然讀此
> 編者，亦足以知公之所存矣！

觀樓〈序〉，則知直齋《解題》所釋「詅」字義，乃一依樓攻媿者。樓〈序〉
所述李庚事蹟亦頗詳，且謂其子名澎，是則李兼〈天台集序〉所言「李棨昆
仲」，則庚子嗣一名棨，而另一名澎也。所惜者，棨、澎二人事蹟，無法多考

矣。

　　《解題》卷十九〈詩集類〉上云：

　　　　《崔國輔集》一卷，唐集賢直學士禮部員外郎崔國輔撰。開元十三

　　　　年進士，應縣令舉，爲許昌令。天寶中加學士，後以王鉷近親坐貶。

　　　　詩凡二十八首。臨海李氏本。後又得石林葉氏本，多六首。

據是，則除《崔國輔集》外，連同前述《天台集》、《詸癡符》等，應直齋均

借錄自李棨、李澎昆仲也。

　　直齋宦台，曾與林表民相往還，直齋撰〈陳忠肅公祠堂記〉，今收入林表

民所編《赤城集》卷八中。〈陳忠肅公祠堂記〉有云：

　　　　明年正月祠成，擇郡士林表民掌之，取田之在官者十有二畝，畀寺

　　　　僧以爲晨香夕燈之費，而屬振孫爲之〈記〉。」〔註30〕

是直齋、表民相往還之證。表民著述頗富，固亦直齋學術上友儕矣。《宋元學

案補遺》卷五十五有〈林先生表民父詠道〉條，云：

　　　　林表民，字逢吉，台州人。父詠道，好古博雅，儲書甚富。先生承

　　　　其家學，而與陳筼窗耆卿、吳荊谿子良游。嘗同筼窗修《赤城志》，

　　　　又自修《續志》三卷，輯《赤城集》二十八卷。《台州府志》。

案：《宋人傳記資料索引》亦有表民小傳，曰：

　　　　林表民，字逢吉，號玉溪，台州臨海人，師蒧子。博物洽聞，著有

　　　　《赤城續志》、《三志》、《赤城集》、《玉溪吟草》。

此小傳固可與《宋元學案補遺》互補短長。表民父師蒧，字詠道，即前所言協

助增修李庚《天台前集》者。其生平行事見陳耆卿所撰〈竹邨居士林君墓碑〉，

〈墓碑〉云：

　　　　君名師點，字詠道，其先曲阜人。五世祖廣之，卒天台縣稅官，依

　　　　郡城以處。彬，曾祖也，沿江制司差使。黻，祖也，修職郎。信，

　　　　父也。君孝友，孚達廣學，而苦成少。所從多有道師儒，未遇卿相。

　　　　跨郡所接識，多海內名勝；居家所振贍，多境外旅窮。好客如饞，

　　　　耽士如醉；而尤嗜書傳，抉奇斸眇，近購遠求。家已卷數千，猶典

　　　　衣，鈔傳恐晚。丹鉛勘點，蠅頭蟄然。至遇古帖秘文、斷刻墜簡，

　　　　不啻虞簫振耳、商彝奪目。積之久，亦餘千卷焉。篆隸尤留心，以

　　　　張謙中、虞仲房爲法。虞號君嫡，授簡俾代己書，每篇榜熒熒，必

────────────

〔註30〕同註15。〈陳忠肅公祠堂記〉，已錄於第三章第八節中。

君也。夫士剽盜漁獵，以聚書爲贅疣，弗之好矣；或心好而力不能聚，謏曰窮。至字書不待達以工，而聽其委落，曰淺事，淺事拙何病？然則鄞侯永逝，而陽冰葦眞不起矣！如君聚人所難聚，而工人所不工，非愛古博雅能然哉！金夫人行實媲君，空嫁奩助之奉親，餘則以餽客。姑久疾，舅幾喪明，親煮藥臛食以供，不解衣三載。舅姑曰：「活我無以報，願汝生好兒長壽爾。」表民自幼即鄉學，受父母督程，其愛古博雅信好兒，而所儲書益富，獨貲用窘，書又以水多散亡併失，富寥寥也。故君死以甲戌七月十八日，金夫人死以戊子二月十七日，至乙未臘月八日始克合葬於浮岡祖壟之側，蓋君七十五，金又加五焉。其長壽，信夫！孫曰錫疇。銘曰：「吾觀近世藏書之家多燬於火，而君復圮於水也。或曰：至寶難久聚，有是哉！雖然，其外可圮也，其中不可滓也。」〔註31〕

讀此〈墓碑〉，則知表民六世祖名廣之，高祖名彬，曾祖名戳，祖名信，父即師點，母金氏，其子錫疇也。師點平生喜藏書，擅篆隸，愛古博雅，惜其書後皆以水而多散亡。吳子良又撰〈四朝布衣竹邨林君墓表〉，曰：

篔窗先生既銘詠道，林君子表民復請余表其墓。余謝曰：「銘具矣！不減矣！雖表，奚加焉？」表民請弗置，曰：「所以傳載吾父，豈嫌乎多？」余無以答，則爲摘其可表者三：君生事薄，菜田不足支豐歲，然酷嗜書，質衣貨家具，購書至幾千卷，名帖亦數千卷。每一卷入手，喜津津，校讎考訂忘日夜，可謂貧而富於書。君臥窮巷，聲援絕，然師友皆名輩勝流。王公卿月、虞公似良、李公庚、徐公似道、錢公象祖、謝公深甫、張公布、商公飛卿、丁公可、徐公大受、林公憲、桑公世昌，君陪從於鄉邦者也。陳公傅良、樓公鑰、張公孝伯、萬公鍾、龔公頤正、王公厚之、翠公豐、眞公德秀、楊公長孺，君承接於他邦者也。可謂約而廣於交。君屢試屢跌，以老，然不自憂，而憂人憂。龍舒吳槹、長樂王作、古栝陳百朋、會稽潘方謫台州，君館置其家；接歲踰時，經紀之後，皆成名去，可謂困而勇於誼。然則世之非貧非約非困，而棄書棄交棄誼者，曷不視君乎？是三者可表已，而又有一焉。夫身貧則子宜裕，不然書爲無益矣；身約則子宜泰，不然交爲無益矣；身困則子宜亨，不然誼爲無

〔註31〕 陳耆卿所撰〈墓碑〉，收入林表民編《赤城集》卷十六。

益矣。君一子表民也，其貧其約其困復似君。而不悔書，書益多；
不悔交，交益密；不悔誼，誼益虔。然則，世之能以書以交以誼必
其身，不能以書以交以誼必其子者，又曷不視君乎？君名師點，字
詠道，臨海人，自號竹邨居士，死年七十五，葬浮江。所爲詩文數
鉅帙，藏於家。他行能，若世出，若死葬年月，見〈銘〉中。〔註32〕

案：子良所撰〈墓表〉，記述竹邨居士「貧而富於書」、「約而廣於交」、「困而
勇於誼」諸事甚詳悉，而表民之貧、約、困亦酷似其父，至「不悔書、書益
多；不悔交，交益密；不悔誼，誼益虔」諸美德懿行，亦更足令人歆慕而起
敬矣。

　　表民畢生編著書籍頗豐贍，前述《天台集》，其所輯補者即有《前集別編》
一卷、拾遺詩十二首、《續集》拾遺詩七首，及《續集別編》六卷。表民爲《前
集別編》及拾遺詩，陳耆卿曾作〈跋〉曰：

《天台集》，林君師點編也。先是李侯刊之郡齋，今其子表民又會粹
得百篇，搜奧抉奇，殆無遺恨，可謂能廣父志者。會齊侯好古如李，
乃續刊焉。今而後遂成完書矣。陳耆卿題。

〈跋〉中所言李侯，乃台州郡守李兼。《宋元學案補遺》卷三十五「〈知州李
先生兼〉」條云：

李兼字□□，宣城人，朝請宏之孫。謹厚好學，從韓子雲游，嘗官
迪功郎，進監縣丞。《南澗甲乙稿》。

《宋人傳記資料索引》所載〈李兼〉小傳亦云：

李兼字孟達，號雪巖，宣城人，宏孫。歷知台州，居官有守。開禧
四年卒，吏民爲之巷哭罷市。有《雪巖集》。

推考上引資料，則李兼不惟有功於鄉邦文獻之保存與流布，而其爲人亦好學
良吏也。兼字孟達。耆卿〈跋〉後，表民有〈記〉，曰：

《天台集》，舊所刊本頗多舛訛，或者妄有增入，予甚病之。因再輯
晉、唐以來詩爲《別編》，郡守齊公喜而鋟諸木，遂釐正舊集闕誤四
十有五處，及削去沈約〈沈道士館玉館〉、〈樟林〉、皮日休〈天竺桂
子〉三詩，以李巨仁〈登台山〉、李端〈贈衡岳禪師〉、皮日休〈夏日
即事〉三詩補入。刊既訖，又得二詩，姑附載於此。嘉定癸未小至日。

案：〈記〉之嘉定癸未，爲嘉定十六年（1223），是《前集別編》及拾遺詩皆

〔註32〕吳子良所撰〈墓表〉，收入《赤城集》卷十六。

編成於此時。至〈記〉中所言「郡守齊公」，亦即耆卿〈跋〉中之「齊侯」。
考齊公即齊碩，陳耆卿《赤城志》卷九〈秩官門〉二「〈本朝郡守〉」條載：

> （嘉定）十四年，齊碩十二月十七日以宣教郎知。青社人，闢貢闈，
> 修中津橋，復經界，補軍額。十五年四月十七日轉通直郎。十六年
> 九月二十四日除本路提舉，常平茶鹽。

張淏《會稽續志》卷二「〈提舉題名〉」條云：

> 齊碩，嘉定十六年十月十七日以通直郎到任。在任轉奉議郎。十七
> 年七月被旨兼權慶元府，當年覃恩轉承議郎。寶慶元年十一月除金
> 部郎官。

羅濬《寶慶四明志》卷一「〈郡守〉」條亦云：

> 齊碩，奉議郎，提舉兩浙東路，常平茶鹽公事，被旨兼權。嘉定十
> 七年八月十二日到府，十月十七日覃恩轉承議郎。寶慶元年十一月
> 初一日除金部郎官，候正官到日，前來供職。二年二月二十二日交
> 割。

惟齊碩自後亦除大理卿，袁甫《蒙齋集》卷八〈制〉有〈齊碩除大理卿制〉，曰：

> 敕具官某：朕哀矜庶獄，思得廉平審克之吏，為理寺長，庶幾悉聰
> 明，致忠愛，民自以不冤。爾屢更庶節，以治行著。退居閭里，不
> 競聲利，朕甚嘉焉。擢實月卿，班序寖高，在《書》有之，「非佞折
> 獄，惟良折獄。佞有口才，良本德心。一趨舍間，正邪以判。」欽
> 哉！有德惟刑，長我王國，則予以懌。

是碩曾任大理卿之證。

陳耆卿作《赤城志》既成，齊碩以郡守之尊，為撰〈後序〉，曰：

> 今天下郡縣皆有紀錄，台獨為闕典。問之故府，則知前乎此者，蓋
> 嘗薈稡，而疏略未備也。碩承乏之初，固竊有志，而事方有所未暇。
> 越明年，歲以稔告，郡家粗可支。吾於是命郡博姜君延集人士，相
> 與討論，而屬筆於簣窗陳君，閱數月，而後成書。吾州在浙左為佳
> 郡，讀孫興公一〈賦〉，則知山川之美實甲東南，況自晉、唐至今，
> 前後曳組於此，多一時名勝士。至於騷人墨客，搜奇抉秀，皆班班
> 可考。然則是書之作，豈特可以補職方氏之闕，雖山川人物，亦將
> 由是而發揚呈露於天壤間，其為益於台也深矣！嘉定十六年，郡守

青社齊碩書。」〔註33〕

是碩之撰〈後序〉，仍在知台州任內。則耆卿《赤城志》亦當成於嘉定十六年
癸未（1223）矣！碩離台州任後約十三、四年，歲次理宗端平三年丙申（1236），
直齋亦知是州；是則碩與直齋，有前後同任之誼。茲因表民之〈記〉有「郡
守齊公喜而鋟諸木」之語，特詳作考證，以見齊碩政績，及其熱心梓行鄉邦
文獻之一斑。據是而論之，碩亦一代循吏也。〈制〉稱碩「屢更麾節，以治行
著」，就上所考觀之，〈制〉之所言，非虛語矣。

　　表民《天台續集》中，又有拾遺詩七首。今觀《天台續集》後有〈天台
續集拾遺〉，所載有楊億〈詩一首奉送崇教大師歸天台山壽昌寺〉、陳堯叟〈七
言八句詩一章送崇教大師南歸〉、阮思道〈送崇教大師回天台謹吟七言四韻詩
一首〉、范貽孫〈送崇教大師歸天台謹吟七言四韻詩一首〉、趙況〈惡詩五十
六言送新崇教大師謝恩後歸舊山〉、梁鼎〈奉送崇教大師歸天台〉及劉少逸〈謹
吟七言四韻惡詩一首奉送崇教大師歸天台壽昌寺〉諸詩，正合共七首。拾遺
詩後有〈跋〉語數句，曰：

　　予得此七詩於會稽鬻書者十年矣，今偶在篋中，刻之《天台續集》
　　後。楊、梁二公詩雖已載集中，闕。

案：此〈跋〉頗殘闕，前引〈天台集提要〉，《四庫全書》館臣以爲「似亦爲
表民所題」，其說是也。《天台續集別編》，亦表民所編次。《別編》卷五之末
有表民自跋，〈跋〉云：

　　表民曩爲《天台前集別編》，而唐賢題賦始粗備，棘卿青社齊侯刊之
　　矣。凡皇朝群公所作，雖已見諸《續集》，然渡江以來及前朝散佚未
　　纂輯者反過之，歷年於茲，僅克就緒。府丞沈侯樂善成嬾，亟爲鳩
　　工，幸遂訖事，荊谿公倂於〈赤城集序〉詳著矣。或以爲見聞甚淺，
　　蒐集尚闕，實不敢自恕。若見在詩人之詩，則力所未逮，悉有望好
　　事該洽之士以成之。淳祐戊申中秋，玉峒林表民書。

案：淳祐戊申，即理宗淳祐八年（1248），上距《前集別編》編成於嘉定癸未
（1223），殆二十五載矣。此《別編》所錄，蓋南渡後諸人詩及《續集》所闕
者，而不及見在詩人之詩。惟〈跋〉中提及之「府丞沈侯」，蓋不知何許人。
《赤城志》卷十一〈秩官門〉四〈縣令〉條載嘉定十五年僊居縣縣令爲沈忞，
不悉即此人否？恐非是。〈跋〉中提及「荊谿公」即吳子良，《宋史翼》卷二

───────────────

〔註33〕齊碩所撰〈後序〉，見《赤城志》書末。

十九〈列傳〉第二十九〈文苑〉四有傳，〈傳〉曰：

> 吳子良，字明輔，號荊溪，台州臨海人。寶慶二年進士，官至湖南運
> 使、太府少卿。幼從陳耆窗游，年二十四，登水心之門，水心稱其文
> 意特新、語特工、韻趣特高遠，雖昔之妙齡秀質，終以文名世者，不
> 過若是，何止超越流輩而已哉！及卒，車玉峰挽以詩，有云：「江右
> 文章今四葉；水心氣脈近三台。」所著有《荊溪集》。《臨海縣志》。

惟荊溪所撰〈赤城續志序〉，今載見《赤城集》卷十八，則全未記及沈侯甌為
鳩工事。《天台續集別編》卷六之末又有表民〈跋〉，〈跋〉曰：

> 郡帑既刊《續集別編》五卷矣，踰年復得若干首，儲闕，第六号，
> 前修題賦天台，見於策牘，得之傳聞者，即收采靡遺。因告諸太守
> 宗丞吏部嘉禾張侯，忻然命工，并《赤城集》末。後闕，接續刊刻。
> 於是二書皆得行世，實侯之力也。庚戌夏五林表民書。

案：庚戌為淳祐十年（1250），是則表民於既撰成《天台續集別編》五卷後，
踰年又得若干首，據以成此卷，並接於卷五後。前者乃沈侯為之鳩工，此卷
則張侯忻然命工者也。所惜張侯姓名及行實，亦一如沈侯，無法確考耳。

《赤城志》四十卷，陳耆卿所撰也，而表民亦與有力焉。耆卿〈赤城志
序〉云：

> 圖牒之傳尚矣，今地隃萬里，縣不登萬户，亦必有成書焉。矧以台
> 為名邦，且稱輔郡，綿涉千歲，更數百守，而闕亡以詔難之歟？抑
> 因陋襲簡而不暇問歟？有守四人嘗勤其力於斯矣，如尤公袤、唐公
> 仲友、李公兼，類輒掌不克就，最後黃公榮辱以命余，偕陳維等纂
> 集焉。會黃去匆匆，僅就未備也。束其薰十年矣，更久則非惟不備，
> 而併與僅就者失之。今青社齊公碩始至，欲迄就未暇。踰年報政，
> 遂復以命余。於是郡博士姜君容總摧之，邑大夫蔡君範以下分訂之，
> 又再囑陳維及林表民等採益之。既具，余為諗沿革，詰異同，劑巨
> 纖，權雅俗。凡意所未解者，恃故老；故老所不能言者，恃碑刻；
> 碑刻所不能判者，恃載籍，載籍之內有漫漶不白者，則斷之以理，
> 而析之於人情。事立之凡，卷授之引，微以存教化，識典章，非直
> 為紀事設也。如是半載而書成。〔註34〕

讀是〈序〉，足知《赤城志》成書匪易，而表民於史料采求外，且有增益之功。

〔註34〕陳耆卿〈赤城志序〉，收入《赤城集》卷十七。

至《赤城續志》、《三志》乃表民所爲者也。王象祖〈赤城三志序〉云：

> 《赤城志》作於太史陳公耆卿，凡例嚴辨，去取精確，諸小序凛凛
> 乎馬、班書志之遺筆，莫可尚矣！其友林表民與修焉。而林君又爲
> 《續志》。紹定己丑，郡陷於水，倉使寶謨仙游，葉公再造有邦，復
> 俾得爲《三志》，博雅考訂，有源有委，非斯人不可也。〔註35〕

案：紹定己丑爲紹定二年（1220），是則《續志》成於此年之前，而《三志》
則成於是年之後。惟《續志》與《三志》，今不可見。明人謝鐸〈赤城志後序〉
云：

> 成化丁未，余始得是〈志〉於秘閣中，遂手錄以出。……蓋是〈志〉
> 作於宋嘉定中，至是幾三百年。……去年秋，太守陳公相以郡志屬
> 余重修，因訪得東門周氏本；未幾，拙訥葉先生之孫定中亦以其家
> 所藏者來告，蓋皆嘉定刻本也。嘉定後不十年，又有所謂《續志》、
> 《三志》者。《續志》雖存，而其所載無大關涉；《三志》則並其本
> 而亡之。……弘治丁巳秋八月八日，郡人謝鐸識於方嚴書院。〔註36〕

讀〈後序〉，足證《續志》明孝宗弘治十年丁巳（1497）猶存人間，惟「所載
無大關涉」；而《三志》則「並其本而亡之」矣。案：《解題》卷八〈地理類〉
載：

> 《赤城續志》八卷，郡人吳子良拾其所遺續載之。

同卷同類又載：

> 《赤城三志》四卷，郡人林表民逢吉撰。紹定己丑，水壞城，修治
> 興築，本末詳焉。

案：《解題》謂《續志》爲吳子良撰，其誤易見。疑直齋見子良作〈赤城續志
序〉，遂誤子良亦爲該書著者耶！至《解題》載《三志》凡四卷，又謂《三志》
記紹定己丑水壞台城，及其後重爲修治興築本末；今雖不見其書，惟讀《解
題》此條，固可略知其內容梗概，是又不幸之大幸矣。

表民曾編《赤城集》，《四庫全書總目》卷一百八十七〈集部‧總集類〉
二載：

> 《赤城集》十八卷，宋林表民編。《集》中載吳子良〈赤城續志序〉，
> 稱其字曰逢吉，與撰《天台前集別編》之林表民合。又稱爲東魯人，

〔註35〕王象祖〈赤城三志序〉，收入《赤城集》卷十八。
〔註36〕謝鐸〈赤城志後序〉，收入《赤城志》書末。

則籍貫至異，蓋其先世自曲阜徙臨海，故從其祖貫言之，非別一人
也。表民嘗續陳耆卿《赤城志》，復取記、志、書、傳、銘、誄、贊、
頌之文，爲〈志〉所不載者，薈而輯之，以成此《集》。前有淳祐八
年吳子良〈序〉，稱分門薈稡，並詩爲一。今此《集》僅有文一百八
十二首，而無詩。又明謝鐸《赤城新志》載《赤城集》二十八卷，
有刻本在內閣。而此本亦祇十八卷，疑原本尚有詩十卷，爲傳鈔者
所脫佚，已非完本矣。

據《四庫全書總目》所考，是《赤城集》文十八卷，詩十卷，惟《四庫全書》
本僅存文十八卷，則詩十卷殆亡佚矣。吳子良作〈序〉既在淳祐八年（1248），
則表民此《集》亦編就於此時矣。

　　前引《宋人傳記資料索引》謂表民另有《玉溪吟草》，其書乃詞集，因號
玉溪，故以「玉溪」名書焉。唐圭璋《全宋詞》第四冊第2324頁「〈林表民〉」
條載：

　　表民字逢吉，號玉溪，師蔵子，東魯（今山東省泛稱）人。寓居臨
　　海。有《玉溪吟稿》。

竊疑《宋人傳記資料索引》所言之《玉溪吟草》乃《玉溪吟稿》之誤。惜《玉
溪吟稿》亦散佚；《全宋詞》僅收一闋，茲迻錄如左，以資欣賞。

玉漏遲　和趙立之

　　並湖游冶路。垂隄萬柳，麴塵籠霧。草色將春，離思暗傷南浦。舊
　　日惜惜坊陌，尚想得、畫樓窗户。成遠阻。鳳箋空寄，燕梁何許。　　淒
　　涼瘦損文園，記翠笭聯吟，玉壺通語。事逐征鴻，幾度悲歡休數。
　　鶯醉亂花深裏，悄難替、愁人分訴。空院宇。東風晚來吹雨。《陽春
　　白雪》卷五。

　　王侑，湖州守也。嘉熙四年庚子（1240），直齋離浙西提舉任，而未赴郎
省任職前，曾遄返故鄉，故《解題》卷十二〈卜筮類〉「《易林》十六卷」條
載直齋「嘉熙庚子從湖守王寺丞侑借」《易林》作校讎事，〔註37〕是則直齋與

〔註37〕　案：《解題》卷十二〈卜筮類〉載：「《易林》十六卷，漢小黃令梁焦延壽贛撰。
　　　　又名《大易通變》。唐會昌丙寅越五雲谿王俞序。凡四千九十六卦，其辭假出
　　　　於經史，其意雅通於神祇。蓋一卦可以變六十四也。舊見沙隨程迥所記，南
　　　　渡諸人以《易林》筮國事，多奇驗。求之累年，寶慶丁亥始得之莆田。皆韻
　　　　語古雅，頗類《左氏》所載〈繇辭〉。或時援引古事，間嘗筮之，亦驗。頗恨
　　　　多脫誤。嘉熙庚子從湖守王寺丞侑借本相校，十得八九。其中亦多重複，或

侑亦學術上同儔矣。考《宋人傳記資料索引》有王侑小傳，曰：

> 王侑，號玩易老人，婺州金華人，淮孫。曾知廬陵。

侑之生平及仕履，詳見王柏《魯齋集》卷五〈記〉之〈靜觀堂記〉，柏固侑之族叔，因知其事甚審。〔註38〕侑乃王淮之孫，淮，《宋史》卷三百九十六〈列傳〉第一百五十五有傳，文頗長，茲僅錄《宋人傳記資料索引》所載小傳，曰：

> 王淮（1126～1189），字季海，金華人。紹興十五年進士，爲台州臨海尉。孝宗初爲右正言，論事頗切。歷太常少卿、中書舍人兼直學士院，遷翰林學士知制誥，訓詞深厚，得王言體。淳熙二年除端明殿學士簽書樞院，進同知兼參政。八年拜右丞相，旋遷左相。淮因不喜朱熹，遂攻道學，慶元僞學之禁，實肇於此。十六年卒，年六十四，贈少師，諡文定。

案：淮拜右丞相，旋遷左相，是侑固名宦後也。

理宗淳祐十年庚戌（1250），直齋致仕家居，修《吳興人物志》，乃向周明叔借得〈張氏十詠圖〉三幅，並爲之〈跋〉，周密《齊東野語》卷十五「〈張氏十詠圖〉」條言之詳矣。周明叔即周晉，密父。《宋人傳記資料索引》載其小傳曰：

> 周晉，字明叔，號嘯齋。濟南人，寓吳興，秘孫。紹定四年官富陽令，民稱周佛子。

今人夏承燾撰有《周草窗年譜》，云：

> 周密字公謹，〈保母志跋〉有印章作「公董」。號草窗、蘋洲。……其先濟南人，爲齊望族。……曾祖秘，御史中丞，扈高宗南渡，始居吳興，遂爲湖人。〈弁陽老人自銘〉。……祖珌，刑部侍郎，贈少傅，〈自銘〉。以廉儉稱。

是周秘爲晉之祖，珌爲晉父，本濟南人，自秘扈宋高宗南渡，舉家始居吳興。《周草窗年譜》又云：

> 父晉，字明叔，號嘯齋。《絕妙好詞箋》三。曾宰富春，監衢州，知汀州。
>
> 《癸辛雜識》後集，詳《後譜》。富收藏，工詞。
>
> 《蘋洲漁笛譜》二：「先子作堂曰嘯詠。」江昱《考證》曰：「嘯詠雅與嘯齋意義相合，或以

諸卦數爻共一繇，莫可考也。是其證。

〔註38〕 參見第六章第九節，此處暫不錄王柏〈靜觀堂記〉。

弁陽嘯翁爲草窗別號者，誤也。」

《山中白雲疏證》一引《鐵網珊瑚》：「山東僉父字公瑾，號草窗，樞密之子。」據此，晉嘗仕樞府。

《野語》十二〈書籍之厄〉條：「吾家三世積累，先君子尤酷嗜，至鬻負郭之田，以供筆札之用。冥搜極討，不憚勞費。凡有書四萬二千餘卷，及三代以來金石之刻一千五百餘種，庋置『書種』、『志雅』二堂，日事校讎，居然籤金之富。」

《絕妙好詞》三載晉三詞，〈清平樂〉云：「圖書一室，香暖垂簾密。花滿翠壺薰研席，睡覺滿窗晴日。手寒不了殘棊，篝香細勘唐碑。無酒無詩情緒，欲梅欲雪天時。」

觀《年譜》所載，則明叔好詩書，富收藏，與直齋同志，平生所藏書，數量亦與直齋相埒。直齋既向明叔借〈張氏十詠圖〉，所撰〈跋〉語又盛譽明叔爲「好古博雅君子」，彼此惺惺相惜之情，固可見矣。

《周草窗年譜》又載：

母章，參初政事良能女。

《野語》十六〈文莊公滑稽〉條：「外大父章公，自少好雅潔，性滑稽，居一室必汎埽坊飾，陳列琴書。親朋或譏其齷齪無遠志。一日，大書素屏云：『陳蕃不事一室，而欲埽除天下，吾知其無能爲矣。』識者知其不凡。間作小詞，極有思致。先妣能口誦數闋。〈小重山〉云：『柳暗花明春事深，小闌紅芍藥，已抽簪，雨餘風軟碎鳴禽。遲遲日，猶帶一分陰。往事莫沉吟，身閒時序好，且登臨。舊游無處不堪尋，無尋處，唯有少年心。』」是草窗母亦解翰墨也。《詞林紀事》十一引《癸辛雜識》云：「外大父章文莊公名穎，字茂獻。」案《雜識》無此語。穎與良能是二人，《紀事》誤。《絕妙好詞箋》三：「良能字達之，麗水人。淳熙五年進士，除著作佐郎。嘉泰元年爲起居人。寧宗朝居兩制，登政地。謚文莊。有《嘉林集》百卷。」《野語》三「〈誅韓本末〉」條：「當泰、禧間，外大父爲兵侍直禁林。」誅韓之役，嘗力爭不可傳侂胄首於金。同書十八「〈章氏玉杯〉」條：「嘉、泰間，文莊章公以右史直禁林，時字文紹節挺臣爲司諫，指公爲謝深甫子肅丞相之黨，出知溫陵。既而公入爲言官，遍歷三院，爲中執法。」《嘉林集》失傳，今存〈陸游致仕制詞〉一篇於《浩然齋雅談》上，云載《嘉林外制集》。案《癸辛雜識》別集上「〈牧羊子〉」條：「湖州卜者牧羊子，識章文莊於未遇時。」同卷二〈章清貧〉條：「章文莊參政，其兄宗卿雖家世家五馬，而清貧自若。少依鄉校，沈丞相該之家學相連，章日過其門。……既而兄弟聯登第，駸駸通顯，沈氏之屋，適有出售者，宗卿首買之以居焉。」宗卿字翼之，良能兄。沈該，歸安人。良能蓋本籍處州，而寓居湖州，故石巖〈志雅堂雜鈔序〉稱吳興章文莊。《雜識》前集〈吳興園圃〉條有章參政嘉林園。嘉林名《集》以此。

〈宋史‧宰輔表〉：寧宗嘉定六年，四月丙子，章良能自同知樞密院事除參知政事。《續通鑑

　　長編》云：「明年二月薨。」

是知明叔妻章氏，頗解翰墨；妻乃章良能女，良能拜參知政事，有《嘉林集》
百卷，是又知明叔乃名宦婿也。

　　明叔子即周密，其年歲固與直齋相距頗遙，惟亦嘗接聞直齋道範聲欬，
庶可謂直齋忘年交也。《周草窗年譜》載：

　　淳祐九年己酉（1249），十八歲。

　　《野語》十〈張氏十詠圖〉條載陳振孫跋周晉所藏〈吳興張氏十詠圖〉張先圖其父維平生詩

　　十首有云：「近周明叔史君得古畫三幅，號〈十詠圖〉者，乃維所作詩也。……後一百七十七

　　年，當淳祐己酉，其圖爲好古博雅君子所得，會余方輯《吳興人物志》，見之如獲拱璧。」所

　　云好古博雅君子，若指周晉，則晉本年已卸柯山倅返吳興也。

是知密年十八時，其父借圖與直齋，必有機會晉謁直齋，謀相晤對，並資請
益；故於直齋事，所知詳悉。今觀草窗著述，如《齊東野語》卷八「〈嘲覓薦
舉〉」、「〈義絕合離〉」、卷十二「〈書籍之厄〉」、卷十五「〈張氏十詠圖〉」、卷
十七「〈朱唐交奏本末〉」諸條，《癸辛雜識》別集下「〈嵩之起復〉」條，《志
雅堂雜鈔》卷下載「〈直齋所著書〉」條，皆記直齋事，尤以「〈嘲覓薦舉〉」
條明載「直齋陳先生云」，「〈朱唐交奏本末〉」條明言「其說聞之陳伯玉貳卿」，
是則直齋以七十致仕之歲，下交年未及冠之周草窗，此事固無可置疑者。草
窗執後輩禮與直齋相交接，殆亦直齋學術之少年知交矣。草窗，《宋史》無傳。
《宋史翼》卷三十四〈列傳〉第三十四〈遺獻〉一載其生平曰：

　　周密字公謹，曾祖秘自濟南來寓吳興，至密四世。戴表元〈齊東野語序〉。
　　雅思淵才，韜暉沈聲。馬廷鸞《碧梧玩芳集‧弁陽集序》。臺閣之舊章、宮府
　　之故事，汎濫淹注，童而習之。戴表元〈序〉。藏書萬卷，居饒臺榭。弁
　　陽山水清峭，遇好景佳時，載酒肴，浮扁舟，窮旦夕，賦詠於其間。
　　《剡源集‧弁陽詩序》。最爲馬廷鸞所知。《癸辛雜識》。寶祐間爲義烏令。《圖繪
　　寶鑑》。景定二年，爲臨安府幕屬，《癸辛雜識》：「光祖再尹京，余爲帥幕。」云云。
　　案：光祖再尹京，在景定二年，據《臨安志》。監和劑藥局，充奉禮郎兼太祝。《癸
　　辛雜識》前集：「余爲國局。」云云。案：和劑局，當時稱京局，又稱國局。監局三十人，以士
　　人經任者爲之。咸淳十年，爲豐儲倉所檢察。《雜識》：「余爲豐儲倉。」凡二見，不
　　言何官。案：豐儲倉有檢察一員。見《雜識》外集。宋運既徂，志節不屈。王行《半
　　軒集》。與楊沂中諸孫大受有連，去而寓杭。《陵陽集‧復菴記》，參《剡源集》。

所居癸辛街，即楊氏瞰碧園也。遺民畸士，日接於野，荊棘銅駝，
適當其會，石民瞻〈志雅堂雜鈔序〉。唱和者：王沂孫、王易簡、馮應瑞、
唐藝孫、呂同老、李彭老、陳恕、唐珏、趙汝鈉、李居仁、張炎、
仇遠，皆宋遺民也。《樂府補題》。其詩少年流麗鍾情，壯年典實明贍，
晚年感慨激發，《剡源集》。有《蠟屐集》、《弁陽詩集》。《碧梧玩芳集》。樂
府妙天下，協此呂律，意味不凡，有《蘋州漁笛譜》。王櫨〈跋〉。善畫
梅、竹、蘭、石。《圖繪寶鑑》。多藏書法、名畫，《柳待制文集・題江磯圖後》。
以鑑賞游諸公。《袁清容集》。自號草窗，又號弁陽嘯翁，又號蕭齋，又
號四水潛夫，又號華不注山人。《癸辛雜識》、《樂府補題》、《武林舊事》、《絕妙
好詞》。晚更號弁陽老人。由博返約，落其英華，澄然一室，刻石自銘。
〈陵陽集跋〉。有《齊東野語》、《癸辛雜識》、《志雅堂雜鈔》、《浩然齋
雅談》、《浩然齋視聽鈔》、《澄懷錄》、《乾淳起居注》、《乾淳歲時記》、
《武林舊事》、《武林市肆記》、《湖山勝概》、《弁陽客談》、《雲煙過
眼錄》、《絕妙好詞》。石民瞻〈序〉。

觀此〈傳〉所載，則公瑾篤好藏書與勤於治學，與直齋同志矣。

張翼，亦直齋學術上友朋也。《解題》卷五〈偽史類〉載：

> 《金人南遷錄》一卷，稱偽著作郎張師顏撰。頃初見此書，疑非北
> 方語，其間有曉然傅會者，或曰華岳所為也。近扣之汴人張總管翼，
> 則云歲月皆牴牾不合，益證其妄。

案：直齋疑《金人南遷錄》非張師顏撰，叩之張翼，則翼亦其學術上友朋矣。
翼，汴人，時任總管，餘不可悉。

綜上所述，直齋學術上之友朋，計有：薛師雍、吳炎、林憲之子，盱江
晁氏（晁公遡兒孫輩）、鄭寅、莆田劉氏、莆田李氏（唐王李元祥後）、鄭翁
歸、方其義、莆田林氏（林霆後人）、漳浦吳氏（吳與後人）、陳思、李楶、
李澎昆仲、林表民、王侑、周晉、周密父子、張翼，凡十九人。另有程棨（隨
齋）、牟子才、牟巘父子、馬廷鸞四氏則嘗與直齋相交，並得讀《解題》稿本，
固亦直齋學術友朋，余將於第五章第三節詳考之，茲不贅。

第四節　陳振孫之方外交

直齋一生結交方外人士，稽之《解題》及典籍，確知者殊少。《溧水縣志》

卷二十〈二氏志・寺觀〉收直齋所撰〈華勝寺碑記〉，〔註39〕乃直齋嘉定四年
（1211）離溧水縣學教授任後而應華勝寺主僧宗應所求作。是則宗應乃直齋方
外交矣。據〈碑記〉，宗應之師祖乃吳興僧如日，師即志常，祖孫三世艱勤積
累，苦行勞力而重修華勝寺。如日、志常、宗應事蹟，不見於宋朝僧傳及《中
國人名大辭典》。

　　直齋平生好訪書，游宦所及，除向藏書家借錄外，亦借錄自寺廟、道觀，
是則直齋亦必與方外人士多所往還。據《解題》卷八〈目錄類〉有《太宗御
製御書目》一卷、《眞宗御製碑頌石本目錄》一卷、《龍圖閣瑞物寶目》、《六
閣書籍圖畫目》共一卷，卷十二〈釋氏類〉有《景祐天竺字源》七卷，卷十
四〈音樂類〉有《皇祐新樂圖記》三卷，皆借錄自吳郡虎丘寺者也。又《解
題》卷十〈雜家類〉有《造化權輿》六卷，卷十二〈神仙類〉有《雲笈七籤》
一百二十四卷，皆借錄自平江《天慶道藏》者。直齋借錄上述各書凡《解題》
所著錄者，已詳見上章。〔註40〕惜《解題》未揭載借與書籍之僧、道究爲何
許人耳！

　　《解題》卷十二〈神仙類〉載：

> 《群仙珠玉集》一卷，其〈序〉曰：「西華眞人以金丹，刀圭之訣傳
> 張平叔，作《悟眞篇》，以傳石得之、薛道光、陳泥丸，至白玉蟾。」
> 玉蟾者，葛其姓，福之閩清人。嘗得罪亡命，蓋姦妄流也。余宰南
> 城，有寓公稱其人云：「近嘗過此，識之否？」余言：「不識也。此
> 輩何可使及吾門！」李士寧、張懷素之徒，皆殷鑒也，是以君子惡
> 異端。

案：白玉蟾，即葛長庚，方外士也。莊仲方《南宋文範作者考》下載：

> 葛長庚，字白叟，閩清人，別號白玉蟾。爲道士，居武夷山。寧宗
> 嘉定間徵赴闕下，封紫清眞人。著《道德寶章》、《白玉蟾集》。

《南宋文範作者考》所載葛長庚生平未盡詳贍。《宋人傳記資料索引》則載其
小傳曰：

> 葛長庚，字白叟，又字如晦，號蟾菴，一號海蟾，又號海瓊子，閩
> 清人，家瓊州，後隱於武夷。初至雷州，繼爲白氏子，名玉蟾。博
> 洽群書，善篆隸草書，工畫梅竹，事陳翼虛九年，始得其道。時稱

〔註39〕同註5。
〔註40〕同註18。

其入水不濡，逢兵不害。嘉定中，詔徵赴闕，對稱旨，命館太一宮，一日不知所往。每往來名山，神異莫測。詔封紫清眞人。有《海瓊集》、《道德寶草》、《羅浮山志》。

案：此條提及之《海瓊集》，疑即《白玉蟾集》，同書異名耳。《道德寶草》，則爲《道德寶章》之誤，《四庫全書》收有此書。《四庫全書總目》卷一百四十六〈子部・道家類〉載：

> 《道德寶章》一卷，宋葛長庚撰。長庚，字白叟，閩清人，爲道士，居武夷山。舊本題「紫清眞人白玉蟾」。白玉蟾，其別號；紫清眞人，則嘉定間徵赴闕下所封也。其書隨文標識，不訓詁定句，亦不旁爲推闡，所注乃少於本〈經〉，語意多近禪偈，蓋佛老同源故也。此本爲元趙孟頫手書，鉤摹雕板，字畫絕爲精諧。明陳繼儒亦嘗刻之《彙秘笈》中，改題曰《蟾仙解老》，非其本目。又前有萬曆癸未適園居士〈跋〉二則，其前一則稱董逌《藏書志》述張道相集古今注《老子》四十餘家，不載是編。案：晁氏《讀書志》，張道相乃唐天寶後人，安能以南宋寧宗時書著之於錄；且道相所集凡二十九家，併其自注爲三十家，亦無所謂四十餘家者，〈跋〉所云云，殆於道聽塗說矣！長庚，世傳其神仙，而《劉克莊集》有〈王隱居六學九書序〉稱所見丹家四人：鄒子益不登七十，曾景建、黃天谷僅六十，白玉蟾夭死。又陳振孫《書錄解題・群仙珠玉集》條下云：「白玉蟾，葛其姓，福之閩清人，嘗得罪亡命，蓋姦妄流也。余宰南城，有寓公稱其人云：近嘗過此，曾相識否？余言：此輩何可使及吾門。」云云。二人與長庚同時，其說當確。流俗所傳，殆出附會。然道家自尊其教，往往如此。其書既頗有可取，則其人亦不足深詰矣。

綜上所引，長庚固道教者流，流俗傳其爲神仙，殆出附會。直齋於《解題》中既直斥之爲「姦妄流」，不願與之相對。直齋宰南城，據余所考得，約在嘉定十四年（1221）至寶慶二年（1226），〔註41〕時值長庚應徵赴闕下，是則直齋於寧宗詔封長庚爲紫清眞人，命館太一宮諸事，恐亦未必以爲然也。直齋未與長庚相往還，然其所識寓公或爲方外人士，故欲直齋與長庚相晤面。直齋既目長庚乃李士寧、張懷素之徒，又視之爲異端，則相晤之事必不果行。《四庫全書》館臣，徵引《解題》，並謂長庚「其人亦不足深詰」，細揣其論，固

〔註41〕同註9。

受直齋影響者矣。白玉蟾嘗得罪亡命，又爲姦妄者流，後以夭終，理宜然也。直齋謂：「此輩何可使及吾門！」眞卓識矣。

綜上所論，直齋結交之方外人士，其可確知者爲華勝寺主僧宗應。直齋借錄書籍於虎丘寺及《天慶道藏》，其有緣結識之僧、道人物必不甚少，惜已無法確考矣。至南城寓公，應亦信奉道教者流，故白玉蟾過南城則知其事，且願直齋與之結識。惟此寓公之姓名，亦不可曉悉矣。